This journal of **next-level encounters** *belongs to:*

Christ in Me: 30 Next-Level Encounters

Copyright © 2002 Group Publishing, Inc.

Visit our Web site: www.grouppublishing.com

Credits:
Contributing Authors: Jenny Baker, Paul E. Gauche, Jim Kochenburger,
    and Katherine S. Zimmerman
Editor: Kelli B. Trujillo
Creative Development Editor: Amy Simpson
Chief Creative Officer: Joani Schultz
Copy Editor: Lyndsay E. Bierce
Cover & Interior Design: Liz Howe Design, with special thanks to
    Joel Armstrong, Janet Barker, and Michael Emanuele
Art Director: Jean Bruns
Design & Production Coordinator: Allen Tefft
Computer Graphic Artist: Tracy K. Donaldson
Production Manager: Dodie Tipton

Library of Congress Cataloging-in-Publication Data
Christ in me : 30 next-level encounters
      p. cm.
   ISBN 0-7644-2340-1 (alk. paper)
      I. Christian life—Meditations. I. Group Publishing.
BV4501.3 .C486 2001
242'.63—dc21   2001033660

Printed in Korea.
10 9 8 7 6 5 4 3 2 1   11 10 09 08 07 06 05 04 03 02

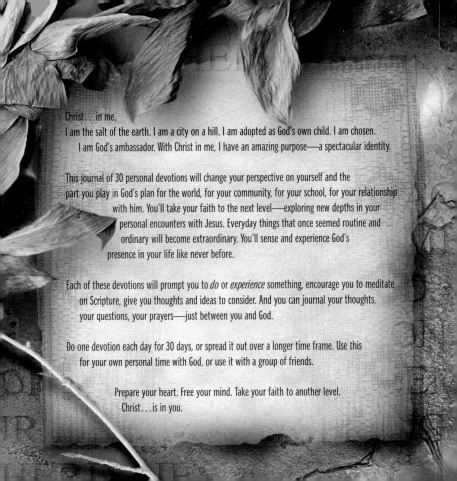

Christ. . .in me.
I am the salt of the earth. I am a city on a hill. I am adopted as God's own child. I am chosen.
    I am God's ambassador. With Christ in me, I have an amazing purpose—a spectacular identity.

This journal of 30 personal devotions will change your perspective on yourself and the
part you play in God's plan for the world, for your community, for your school, for your relationship
            with him. You'll take your faith to the next level—exploring new depths in your
            personal encounters with Jesus. Everyday things that once seemed routine and
            ordinary will become extraordinary. You'll sense and experience God's
            presence in your life like never before.

Each of these devotions will prompt you to *do* or *experience* something, encourage you to meditate
    on Scripture, give you thoughts and ideas to consider. And you can journal your thoughts,
    your questions, your prayers—just between you and God.

Do one devotion each day for 30 days, or spread it out over a longer time frame. Use this
    for your own personal time with God, or use it with a group of friends.

        Prepare your heart. Free your mind. Take your faith to another level.
            Christ. . .is in you.

Trophies

where the Spirit

Christ...in me.

Find a trophy, award ribbon, plaque, or certificate of achievement
   that you've earned. Think back to how you felt when you were awarded the
   trophy or certificate. Then recall your proudest moment or greatest achievement.

Did the "glory" of winning or achieving last or fade? Why?

What is the coolest thing you could accomplish or achieve right now?

Do you imagine the glory of that accomplishment or achievement will last?

Read 2 Corinthians 3:17-18 and Colossians 1:27.

God has given you a glory that will never fade or go away. You are being transformed into Christ's
   likeness with ever-increasing glory. God dwells in you through Christ——the hope of glory.

It's nothing you have done, but something incredible that God has done for you and in you.
   It's getting caught up in the constant and ongoing thrill of knowing Christ. It's about becoming
   more like him. There is nothing more glorious than that. God is entrusting you to glorify Christ on earth——
   to shine with his glory.

How is God's glory shining through you? (Consider for a minute or two what a privilege that is.)

How have you (or others) noticed that you are becoming more like Christ?

How are you changing and growing spiritually?

In what ways do you most long to be more like Christ? (What holds you back? Why?)

Christ's glory can shine through you as you let it,
   transforming you into his likeness, drawing others to him.

Pray.

NOT EVE

Christ...in me.

Find your passport or Social Security card. If you don't have one, look for your
    school ID, driver's license, or something that shows you are a citizen of your country.

A passport enables you to travel the world. Wherever you go, it proves where you belong.

A Social Security card or ID says who you are—it's an indicator of your status.

What rights do these documents give you? What freedoms do they symbolize?
    Are you proud to own them?

What responsibilities do they bring, now or later? Voting? Paying taxes? What else?

And what expectations do you have of yourself as a citizen of your country?
    Does it affect the way you act, the choices you make?

Read Luke 12:27-32.

Jesus said his followers were citizens of another kingdom, the kingdom of heaven.

Without physical boundaries, this kingdom is found in every country of the world,
    wherever people choose to put themselves under the rule of Christ.

It's a kingdom of different priorities—where the poor are blessed, where trust in
    God replaces worry, where forgiveness is freely given and received.
    It's an upside-down kingdom.

What rights do you have as a citizen of Christ's kingdom?
    What responsibilities?
    What expectations do you have of yourself?

And are you truly loyal to your King, Jesus? or to something else?

Reflect.

Pray.

HOW GOD MET ME

SOLOMON

in all his splendor...

Thoughts, feelings, musings, dreams, pictures, ideas...

PASSPORT

Skin

Christ. . .in me.

Give your skin a pinch. Grab it in several places. Feel how stretchy it is, how thick it is, yet how soft it is. Look at some
    family pictures, and look in the mirror. How would you look without skin? How would your family look?

How grateful are you for skin?

What are some ways skin protects you (like from bumps and bruises or extreme heat)?

What if you had no skin?

Consider. . .skin is a living organ of your body. What an amazing creation!

    Your skin is designed to be restorative——
        if cut it heals, if burned it recovers.
    It can grow back. It is designed to rebuild itself,
    Your skin stretches tightly over you, very "near" to you.

Read Psalm 73:27-28.

This passage speaks of the benefit of being near to God. . .and the danger of being far away from him.

    Pinch your skin again. God wants you to feel as close to him as your skin is to your body.

    Christ is in you, closer than your skin, filling you, protecting you, restoring and rebuilding you all the time.

Read verse 28 again.

How close do you typically feel to God?

When do you feel closest to God?

When do you feel farthest away from God?

How close do you *want* to feel to God?

What can you do to draw closer to him——
    to realize how close he is to you?

Christ is in you. Every time you touch your skin, remember that he is there with you to protect you,
    to guide you, to lead you, to love you——to be close to you.

Pray.

HOW GOD MET ME

thoughts,
feelings,
musings,
dreams,
pictures,
ideas...

IS GOOD

to be near God.

No Answer?

Christ...in me.

Wait until after 5 p.m.—when the business day is done. Grab a phone book, and flip through the yellow pages.
Select some phone numbers of places you've been or businesses you've visited such as your school,
your dentist's office, or the bank—places that are closed in the evening. Give each number a call.

What happened?

Did the phone ring and ring and ring?

Did you reach a voice mail message or an answering service?

We're closed. Nobody home. Try back tomorrow.

What if you really needed to talk to a friend, and you tried to call, but your friend wasn't home?

What if there was an emergency, and you dialed 911...and no one answered? What if they were "closed"?

Have you ever felt that way about God? Like you're trying to connect,
but you just can't get through? Like you're talking into thin air?

Does God ever seem far away?

remote? silent? not there? closed?

Think of one specific time you tried to pray, but it felt
like a one-sided conversation.

Now look through the phone book again—find a 24-hour grocery store, pharmacy, or even a hospital.

Would they be open if you called? What about if you called at 3 a.m.? What about 7:30? Are they ever closed?

Read 1 Peter 3:12a.

Now read it again, this time aloud.

God is *always* attentive to your prayer. He is available any hour, any minute, any second. He is never closed.
He is never too busy. No matter how you may feel sometimes, he's never unavailable.

Give him a call. Talk to him right now. Tell him about your day. He's listening.

Really listening.

Pray.

HOW GOD MET ME

*Thoughts,
feelings,
musings,
dreams,
pictures,
ideas...*

*...nd are on the righteous
...'s ears are attentive
to their prayer*

Roots NEVER FAIL TO BEA

Christ . . . in me.

Go to a faucet, and turn on the water. Watch it run. Put your hand under the
flow, and feel it rush through your fingers. Take your hand away, and then
watch the water go down the drain, unused.

Fill a cup with water, and find a plant. You may have a plant in your home,
out in your yard, or even in a patch of grass nearby. Water your plant. See the water drip
down into the dirt. Think about how the water helps the plant grow.

Read Jeremiah 17:7-8.

A tree flourishes by a stream because it is close to its source of life—water.
You, too, can flourish in your life when you are close to *your* source of life—God!
When you place your trust in God and move closer to him, relying on him in all parts
of your life, you will grow, even in times of trouble.

Imagine yourself as a tree. God can nourish you with his love,
just like water nourishes a tree. Are you planted near God's stream of love?
Are you able to take advantage of what God has to offer?
Are your roots reaching toward the stream or away from it?
Do you trust him completely?

What might your relationship with God need to be
watered with to flourish? Do you need more prayer?
more time reading your Bible? Do you need
to make worship a bigger part of your life?

How could you learn to trust God more?

What kinds of droughts are you facing right now?
Could moving closer to God's stream of love be helpful during this drought?

Pray.

RUIT

HOW GOD MET ME

Thoughts, feelings, musings, dreams, pictures, ideas...

Shopping

Christ. . .in me.
Go and buy something at a supermarket.
 It doesn't have to be big—
  maybe a candy bar or piece of fruit.
Then sit near the checkout counter, and watch other
 people paying for their items. Who has the fullest
 shopping cart? How do they pay—cash, check, or charge?
Now imagine what would have happened if you had walked out of the
 store without paying. Or what if someone pushed a full cart past the
 checkout and headed straight for the door? The cashier might shout,
 security guards might come running, an alarm might sound. . .
Enjoy the drama of the scene in your mind—how would it end?
Read I Peter 1:18-20.
Paying for something means you own it—it's yours.
 Taking without paying is theft and brings consequences.
Jesus has paid a price for you—to set you free from an empty way of life.
You belong to him—and no one can change that.
But he didn't pay with money—he paid with his own life, his own precious blood.
Because you were worth it.
How does that make you feel?
Tell Jesus about it.
Pray.

HOW GOD MET ME

Thoughts, feelings, musings, dreams, pictures, ideas...

HOSEN

A Family Likeness

Christ . . . in me.

Find some photos of your ancestors—your mom or dad, your
grandparents, your great-great aunt. How many generations
can you go back?

Study the photos and look for family likeness.

Where do you get your nose from, or your type of hair?

Who does your family blame for your short temper?
your height?

Some of us don't know much about our families.

What would you like to ask your ancestors if you could?

Perhaps you are adopted—what traits of personality, taste, or
behavior might you have "inherited" from your
adoptive parents? What have they passed on to you?

Do you have the same hobbies or habits as others in your family?

Who has passed on their likes and dislikes to you?

Read John 1:10-13.

You are God's child, part of his family.

What family likenesses are there between you and God?

Do you share his concerns, his passions, his likes and dislikes?

How would you like your character to become more like God's?

Ask God to make you more like him.

What do you have to look forward to as a child of God?

Who else is part of the family?

Revel in the sense of belonging, of significance, of security, and of hope.

Pray.

CHILDREN BORN NOT
BUT
OF NATURAL DESCENT, NOR
BORN OF
OF HUMAN DECISION OR
GOD
A HUSBAND'S WILL,

HOW GOD MET ME

Thoughts, feelings, musings, dreams, pictures, ideas...

Hair

Christ . . . in me.

Pluck a hair from your head (or from your hairbrush). Look at the hair closely with a magnifying glass (or a microscope if you have one). Consider the craftsmanship that God put into that hair—the delicate structure, the color, the curliness or straightness of it.

How important is your hair to you?

Ever had a bad hair day? a good hair day? What difference does it make?

What messages does your hair (the look of it, its style) communicate to others about you?

Read Luke 12:6-7.

This passage contains another message about hair. Jesus uses hair to communicate his great love for you and his care for you. The Creator who cares about the life and events of the lowly sparrow cares much more about you! Every detail of your life is important. Every circumstance. Every fear. Every worry. God cares.

What are the concerns or situations most troubling to you right now? Share them with God.

What are the fears or worries that keep you from the fullness of joy you can have in Christ? Tell him.

How have you questioned God's care for you? Tell him about it now.

Close your eyes, and let God embrace you and wrap his loving arms around you. Stay still and quiet. Ask God to hold you. Ask him to show you ways to rest in his hand, free from worry and fear.

Pray.

YOU ARE WORTH

more Tha

HOW GOD MET ME

*Thoughts,
feelings,
musings,
Dreams,
pictures,
Ideas...*

many sparrows

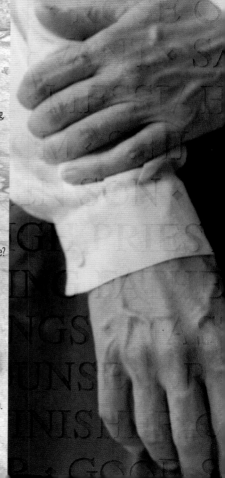

Clay

Christ…in me.

Find a handful of clay or Play-Doh. (If you don't have any, you can find it at most craft stores or at any children's toy store.) Spend some time playing—squeezing, pulling, twisting, kneading. When the clay is pliable, shape what you have into the likeness or image of one of your most treasured friends. After you've created your sculpture, set it in front of you, and read Isaiah 64:8.

Ask yourself:

"Why did I make what I did?"

"What value does this friendship have in my life?"

"What value does this sculpture have in my life?"

How would you feel if something happened to what you made?

You are God's creation, and he loves what he has made. When God looks at you, God sees an amazing work of art and says you are of infinite value and worth.

Look around your house for some finished pieces of pottery like a clay bowl, a vase, a plate, or a mug. Think about these things and how they must've brought joy and satisfaction to the artist.

Now imagine God looking at you—breathing a sigh of deep satisfaction with his finished work of art. Imagine God holding you. Think about how much love God has for you.

He is your potter.

Pray.

Stranger

Christ. . .in me.

Have you ever been new to something and not quite fit in? walked into a class for the
first time and not known anyone? started a new job and felt like the odd one out?

Have you ever felt. . .*different*?

Go for a long walk around your neighborhood or through your downtown.
As you pass houses or buildings, consider who might live inside.

Do you know them? Do they know you? Are they different from you? similar?

If you knocked on a door, would the people inside let you in?
Or would the door stay shut?

If you walked by a playground, what would the children think
of you? Would they speak to you? Or are you just a "stranger"?

Read 1 Peter 1:17.

You are different from the people around you—God made you that way.
As his follower, your life of reverence will set you apart from the crowd.

You're an oddball. An alien. A stranger.

What makes you different?

Think about what's important to you. What do you value? How does this
affect the choices you make?

Consider your perspective on eternity. How does this color the way
you view people? material things?

What about your sense of right and wrong—your commitment to serve and
obey God? How is this different from the mind-set of your non-Christian friends?

You're called to an entirely different life—you're meant for another "world."

Do you ever feel like a stranger? So did Jesus.

Pray.

Thoughts, feelings, musings, dreams, pictures, ideas...

YOU VALUE?

Live your lives as strangers here in reverent fear

Filled

Christ...in me.

Have you ever watched television or listened to the radio and wondered why, after watching or listening, you felt empty, confused, hurt, or even sick? Have you ever seen a movie you wish you hadn't? Have images or song lyrics ever bothered you? kept running through your mind? haunted you? Why did you watch or listen?

Turn on your television or radio, and flip through the channels or stations. Pay attention to the images and messages you see and hear.

What kinds of images do you see?

What messages do you hear?

Are they positive?

Are they negative?

Are they sad?

Are they angry?

Are they happy?

Are they confusing?

How do these images and messages make you feel?

Turn off your TV, and read Psalm 107:8-9. Notice especially verse 9.

God wants to fill your life with good things. Instead of mediocre messages, entertaining images, things that just don't satisfy...he knows what you need, what's truly *good* for your life.

What good things has he already filled you with? How have his unfailing love and wonderful deeds affected your life?

God wants to fill you so that when others look at you or listen to you, they will receive abundant blessings because of who Christ is, in and through you. God wants these blessings to overflow from your life into the lives of everyone you know.

You are a walking, talking, living, breathing, loving, encouraging, positive, powerful, influential reminder of God's love for everyone around you.

How can you be a blessing to someone today?

Pray.

Christ…in me.

Read the first section of your newspaper or the headline articles from your
   Internet news service, and look for matters of right and wrong—
   people making right or wrong decisions, stuff that happened that
   was wrong or right. A crime. A scandal. A heroic act.
   Now think of your day yesterday and the right and wrong you observed.
   Did something happen that upset you? that just wasn't right?
   Did you see a good deed or observe an act of kindness?

What were some right things you heard people say or do?

What were the results of people's wicked acts or words?

What helps you determine between what is right and what is wrong?

Consider all of this.

Read Micah 6:6-8.

Some think our sense of right and wrong is proof that God exists.

You are made in God's likeness. Like God, you have a sense of right and wrong.
   He has shown you what is right.

With Christ in you, you can always know for sure what is right and what is wrong.
   You can *always* do what is right, what is just, what is merciful, with humility.

How hungry are you for righteousness?

What are some issues in your life in which you are trying to figure out
   what is right and what is wrong to do?

Who are the people and voices in your life that lead you to love what is right?
   to do what is right? How can you gain insight from them to help you?

How has Christ increased your hunger for righteousness?

When it's hard to do what you know is right, seek Christ, your righteousness,
   to guide you and to empower you to love and live righteously.

Pray.

Wrestling

Christ...in me.

Challenge a friend to arm-wrestle.

Use all your strength to try to force your friend's hand down onto the table.

Try again with your other arm. Which arm is stronger?

Have several more arm-wrestling matches—think of how your muscles are working.

Does it get easier or harder to win? How do your arms feel at the end?

How could you improve?

Now find a space to be alone, and read Romans 7:21-25.

The writer, Paul, was wrestling with doing right.

He wanted to do good, to obey God, but sin seemed stronger.

Can you identify with this? It can be hard to do what we

know we should, even when we really want to.

Are there particular areas in which you wrestle with sin?

Who tends to win?

How can you make your obedience-muscles stronger?

Reflect for a moment.

Paul knew who could rescue him from sin—

Jesus Christ, who defeated sin.

Ask Jesus to strengthen you, to coach you,

to help you resist.

You may need to step back from temptation

until you are stronger.

Take time to build up your muscles of faith.

And don't give in—keep wrestling.

Pray.

Who will rescue me fr

HOW GOD MET ME

Thoughts,
feelings,
musings,
dreams,
pictures,
ideas...

BE TO GO

s body of death?

Being Clean

Christ...in me.

Do this meditation after some hard physical work—like playing sports, going for a jog, or cleaning out the garage. How does your body feel?

Now take a shower. Enjoy the sensation of the hot water running over you.

Wash every part of your body, and get yourself clean.

Wash your hair, your fingernails, your toes.

Wrap yourself in a towel, and stand for a moment, enjoying your cleanliness.

Savor the contrast between the dirty you and the clean you.

Get dressed, and read Ephesians 5:25-27.

Christ has cleansed you from every sin, every stain, every blemish, every dirty mark.

He washes you through his Word, through his Spirit.

He sees you as holy and blameless—radiant.

Can you think of things you have done that you feel have left a mark on you? Picture them as dirty stains on your body. Confess them to Christ, and watch them disappear as you realize that he has cleansed you from them.

You are clean, forgiven, beautiful—take time to let that sink in.

How do you feel?

Tomorrow you may fail, you may let Jesus down, you may become stained by sin.

But he is always ready to cleanse, forgive, and restore you.

Honesty and confession will keep you this clean.

Don't take that for granted.

Tell Jesus about how you feel.

Pray.

without stain

but hol

Thoughts,
feelings,
musings,
dreams,
pictures,
ideas...

inkle...

nd blameless

Keys

Christ...in me.
Get out your key ring, and look at all the keys.
    Which lock does each of them fit?
Now use the keys to undo all the locks you can—
    maybe of doors, padlocks, a bike lock, a jewelry box, a car.
    (You can lock them again when you move on to the next!)
Where do these keys enable you to go? What do they give you access to?
    What would happen if you lost these keys? How much
    inconvenience would it cause? Who else has copies of these keys?
What other keys would you like to own?
Think of the power that a key-holder has. Think of what a prison
    warden does with his keys, or a zookeeper, or a bank manager.
Think of how much freedom one small piece of metal can
    give you, or how much harm it can keep you from.
Read Revelation 1:17-18.
Jesus holds the keys to death and hell. He has the power
    to keep death locked up so it cannot hold you.
    He has the right to close the doors of hell
    so that it cannot claim you.
Best of all, no one else has a copy of these keys!
What does this mean for you?
    What difference does it make?
Rejoice in Christ's strength.
Feel secure in his care.
Pray.

Thoughts,
feelings,
musings,
dreams,
pictures,
ideas...

Then he placed
his right hand
on
me

Sunrise, Sunset

Christ... in me.

Plan to get up early and watch the sunrise. Then set aside time to watch
the sunset at dusk. Plan on doing this meditation at night.

How did you feel observing the sunrise and sunset? Why?

What did you think about when you observed them?

Why do you think God created them?

Read Lamentations 3:21-25.

His compassion is new every morning. Every day a new sunrise and new sunset.
A different canvas, a new portrait, no two the same.

Every sunset marks the end of an old day. Every sunrise marks the beginning of a new day.
We start the new day with a fresh new canvas, new ways to experience God's compassion, a new start,
new ways to realize God's faithfulness, new opportunities to seek God——opportunities for change.

What needs to end in your life (like sunset)?

What needs to start (like sunrise)?

What are some old sunsets that you'd like to leave behind and move on from? lingering bad memories,
experiences that made you feel worthless, hurts or pains of the past?
What old things do you need to leave behind so you can become more like Christ?

What are some new sunrises that you'd like Christ to help you move into? New behaviors,
new attitudes, new relationships, new spiritual disciplines, new ways to experience God?

Christ is in you, constantly creating new sunrises. Be sure to take time with him to see what he is
painting for you today, tomorrow, the next day. Every time you see a sunrise,
know that Christ is at work in you, creating a beautiful portrait of your day and,
as always,
a beautiful portrait of all that you can be in him.

Pray.

HOW GOD MET ME

*Thoughts,
feelings,
musings,
dreams,
pictures,
ideas...*

never fail

I Am Covered

Christ . . . in me.

Have you ever been really cold?

Do you have a favorite blanket that you wrap up in?

When you feel lonely, tired, or even sick, isn't it nice to wrap up in a blanket in
    which you can feel safe and secure, as well as warm and comfortable?

Find your favorite blanket, perhaps one that you used when you were younger.
    Find a place in your home where you can sit and be quiet and all alone.
    Wrap the blanket around your shoulders. How does that make you feel?

Now put the blanket over your head, and let it come down around you as far as it will go.

Is it dark?

    warm?

    safe?

    quiet?

Take the blanket off, then read Psalm 27:5.

Have you ever needed to hide?

Have you ever been in trouble?

Put the blanket back over your head. Close your eyes and breathe deeply.
    Let a bit of light slip in, and read Psalm 27:5 again.

Imagine God's arms wrapping around you. Imagine God holding you,
    protecting you, surrounding you, covering you with love.
    Know that no matter what you do or where you go, God will be with you——your shelter.

Like the warmest, safest blanket, God's love will cover you.

Pray.

Thoughts,
feelings,
musings,
dreams,
pictures,
ideas...

For in the day of trouble

Laughter

Christ...in me.

Read the daily comics in the newspaper or a comic book,
    or watch cartoons on TV. Enjoy what catches your eye.
        When you've finished, consider what you observed.

What was the funniest thing you read or saw? Why?

What typically makes you laugh?

When have you laughed the hardest? What was so funny?
        Did you laugh so hard your sides ached?

Read Psalm 16:11.

God has given you a path of life along with joy and
        eternal pleasures. He gave you laughter.

What is joy to you? What does it look like in your life?

Would you describe yourself as joyful? Why?

For what pleasures in your life are you most grateful?

What makes you happy?

Why not laugh more? What places a heaviness on you—what keeps you from laughing?

Think of the funniest thing you can recall. Laugh.

God has designed you for joy! Laughter and your sense of humor are a gift.
    Jesus himself had a great sense of humor. Recall his funny word pictures like
    "Why do you look at the speck of sawdust in your brother's eye and pay no attention
    to the plank in your own eye?" (Matthew 7:3) and "It is easier for a camel to go through
    the eye of a needle than for a rich man to enter the kingdom of God" (Matthew 19:24b).
    Jesus used exaggeration to make these challenging statements easier to swallow for
    his listeners. Though not *hilarious* in our current culture, at the time this was
    pretty funny stuff! Surprising, too, from a religious teacher, since they were typically serious.

God has made you in his own image—to be joyful, with a sense of humor, to laugh! So laugh...laugh often!

Every time you feel joy in your heart, remember that it is a gift from God to you!

Pray.

HOW GOD MET ME

Thoughts,
feelings,
musings,
dreams,
pictures,
ideas...

Photosynthesis

Christ...in me.

Visit a garden store, nursery, or florist shop, and find a plant or a tree that is bearing fruit (or find a houseplant or a plant outdoors that is in bloom or has berries on it).

Look closely at what is produced by the plant. Notice the colors, textures, smells, shapes, sizes.

Does the plant look healthy? Does the plant look strong? How much sunlight or artificial light is shining on the plant? Think about all the things that work together to make this plant thrive: sunlight, water, soil, air.

Read Galatians 5:22-23.

Think about the spiritual "photosynthesis" in your life.

Is the light of Christ shining brightly in your life?

Are your roots planted deeply in the good soil of Christ?

Is the wind of the Spirit blowing new life into you?

What is God growing in you?

Through the power of the Holy Spirit, you can bear all kinds of fruit. Read the list below slowly.

Think of each fruit—how is it growing in your life?

Love.

Joy.

Peace.

Patience.

Kindness.

Goodness.

Faithfulness.

Gentleness.

Self-control.

Abide in Jesus. Bear much fruit.

Pray.

ABIDE IN JESU

HOW GOD MET ME

Thoughts,
feelings,
musings,
dreams,
pictures,
ideas...

EAR MUCH FRUIT

A City

Christ. . .in me.

In the evening, go outside and sit near a streetlight. Look around you—

do you see houses with lights on inside? Do you live in the city or in the country?

Are there lots of lights? billboards? cars zooming by? stoplights? Or is it quiet and dark

with just a single circle of light created by the streetlight you're sitting by?

Have you ever flown in an airplane at night and looked out the window? (If not, imagine it!)

The earth below looks like a glowing map. Street lamps, like the one you're sitting by, mark

out tiny dots and lines of light, with miniscule car headlights zooming up and down.

Farmland is mostly dark, with a few scattered lights here and there.

Mountains, deserts, and wilderness are invisible. Pitch black.

Cities glow. There are thousands and thousands of lights.

Both bright and dim, both blinking and steady.

In the darkness, they're all you see.

Read Jesus' words in Matthew 5:14-16.

You are that city on a hill—

that landmark in the darkness that no one can miss.

You are the glow on the horizon.

Is your light ever hidden?

Or do you shine forth God's glory and love?

What are your city lights like?

Are they dim? blinking?

or brilliant?

How can you light up your school? your family?

your community?

Pray.

Thoughts,
feelings,
musings,
dreams,
pictures,
ideas...

LET
YOUR
LIGHT SHINE
before men, that they may see
your good deeds and
PRAISE
YOUR FATHER
in heaven

The Way

Christ...in me.

Have you ever been lost?

Have you ever been someplace that was unfamiliar to you?

If so, then you might know what it is like to find

your way back to more familiar surroundings.

Starting at one end of your house,

walk to the other end using some familiar pathway.

This is easy because you know the way.

You are familiar with the path.

Now go back to the starting point, and put on a blindfold or close your eyes.

Travel the same path again, but notice what you do differently:

You walk slower.

You run into things.

You're more careful.

You get disoriented.

You get lost.

Read Psalm 86:1-13. Reread verse 11.

When you know God's ways—when you are familiar with God's ways—

you know them deep down. You know them "with your eyes closed."

God fills you with wisdom to lead, guide, and direct you in your life.

Go back and walk the same route again with your eyes open again—

take your Bible with you. As you walk the pathway through your house, reread verses 11 and 12.

Think about how God has led you to this point in your life.

Consider the ways that God might be leading you in some new, unfamiliar directions soon.

Will you trust God to show you the way?

Pray.

HOW GOD MET ME

Thoughts, feelings, musings, dreams, pictures, ideas...

Access

Christ...in me.

Go and sit outside the office of the school principal (or college dean).

  If you're not at school, sit outside the office of your boss at work.

Who is allowed inside the office? Have you ever been inside? What was the reason?

If you wanted to talk to the principal, or boss, what would you need to do?

What would happen if you walked over, opened the door, and barged straight in?

Your access is restricted.

Read Hebrews 10:19-22.

Just for a minute, compare God with your school principal or your boss.

  God is more awesome, more powerful, more influential.

And yet your access to God has *no* restrictions. Jesus has opened up the way

  for you to go and meet with his Dad.

  There's no appointment system, no secretaries,

  no "Come back later."

Imagine yourself outside God's throne room.

  What does the door look like? There are no guards here.

Open that door and go inside——there's no need to knock.

What does the room look like?

Who else is there?

Walk toward God——he has a welcoming smile on his face.

How will you greet him?

Sit at God's feet.

What will you say to God?

What will God say to you?

Pray.

let us draw near to G

HOW GOD MET ME

Thoughts, feelings, musings, dreams, pictures, ideas...

...th a sincere heart in full assurance of faith

Wind

Christ...in me.

Either go outside and stand in the breeze or turn on a fan and let it blow on your face.
Do this for several minutes, enjoying the sensation. Then go to a place where
wind is not blowing on you at all. Take a deep breath, hold it for five seconds,
then breathe out. Take several more breaths in the same way.

What do you like most about wind?

Have you ever been short of breath? gasped? wheezed?

What was it like to finally catch your breath? to breathe freely?

How necessary was air to you in that moment?

Read Acts 17:24-28.

In him you live and move and have your being.

In the Bible, God's Spirit is often compared to the wind. He gives us life and breath—
and everything else. His breath of life is in us. God is so good to us.

Think of yourself as a beach ball, spiritually. Are you fully inflated in your spiritual life—
feeling full of God's life, closely tied to him, following him closely?
or deflated, feeling empty, disconnected, or without clear direction from him?

How are you exhaling his life out to others—
overflowing with his love and kindness toward them?

He is not far from you. Reach out to God.
Take a few more deep breaths. Then consider...

In what ways do you need God to breathe life into you?
In righteousness? In love? In joy?
In your desire to follow him and serve him?
In knowing what it means to have Christ in you?

Let God breathe on you and bring you life in Christ today.

Pray.

For in him

*thoughts,
feelings,
musings,
dreams,
pictures,
ideas...*

...ve and move and have our being.

Voice

Christ...in me.

Say each of the following phrases aloud: "Almighty God," "God loves me," "I am God's," "God lives in me,"

"I am chosen by God," and "I am in Christ, Christ is in me." Say them each again (slowly) with your eyes closed.

Listen closely to your voice, its pitch, its tone, and the power of these words.

How is your voice a gift from God?

How does God want you to use your voice?

Read Psalm 29:3-11.

God created all that is through speaking. God called everything into existence—

including you. That voice continues to direct the entire universe...and your life.

How does God speak to you? How does it affect you?

You are created in God's image. Your voice has been given power by God—

with it you can communicate God's love, encourage,

build up, create relationships...

or bring harm.

God wants your voice to be special and to be powerfully used to impact lives.

Christ in you can lead you to do amazing things through your voice.

Be still and listen for God's voice. Wait patiently. Quiet yourself.

How has God encouraged you in the past?

reassured you? communicated love? told you about your purpose?

What is God calling you to say as a voice, not an echo, to your generation?

What do you most need to hear from God right now?

(Any troubles or difficult situations you're facing?

Is there guidance you need right now?)

Be still and quiet. Listen carefully, completely, fully.

Pray.

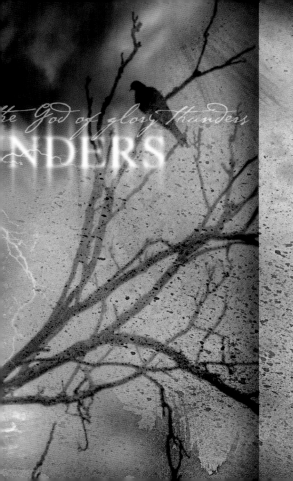

the God of glory thunders

NDERS

HOW GOD MET ME

Thoughts,
feelings,
musings,
dreams,
pictures,
ideas...

Soldier

Christ . . . in me.

Close your eyes, and take a few minutes to picture soldiers in your mind——perhaps soldiers from a favorite movie, the changing of the guard at Buckingham Palace, new Army recruits marching in basic training. Could you be a soldier? Do you have the discipline?

Do these actions as you read them:

Attention! (Snap to it!)

Salute! Right face! Left face!

Attention! (Stay like this for one minute!)

At ease!

What makes soldiers so good is their obedience to officers, self-sacrifice for the cause, willingness to lay down their lives for others, self-discipline, and knowledge of the art of war.

How are you most like a soldier? least like a soldier?

Read 2 Timothy 2:1-15. Reread verses 3-4.

Spiritual life demands the same things that make a soldier good: obedience to God, self-sacrifice for the goals of God and the kingdom of God, a willingness to lay down one's life (your own needs, your own plans) for the cause of the gospel, self-discipline and the practice of spiritual disciplines (like prayer and Bible reading). A soldier of Christ Jesus is trained and ready to oppose evil.

How would you rate yourself as a "soldier" for Christ?

What are you enduring for Christ?

Who are the people who bring out the "soldier" in you and inspire you as a Christian? Why?

Imagine the soldier in Christ you would most like to be . . .

What one thing can you begin doing to become that soldier?

What one attitude can you change to become that soldier?

Christ is in you. Every discipline, every right action or attitude, and every bit of energy you need to endure the harshest of life circumstances can be found in Christ. Every desire to do what is right, everything you need to be self-disciplined and totally sold out to Christ is in you. Ask God to make you a soldier through Christ's power.

Pray.

Thoughts, feelings, musings, dreams, pictures, ideas...

Jesus Christ, raised from the dead,

nded from David.

Tools

Christ . . . in me.

Visit a store where you'll be able to find tools (or look at your mom or dad's toolbox in the garage). Gather some common tools like a wrench, a screwdriver, and a tape measure. How is each one used?

Now find some tools that are less common, like an oil filter wrench, a wire stripper, a Sheetrock saw, or perhaps a tool you don't even recognize. Look at the tools, and notice how each one is made for a particular purpose. You cannot use an oil filter wrench to tighten a bolt. You cannot use a screwdriver to measure the length of a board. You cannot use a Sheetrock saw to strip a wire.

Read I Corinthians 12:4-II.

God has given every Christian certain gifts to strengthen the whole church. What were you created to do?

Are you smart?

Are you trustworthy?

Are you faithful?

Do your friends find your friendship healing?

Do you serve others with joy?

Does your kindness touch lives?

God has given you gifts to use to strengthen those around you.

Put away or return your tools. As you do, thank God that each one of us has different gifts which work together to strengthen the Body of Christ. Ask for the courage to live out your purpose—to actively use your gifts to change lives.

Pray.

Now to each one t

Thoughts,
feelings,
musings,
dreams,
pictures,
ideas...

anifestation of

Spirit is given for

ommon good.

Dirt

Christ . . . in me.

Go to a place where dirt can be found. Pick up a handful of it. Feel its texture.
Rub it between two fingers. Let it slowly sift through your fingers.
It's filled with the nutrients necessary to nurture life and to bring growth.

What is like dirt in your life? What is bringing you life?
causing you to grow?

Who are the people who help you to grow?

What are you doing to grow?

Think of all that God is doing to cause you to grow—
for the many ways God is bringing you life . . . (Take your time.)

Read Matthew 13:1-9, 18-23.

What kind of soil are you planted in?

What is good that is growing in your life?

What is growing in you spiritually?

Are there any weeds in your life that are trying to choke out
your love for God? your drive for righteousness?

How will you uproot them?

Pick up another handful of dirt. Hold it tight in your hand.

How would you like to grow to become more like Christ?

Will you be a young sapling? or a mighty oak?

Christ is in you, like a seed. Everything you need for an abundant,
fruitful, joyful life is in him, in you. Allow him to mold you and
shape you to be more like him—to uproot the bad, to plant
and fertilize the good. Allow Christ to "grow" in you.

Pray.

HOW GOD MET ME

*Thoughts,
feelings,
musings,
Dreams,
pictures,
Ideas...*

yielding

a hundred,

sixty or

thirty times

what

was

sown

HE PRODUCES A CROP

Many Parts

Christ…in me.

Stand in front of a full-length mirror. Look at yourself, and examine the many parts
of your body, head to toe. Put your hand up to your heart and feel it beating.
Put your hand out in front of you. Examine your fingers, and imagine your blood
running through them. Walk in place for a moment, and watch how all the parts of your body
work together to make that movement possible. Stand quietly.
What are you thinking? feeling?

Your body works as a unit—
to make movement,
think thoughts, and create feelings.

Read 1 Corinthians 12:14-27.

Think about the worldwide community of believers in Christ—the body…
the many parts. How many do you think there are? Where do they live?

What is their daily life like? How are they like you?
How are they different from you?

We all work together with other Christians to build Christ's kingdom.
We need everyone's gifts and talents to spread God's Word to all nations.

Go back to looking at yourself in the mirror.
What does your hand do to further God's work here on earth?

Your feet?

Your head?

Your heart?

What could you do to work with the worldwide community of believers
and spread God's Word?

What could you do at your school? with your church? at home? in your community?

Pray.

Thoughts, feelings, musings, dreams, pictures, ideas...

BODY OF CHRIST

Painting

Christ. . .in me.

Choose something to paint——it could be a scene, a person, an object, or an abstract picture.
  Use just black and white for your painting——how many shades of gray do you need
  to make? Take some time to produce a picture that you are pleased with. (You could
  use colored pencils or crayons instead of paints if that's easier.)

Now take a fresh piece of paper and a whole range of colors.
  Paint that same picture again, but this time use as many colors as you can.

Enjoy the contrast of different shades, the richness of the different hues,
  the freedom of choosing the exact color you need.

Sit back and compare your two paintings.

Read John 10:7-10.

Many people see God as restricting, expecting his people to live a
  gray life like your first painting, full of rules, with all color removed.
  Is that view right?

Jesus came to give us a full, vibrant, multicolored life——life in all its fullness.

Think of the blessings that knowing Jesus brings——imagine each one
  as a color. What shade will you choose for forgiveness?
  love? acceptance? purpose?

Look at your second, colorful painting——see those blessings interwoven
  in the picture, contributing to its beauty.

Thank God for his rich gift of a creative, abundant, vibrant life.
  Ask him to help you discover more of it.

Paint another picture to express your praise.

Pray.

Thoughts,
feelings,
musings,
dreams,
pictures,
ideas.

HEY MAY HAVE LIFE.
and have it to the full.

Stirred up

Christ…in me.

God is at work in you through the power of the Holy Spirit.

Even when you don't feel like much is going on, God's Spirit is moving, bubbling, welling up from the very depths of your life.

Take two pans, and fill each of them with water. Set each of them on the stove, and carefully turn one of the burners on high. As the heat begins to warm the water and the one pan and finally comes to a boil, watch what happens. What do you see?

Bubbles…steam…movement…rippling water.

Now look at the other pan of water—the one without any heat under it. What do you see? What don't you see?

Read John 5:2-9.

After thirty-eight years of waiting—waiting to experience the miraculous… to submerge himself in the stirred-up pool—a man's life was dramatically changed.

He experienced the love of Christ bubbling up in his life!

God wants our lives to be like the water that is stirred up.

He wants us to provide hope for the lost, rest for the weary.

He wants to fill us with the miraculous.

Look again at both of the pans of water. The more the pan is exposed to the heat, the more dynamic it becomes:

With Christ you can

bubble…with joy,

shake…with excitement,

move…with power,

live…with purpose!

What are the ways that this is happening in your life today?

How can he overflow in your life?

Pray.

Thoughts,
feelings,
musings,
dreams,
pictures,
ideas...

mat and walk."

SV

Hans Magnus Enzensberger

Hammerstein
oder
Der Eigensinn

Eine deutsche Geschichte

Suhrkamp

Mitarbeit: Reinhard Müller
(Hamburger Institut für Sozialforschung)

Angst ist keine Weltanschauung
K. v. H.

Druck: Pustet, Regensburg
Printed in Germany
Erste Auflage 2008
ISBN 978-3-518-41960-1
3 4 5 6 – 13 12 11 10 09 08

Inhalt

Die Ehe des Generals Kurt von Hammerstein-Equord war mit sieben Kindern, vier Töchtern und drei Söhnen gesegnet. Von ihm und seiner Familie soll hier die Rede sein.

Ein schwerer Tag

Wie jeden Morgen verließ der General am 3. Februar 1933 pünktlich um sieben Uhr seine Wohnung im Ostflügel des Bendlerblocks. Er hatte keinen weiten Weg zu seinen Diensträumen. Sie lagen eine Etage tiefer. Dort sollte er sich noch am selben Abend mit einem Menschen namens Adolf Hitler an einen Tisch setzen.

Wie oft war er ihm zuvor begegnet? Er soll ihn bereits im Winter 1924/25 im Haus des Klavierfabrikanten Edwin Bechstein getroffen haben, den er seit langem kannte. Das sagt sein Sohn Ludwig. Hitler habe seinen Vater nicht beeindruckt. Er bezeichnete ihn damals als Wirrkopf, allerdings als geschickten Wirrkopf. Frau Helene Bechstein war von Anfang an eine große Bewunderin Hitlers. Sie hat ihn in seiner Münchener Zeit nicht nur finanziert – von Krediten und Juwelen war die Rede –, sondern auch in das eingeführt, was sie für die gute Gesellschaft hielt. Sie gab große Abendessen für Hitler, um ihn mit einflußreichen Freunden bekanntzumachen, und brachte ihm bei, wie man bei Tisch das Messer führt, wann und wo man einer Dame die Hand küßt und wie man einen Frack trägt.

Ein paar Jahre später, 1928 oder 1929, hat Hitler dann in der Privatwohnung des Generals, nicht weit vom Bahnhof Zoo, in der Hardenbergstraße, vorgesprochen, vermutlich um zu sondieren, wie man im Generalstab über ihn dachte. Franz

Kurt von Hammerstein, etwa 1934

von Hammerstein, damals sieben oder acht Jahre alt, erinnert sich, wie sein Vater diesen Besuch aufnahm: »Sie saßen auf dem Balkon und unterhielten sich. Die Meinung meines Vaters über diesen Mann: Er rede zuviel, und das zu sehr durcheinander. Er zeigte ihm die kalte Schulter. Dennoch bemühte sich Hitler um ihn und schickte ihm das Gratisabonnement einer Nazizeitschrift.«

Zu einer dritten Begegnung kam es am 12. September 1931 auf Wunsch Hitlers, der damals die zweitstärkste deutsche Partei anführte, im Haus eines Herrn von Eberhardt. »Hammerstein sagte zu seinem Freund [und damaligen Wehrminister] Schleicher am Telephon: ›Der große Mann aus München wünscht uns zu sprechen.‹ Schleicher antwortete: ›Ich kann leider nicht.‹« Die Unterredung dauerte vier Stunden. In der ersten Stunde redete Hitler – bis auf einen Einwurf Hammersteins – ununterbrochen, in den andern drei wurde diskutiert, und Hammerstein – so dieser Herr von Eberhardt – soll abschließend geäußert haben: »Wir wollen's langsamer. Sonst sind wir eigentlich einer Meinung.« Hat er das wirklich gesagt? Es wäre ein Indiz für die tiefsitzenden Ambivalenzen der Krisenzeit, gegen die auch die klügsten Köpfe nicht gefeit waren.

Nach diesem Gespräch fragte Schleicher Herrn Eberhardt: »Was halten Sie denn nun von diesem Hitler?« – »Wenn auch manches von dem, was er sagt, abzulehnen ist, kann man an dem Mann nicht vorüber wegen der großen Massen, die hinter ihm stehen.« – »Was soll ich mit dem Psychopathen«, soll Schleicher, damals Generalmajor und einer der einflußreichsten Politiker des Landes, geantwortet haben.

Es dauerte nicht einmal ein Jahr, bis der »Psychopath« die Herrschaft über Deutschland errungen hatte. Am 3. Februar 1933 trat er zum ersten Mal vor die Führung der Reichswehr, um ihr seine Pläne darzulegen und sie, wenn möglich, für sich zu gewinnen. Gastgeber an diesem Abend war der General Kurt Freiherr von Hammerstein-Equord.

Er war an diesem Tag vierundfünfzig Jahre alt, und es sah ganz so aus, als hätte er den Gipfel seiner Karriere erreicht. Schon 1929 war er als Generalmajor zum Chef des Truppenamtes ernannt worden. Das war eine Tarnbezeichnung für den Generalstabschef der Reichswehr, die offiziell auf Grund des Versailler Vertrages einen solchen Stab gar nicht haben durfte. Ein Jahr später wurde er zum General befördert und zum Chef der Heeresleitung ernannt; das war die höchste Stellung innerhalb der deutschen Armee. Diese Entscheidung war damals sehr umstritten. Die Rechtsparteien lehnten ihn vehement ab; sie warfen ihm vor, er sei nicht »national« genug eingestellt. Im Wehrministerium nannte man ihn den »roten General«, wahrscheinlich, weil er die Rote Armee aus eigener Anschauung gut kannte. Ihm imponierte die enge Bindung dieser Truppe zu den Massen, während die Reichswehr politisch von der Arbeiterschaft völlig isoliert war. Dennoch war es absurd, Hammerstein, so wie es der *Völkische Beobachter* tat, als Linken anzugreifen; er war schließlich, was seinen Habitus betraf, ein adliger Militär alter Schule. Bei einer Kommandeurbesprechung im Februar 1932 hat er sich ziemlich eindeutig geäußert: »Wir alle stehen der Gesinnung nach rechts, aber wir müssen uns klar machen, durch wessen Schuld der jetzige innenpolitische Trümmerhaufen entstanden ist. Das sind die Führer der Rechtsparteien. *Sie* haben es verschuldet.«
Obwohl er also auf eine erfolgreiche Karriere zurückblicken durfte, hatte Hammerstein ein Jahr später sein Amt gründlich satt.

Die mustergültige Karriere
eines Kadetten

1888 Kadettenanstalt Plön
1893 Hauptkadettenanstalt Berlin-Lichterfelde
1898 Seconde-Lieutenant in 3. Garderegiment zu Fuß
     in Berlin
1905-1907 in Karlsruhe
1907 Kriegsakademie in Berlin
1909 Oberleutnant
1911 Aufmarschabteilung im Großen Generalstab
1913 Hauptmann im Generalstab
1913 Adjutant des Oberquartiermeisters
1914 Kompaniechef in Flandern
1915 Ia im Generalstab des VIII. Reservekorps
1916 im Großen Generalstab
1917 Major
1918 Ia im Generalstab des Generalkommandos
1919 im Generalstab des Korps Lüttwitz
1919 beim Stab des Gruppenkommandos I in Berlin
1920 Oberstleutnant
1920 Chef des Stabes des Gruppenkommandos II in Kassel
1922 Kommandeur des III. Bataillons des Infanterie-
     regiments 12 in Magdeburg
1924 Chef des Stabes der 3. Division in Berlin
1925 Oberst
1929 Generalmajor, Chef des Stabes im Gruppen-
     kommando I in Berlin
1929 Generalleutnant, Chef des Truppenamtes
1930 General der Infanterie, Chef der Heeresleitung

Ein sehr alter Clan und eine standesgemäße Verbindung

Die Freiherren von Hammerstein sind eine weitverzweigte Familie, die aus dem westfälischen Uradel stammt und sich, wie der Gotha zu berichten weiß, in zwei Linien und vier Äste aufgespalten hat. Ansässig waren sie vor tausend Jahren im Rheinland, wo heute noch nahe bei Andernach eine Burgruine zu sehen ist, die ihren Namen trägt; später im Hannoverschen, in Österreich und in Mecklenburg. Man findet unter ihnen Gutsbesitzer, Offiziere, Landräte und Forstmeister; die Töchter heirateten standesgemäß, oder sie beschlossen ihr Dasein als Stiftsdamen oder Äbtissinnen.

Der Vater des Generals lebte als Forstmeister in Mecklenburg-Strelitz. Er schickte seinen Sohn, von dem es heißt, er wäre lieber Jurist oder Bremer Kaffeehändler geworden, auf die Kadettenanstalt. Weil er noch zwei weitere Kinder hatte, aber kein Vermögen, war ein anderes Studium nicht zu finanzieren. Übrigens wurde der junge Hammerstein damals gelegentlich zum Pagendienst am kaiserlichen Hof zu Potsdam herangezogen, was ihm ebensowenig Spaß machte wie der Drill. Schon während dieser Ausbildung lernte er den späteren Reichskanzler Kurt von Schleicher kennen. Mit zwanzig Jahren erhielten sie beide ihr Offizierspatent und gingen als Leutnants zum 3. Garderegiment zu Fuß. Diese Truppe stand in hohem Ansehen; aus ihr sind mehrere Generäle hervorgegangen, leider auch Paul von Hindenburg und dessen Sohn Oscar.

Zur Vorbereitung auf die Kriegsakademie ging Hammerstein zur Feldartillerie nach Karlsruhe. Er reiste mit seinen ganzen Habseligkeiten in zwei Waschkörben dorthin, nachdem er den

Rest bei seinem Regiment versteigert hatte. Diese Entscheidung sollte für Hammerstein weitreichende Folgen haben; denn in Karlsruhe, wohin er sich ihretwegen versetzen ließ, traf er eine Dame wieder, deren Vater, der Freiherr Walther von Lüttwitz, dort Chef des Stabes war. Sie hieß Maria. Er hatte sie schon 1904 in Berlin kennengelernt und setzte alles daran, sie zu heiraten.

Lüttwitz kam aus einer begüterten Beamtenfamilie des schlesischen Uradels. Von seiner Frau, einer Gräfin von Wengersky aus Ungarn, hieß es, sie habe Zigeunerblut gehabt und sei ganz anders gewesen als die meisten deutschen Frauen; eine ihrer Ahninnen war die sagenhafte Tänzerin Catarina Filipacci, die der König von Sachsen an seinen Hof geholt hatte.

Dem großen Haus, das die Lüttwitz in Berlin führten, war von solchen Extravaganzen nichts anzumerken. In der wilhelminischen Gesellschaft, mit der sie Umgang pflegten, stand man »in der Gunst der beiden Majestäten«. Die Töchter nahmen Gavottestunden, sprachen fließend Französisch und wurden sorgfältig auf ihre erste Ballsaison vorbereitet; das galt besonders für die zweite Tochter Maria, von der es heißt, daß sie »sehr gefiel und viele Kurmacher hatte«. Hundert Gäste waren bei diesen Tanzfesten keine Seltenheit. Die eingeladenen Herren gehörten den richtigen Familien und den richtigen Regimentern an.

In seinem Tagebuch schreibt Lüttwitz: »Natürlich verkehrte Leutnant Kurt von Hammerstein in unserem Hause als mein alter Regimentskamerad. Er spielte auch viel Tennis mit den beiden Töchtern. Wir waren zunächst nichtsahnend, daß er es auf Mietze [Maria] abgesehen hatte. Allmählich aber wurde es uns klar, und da zum Heiraten unserer Ansicht nach nicht so viel da war, daß sie sorgenfrei leben konnten, stellte ich das dem Herrn Bewerber vor, als er gleich daraufhin mit einem Antrag an mich herantrat. Ich verlangte Entsagung, er sah meine Argumente ein, bat aber, die gesellschaftlichen Beziehungen aufrechterhalten zu dürfen, damit es nicht auffalle. Ich ging darauf ein; das hatte aber, was ich mir damals hätte sagen müssen, zur Folge, daß die Liebelei weiterging.«

Maria von Hammerstein erinnert sich: »Seit dem Winter 1904 kannten wir uns, Kurt und ich. Er fiel mir auf als besonders ruhig und ernst, anders wie die andern Menschen. Bei einem Kostümfest, er als Magyar und ich Alt-Straßburg, tanzten wir ziemlich viel zusammen. Mir war in seiner Gegenwart immer so sonderlich.« Im Tennisclub traf man sich wieder. »Beim Nachhausegehen trug Herr von Hammerstein mir immer die Schuhe. Zum Abschiedsfest hatte er vier Flaschen Sect mitgebracht. Im November trafen wir uns in der Festhalle auf einem Bazar. Ich tanzte dort als Sèvresfigur im weißen Gewand ganz weiß angemalt. Mit banger Ahnung sah ich der Zukunft entgegen.«

Der Herr von Lüttwitz war von alldem nicht angetan. Man wollte keine armen Offiziersfamilien in der Armee, geschweige denn in der Familie. Hammerstein aber hatte kein Geld. In die Ehe konnte er wenig mehr einbringen als eine Mappe mit der Aufschrift: »Für geordnete Schuldenwirtschaft.« Erst als ihm ein Großvater unter die Arme griff, gab Marias Vater seinen Widerstand auf. Auch ein anderes Hindernis wird bei seinen Vorbehalten eine Rolle gespielt haben. Die Familie von Lüttwitz war nämlich streng katholisch, während Hammerstein, der übrigens wenig Interesse an der Religion zeigte, protestantisch getauft war. Eine »Mischehe« galt in diesen Kreisen als problematisch. Auch später hat diese Frage bei den Eltern des Paares für allerlei Irritationen gesorgt, de-

Maria und Kurt von Hammerstein.
Hochzeitsbild 1907

nen Kurt ein Ende machte, indem er ein Machtwort sprach: »Außerdem«, schrieb er seiner Frau, »bin *ich* der Ansicht, daß Kinder nach der Mutter getauft werden müssen, denn diese bringt ihnen die Grundlagen der Religion bei. Also erübrigt sich alles weitere Geschwätz. Meinethalben können sie sich auf den Kopf stellen und mit den Füßen strampeln vor Aufregung. *Du* brauchst Dich darüber in keiner Weise in Kontroversen einlassen. Wenn jemand was will, soll er sich an *mich* wenden.«

Ungeachtet aller Probleme konnte 1907 in Karlsruhe eine glanzvolle Hochzeit gefeiert werden. Es gibt von ihr eine offizielle Photographie. Obwohl der Brautvater sich darüber beschwert, daß er das Fest »im kleineren Kreise« ausrichten mußte, wirkt die Versammlung durchaus repräsentativ. Sämtliche Gäste, unter ihnen der spätere Reichskanzler Kurt von Schleicher, gehören dem Militäradel an; die ordensgeschmückten Herren in Galauniform, die Damen in großer weißer Toilette mit aufwendig verzierten Hüten.

Der unheimliche Großvater

Ein späteres Photo zeigt Marias Vater als General, kalten Blicks, wie er weißhaarig, hager, mit dem Pour le mérite geschmückt, den rechten Arm in die Hüfte stemmt und den Betrachter herausfordernd mustert.

In den Erinnerungen seiner Enkelin Maria Therese spielt er eine sehr ungemütliche Rolle.

»Er stand uns fern, repräsentierte eine untergegangene Welt, die er vergeblich versucht hatte wieder hervorzuzaubern. Seine Welt war für uns eine Schattenwelt, die kalte Pracht seiner

Walther von Lüttwitz, zwanziger Jahre

Dienstwohnung ebenso wie die feudalen Güter. Die meisten von uns konnten ihn nicht leiden.

Eines Tages beauftragte er einen Maler damit, meine zwei Schwestern und mich zu porträtieren. Diese Bilder gibt es immer noch. Es sind drei Pastelle mit Butzi [Marie Luise] zur Linken, mit Blick auf Helga, die in der Mitte sitzt, und mit mir zur Rechten. Helgas Porträt sandte mein Großvater dem Maler zurück, weil er fand, sie sähe darauf jüdisch aus. Wahrscheinlich hatte er Chamberlains Buch gelesen, das damals große Mode war. [Houston Stewart Chamberlains *Grundlagen des neunzehnten Jahrhunderts,* erschienen 1899, gilt als eine zentrale Schrift des deutschen Antisemitismus.]

Im Haus des Großvaters gab es kein Familienleben, an dem wir teilnahmen. Seine älteste Tochter lebte immer zuhause, weil er ihr verboten hatte, den Mann, den sie liebte, zu heiraten. Wir Kinder durften nie mit den Erwachsenen am selben Tisch essen; wir wurden in der Anrichte gefüttert. Meine Großmutter saß immer auf der Veranda im zweiten Stock, umgeben von Glyzinien. Wir durften nie zu ihr hinaufgehen, weil sie an Tuberkulose litt. Sie ist im November 1918 in der Schweiz gestorben.«

Wenig später kam es zu einem Familiendrama.

»Als wir nach den Sommerferien im Herbst 1919 nach Berlin zurückkehrten, war die Revolution ausgebrochen. Großvater Lüttwitz war nach wie vor Kommandierender General in Berlin. Er wohnte in der Hardenbergstraße. Dort wurde auch mein Bruder Ludwig geboren, und meine Mutter blieb mit dem Baby im Haus des Großvaters. Eines Tages kam Feldmarschall Hindenburg zu Besuch, um mit ihm zu sprechen. Mutter hatte, vielleicht aus ihrem naiven Ehrgeiz heraus, die Idee, daß er die Patenschaft für meinen Bruder übernehmen sollte. Ich wollte mich bei ihr einschmeicheln, und ganz anders als meine ältere Schwester, die nie zu einer solchen Dummheit bereit gewesen wäre, versprach ich, Hindenburg um diesen Gefallen zu bitten. Mit einem Blumenstrauß in der Hand trat ich zu ihm hin, machte meinen Knicks und fragte ihn.

Als ich ein paar Wochen später mit meiner Mutter wieder in das Haus des Großvaters kam, fanden wir es verlassen vor. Wo war er? Wir suchten nach ihm in seinem Arbeitszimmer und fanden ihn nicht. Ich hatte das Gefühl, daß hinter jedem Stuhl ein Verfolger lauerte. Das Haus kam uns unheimlich vor. Wir konnten ja nicht wissen, daß er geflohen war und sich bei seinen Verwandten in Ungarn aufhielt. Wie hat meine Mutter nur das alles ertragen? Sie stand ihrem Vater ja so nahe, daß er ihr zeit seines Lebens in seiner winzigen, platzsparenden Schrift jeden Tag eine Postkarte schrieb.«

Lüttwitz bemerkt dazu in seiner ebenso lakonischen wie brüsken Art: »Später trat leider eine Spannung zwischen mir und Kurt Hammerstein ein. Er wurde nach dem Kriege Opportunist, und da stießen wir aufeinander.« Und Smilo, Hammersteins Schwager, sagt: »Der Trennungsstrich war gezogen. Eine nahezu klassische Tragödie im engsten Kreis der Familie. Meine Schwester Maria hat sehr unter diesem Konflikt gelitten.«

Ein paar Anekdoten

Das achtzehnte Jahrhundert war die Blütezeit einer lakonischen Form, die heute aus der Mode gekommen ist: der Anekdote. Autoren wie Chamfort, Fontenelle und Lichtenberg haben sich ihrer bedient. Als Geschichtsquelle steht sie in keinem guten Ruf. Das ist schade; denn wer sich für *Charaktere und Maximen* interessiert, sollte ihr, wenn nicht unbedingt Glauben, so doch Gehör schenken.

Hammersteins Tochter Maria Therese erzählt in ihren bezaubernden, völlig unprätentiösen Memoiren von ihrem Vater: »Er hat zwei riesige Zeigefinger, gibt Butzi [Marie Luise] einen und mir den anderen und geht mit uns auf den Südwestcorso zu den Pferden, die aus der Moabiter Kaserne hergebracht worden sind, legt uns ein Stück Zucker auf die Hand und zeigt uns, wie der Daumen fest gegen den Zeigefinger gepreßt sein muß, damit das Pferd nicht nach ihm schnappt. Das ist die einzige Lehre meines Vaters, an die ich mich aus der Zeit vor 1914 erinnern kann.« (1913)

»Meine Eltern rennen um den runden Frühstückstisch herum, unter den ich mich verkrochen habe. Sie hat die Morgenzeitung in der Hand, und Vater läuft hinter ihr her, weil er sie haben will. Das fand ich sehr ungewöhnlich. Obwohl ich erst vier Jahre alt war, merkte ich, daß es sich nicht um gute Nachrichten handelte. Die Zeitung meldete die Mobilmachung.« (1914)

»Eines Tages guckt mein Vater am Morgen durch die Tür in unser dunkles Schlafzimmer. Er hat seinen Helm mit einem großen weißen Federbusch auf und verabschiedet sich von uns, weil er Berlin verläßt, um mit dem Sonderzug des Kaisers ins Hauptquartier zu fahren. Er war damals Hauptmann im Großen Generalstab.« (1914)

Maria Thereses jüngere Schwester Helga steuert eine weniger idyllische Geschichte bei: »Im großen Eßzimmer mit grünen damastbezogenen Stühlen aus irgendeinem Schloß und einem ganz klobigen, überhaupt nicht dazu passenden Tisch. Papus ist wütend auf uns (Butzi und mich), ich weiß nicht mehr warum, haut uns mit der Reitpeitsche. Das einzige Mal, daß wir gehauen worden sind, nicht sehr doll.« (1921)

Wieder Maria Therese: »Mein Vater hatte für uns einen Sommer lang eine Bleibe in Steinhorst bei Celle gemietet. Ein Teil des Hauses war aber von einer Familie bewohnt, die nicht ausziehen wollte und sich dort verbarrikadierte. Sie wollte die Küche nicht freigeben und ihre Wohnung mit Waffengewalt verteidigen. Mein Vater betrat ihr Eßzimmer, ebenfalls mit der Waffe in der Hand. Das ist das einzige Mal, daß ich ihn in einer bürgerkriegsähnlichen Situation gesehen habe, noch dazu in seinem eigenen Haus. Er mußte einen langwierigen Prozeß führen, um die Familie endlich zum Ausziehen zu bewegen. Dabei hatte er das Haus eigens gepachtet, um im Berlin dieser Jahre nicht mit seiner großen Familie belastet zu sein.« (1921)

»Ein Möbelwagen ist vorgefahren: ich renne hin und helfe den Männern, indem ich die Eßzimmerstühle hereintrage. Nachher höre ich Papus von mir sagen: ›Gutmütig, aber dumm.‹ Es muß ihm leid getan haben, daß ich nicht wie die andern in den neuen Garten lief. Der Impuls, sich nicht bedienen zu lassen, war ihm, dem letzten ›Grandseigneur‹, fremd.« (1924)

»Von Berlin aus nimmt er uns an den Stechlinsee mit. Er zeigt uns die Oberförsterei seines Vaters, ganz in der Nähe. Er kennt jeden Baum und nennt uns die Namen: Ulme, Erle, Esche… Den Wald nimmt er ernst. Er schafft Faltboote an und geht mit uns paddeln. Er ist glücklich in der Landschaft, in der er seine Kinderjahre verbracht hat, und wir sind es auch.« (Zwanziger Jahre)

»Reden hörten wir ihn überhaupt nur, wenn Besuch da war. Er ließ uns immer dabeisitzen und zuhören. Ich bewunderte sein Wissen, nahm aber doch, wenn es darauf ankam, Muttis Partei. Einmal kam er in mein Zimmer auf halber Treppe, sich zu entschuldigen, weil er im Tiergarten bei so einer Gelegenheit so wütend geworden war, daß ich etwas mit seinem Spazierstock abgekriegt hatte. Durch die lange Trennung während des Krieges und danach hatten er und Mutti nicht gelernt, sich einander anzupassen. Deswegen vielleicht auch sein vollständiges Schweigen bei Tisch.« (1926)

»Er wollte ein geeintes Europa, war mit Coudenhove-Kalergi befreundet. In einem zweiten Weltkrieg, sagte er, würde Deutschland aufgeteilt werden. ›Der Kommunismus wird kommen, aber ich werde versuchen, sein Kommen möglichst lange zu verhindern.‹« (1929)

Sein Schwiegersohn Joachim Paasche erzählt:

»Ein gewisser Hang zum Luxus war ihm nicht fremd. Er liebte seinen Cognac und eine gute Zigarre. Dem Familientisch in der Bendlerstraße saß er wortlos vor, ohne eine Miene zu verziehen. Aber er mußte lachen, als ich nicht merkte, daß es Wild zum Essen gab und glaubte, daß es Rindfleisch war. Ich hörte, wie er zu dem Diener sagte: ›Bring Er mir…‹. Diesen friderizianischen Imperativ hatte ich noch nie vernommen.« (1931)

»Seine sieben Kinder waren bekannt für ihre Wildheit und rebellische Natur. Und auch er hatte keine Ähnlichkeit mit dem typischen, hart arbeitenden und gewissenhaften Deutschen. Er mochte Menschen, ließ oft einfach seine Arbeit liegen und ging jagen.« (1931)

»Seine Selbstironie, als der Antisemitismus überhand nahm: ›Hoffentlich werden wir den Hitler bald los, damit ich wieder auf die Juden schimpfen kann.‹ Damals konnte man sich eine solche Bemerkung noch erlauben.« (1931)

Margarethe von Oven, seine Sekretärin, spätere Gräfin von Hardenberg, erinnert sich:

»Als ich am Morgen nach dem Reichstagsbrand ins Büro kam, empfing er mich mit den Worten: ›Den haben sie natürlich selber angezündet!‹ Ich war entsetzt und zunächst ungläubig; ich stand unter dem Eindruck des Tags von Potsdam und der Vereidigung Hitlers. Die Antwort war eine kalte Dusche: ›So, sind Sie ihnen also auch auf den Leim gekrochen?‹ Er und meine Mutter waren die einzigen, die sich keinen Sand in die Augen streuen ließen.« (1933)

Und Maria Therese berichtet:

»Mein Vater hat mich in meinem ganzen Leben zweimal geküßt: einmal im Flur, als er im Ersten Weltkrieg auf Urlaub nach Hause kam, und zum zweiten Mal, als ich mich 1935 von ihm verabschiedet habe, um nach Japan auszuwandern.«

Eine postume Unterhaltung
mit Kurt von Hammerstein (I)

H: Sie wollten mich sprechen?

E: Ja. Wenn Sie einen Moment Zeit haben.

H: Zeit habe ich genug. Aber in welcher Angelegenheit?

E: Herr General, ich bin überall auf Ihren Namen gestoßen, in Berlin, in Moskau, in Kanada… Ihre Familie…

H: Meine Familie geht niemanden etwas an.

E: Aber die Geschichte, Herr von Hammerstein, in der Sie eine wichtige Rolle gespielt haben.

H: Glauben Sie das im Ernst? Zwei, drei Jahre vielleicht, dann war es damit aus und vorbei. Sind Sie Historiker?

E: Nein.

H: Ein Zeitungsschreiber?

E: Ich bin Schriftsteller.

H: Aha. Ich fürchte, von Literatur verstehe ich nichts. In meinem Elternhaus las man keine Romane. Und was mich betrifft, ein wenig Fontane, und als ich im Spital war, *Krieg und Frieden.* Das war alles.

E: Ich schreibe ein Buch über Sie.

H: Muß das sein?

E: Ja. Ich hoffe, Sie haben nichts dagegen.

H: Mein alter Lateinlehrer hat immer behauptet, daß die Dichter lügen.

E: Das habe ich nicht vor. Im Gegenteil. Ich will ganz genau wissen, wie es war, soweit das überhaupt möglich ist. Deshalb bin ich ja hier. Außerdem ist heute Ihr Geburtstag. Ich habe mir erlaubt, ein Kistchen Habanas mitzubringen. Ich weiß, daß Sie eine Schwäche für gute Zigarren haben.

H (lacht): Sie wollen mich also bestechen. Vielen Dank. Meinetwegen. Kommen Sie herein. Sie sehen ja, mein Schreibtisch ist leer. Ich habe keine Geheimnisse mehr zu hüten. Was wollen Sie wissen?

E: Vielleicht können Sie mir etwas über Ihren Schwiegervater erzählen, den Herrn von Lüttwitz.

H: Der war grundsätzlich phantasielos und politisch ein hoffnungsloser Fall. Das war mir sofort klar, als ich ihm zum ersten Mal begegnet bin.

E: 1904 in Berlin.

H: Richtig. Und dann im Krieg, während meiner Zeit im Generalstab. Er war ja mein Vorgesetzter.

E: Sie hatten Schwierigkeiten mit ihm.

H: Das kann man wohl sagen. Schon im Dezember 1918 – er war damals Kommandant in Berlin – hat er sich ziemlich weit aus dem Fenster gelehnt.

E: Die Revolution.

H: Wenn Sie dieses Durcheinander so nennen wollen. Sie können sich vorstellen, daß ich für die Spartakus-Leute nicht viel übrig hatte; aber die marodierenden Freikorps waren noch schlimmer, und mit denen hat der Alte damals paktiert.

E: Er hat den Aufstand niedergeschlagen. Stimmt es, daß seine Truppen an der Ermordung von Rosa Luxemburg und Karl Liebknecht beteiligt waren? Ihre Tochter Maria Therese erinnert sich, wie Sie damals ins Eßzimmer gestürzt sind und gerufen haben: »Eine Frau ist von Soldaten an ihren roten Haaren in den Landwehrkanal geworfen worden.«

H: Schon möglich. Tatsache ist: Ich war damals Erster Generalstabsoffizier beim Berliner Gruppenkommando, und Lüttwitz war mein Chef. Seine Lieblingstruppe war die Marinebrigade Ehrhardt, ein ganz verwahrloster Haufen, und der hat die Morde auf dem Gewissen.

E: Reichswehrminister war damals Gustav Noske, von dem der berüchtigte Spruch stammt: »Einer muß der Bluthund werden.«

H: Ja, die Kommunisten zitierten diesen Satz mit Vorliebe. Die wollten damals Räterepubliken nach sowjetischem Vorbild errichten. Das hätte den Bürgerkrieg bedeutet. Das kam für mich und meine Freunde selbstverständlich nicht in Frage.

E: Das waren die »drei Majore«.

H: Wie kommen Sie auf diesen Ausdruck?

E: Brüning gebraucht ihn in seinen Memoiren.

H: So? Damit meint er wohl Kurt von Schleicher und Bodo von Harbou, die ich aus der Kriegsakademie und aus dem Ersten Weltkrieg kannte.

E: Er schreibt über Sie: »In der ersten Hälfte des Jahres 1919 besaßen diese drei Majore, die als Freunde ständig miteinander in Verbindung standen, großen, wenn nicht sogar beherrschenden Einfluß auf alle wichtigen, mit militärischen Dingen in Verbindung stehenden Fragen.« Das meint er als großes Lob. Sie hätten das Chaos verhindert.

H: Na, da übertreibt er wohl ein wenig.

E: Ein Jahr später wollte Noske, so wie es im Versailler Vertrag vorgesehen war, endlich die Freikorps auflösen, die ihm auf der Nase herumtanzten. Ihrem Schwiegervater hat das nicht gepaßt.

H: Natürlich nicht. Er hat sich geweigert. Daraufhin hat ihn der Minister beurlaubt, das heißt, er hat ihn rausgeschmissen. Und da hat der Alte eben geputscht. Das war am 12. März 1920. Weiß noch genau, wie er der Brigade Ehrhardt befohlen hat, auf die Hauptstadt zu marschieren und die Regierung zu stürzen. Wollte unbedingt, daß ich mitmache.

E: Schwierig für Sie!

H: Wieso?

E: Sie haben sich geweigert.

H: Selbstverständlich. Eine hirnlose Operation!

E: Sie haben offenbar alles versucht, um ihn davon abzubringen.

H: Das war zwecklos.

E: Ihr Freund Schleicher war damals ein wichtiger Mann im Wehrministerium. Er hat Sie vor Ihrer Befehlsverweigerung gewarnt. »Überlege reiflich, du hast fünf Kinder.« Und Sie sollen ihm geantwortet haben: »Laß sie betteln gehen, wenn sie hungrig sind.«

H: Wer sagt das?

E: Ihr Sohn Kunrat.

H: Kann schon sein.

E: Am Ende hat Ihr Schwiegervater Sie sogar verhaften lassen.

28

H: Drei oder vier Stunden, dann haben mich meine Leute herausgeholt.

E: Und wie ging es weiter?

H: Er hat einen Strohmann namens Kapp vorgeschoben. Unbedeutender, feister Bürokrat mit Zwicker und Stehkragen, der sich an Ludendorff herangemacht hat, der übrigens auch ein Versager war.

E: Immerhin hat Lüttwitz mit seinen Freikorps-Leuten Berlin eingenommen.

H: Meuterei.

E: Der Reichskanzler und sein Kabinett sind geflohen.

H: Bauer hieß er. Auch kein großes Licht.

E: Daraufhin hat sich dieser Wolfgang Kapp selber als Reichskanzler eingesetzt.

H: Hatte nichts zu sagen. Lüttwitz hatte den Oberbefehl über die Reichswehr übernommen, wollte Militärregierung spielen. Die Truppe hat dabei selbstverständlich nicht mitgemacht. Und die Zivilisten erst recht nicht. Die haben den Generalstreik organisiert.

E: Immerhin gab es zweitausend Tote.

H: Schweinerei. Nach vier Tagen war Schluß. Hochverrat! 50 000 Mark Belohnung für seine Ergreifung – darauf war er stolz. War nicht leicht für Maria, das Ganze. Kapp, dieses Würstchen, ist nach Schweden retiriert, und mein Alter hat sich aus dem Staub gemacht. Erst nach Breslau, dann mit dem Paß eines Verwandten in die Slowakei; hat sich für einen Herrn von Lorenz ausgegeben. Von dort aus mit dem Pferdewagen über die Grenze nach Ungarn. Einmal wollte ihn ein Grenzer aufhalten, dem sein Paß verdächtig vorkam. Galopp, marsch! und fort war er. Dort, wo er untergeschlüpft ist, traf er eine Kusine meiner verstorbenen Schwiegermutter, die er dann auch noch prompt geheiratet hat. Wie er an einen echten Paß gekommen ist, weiß der Teufel. Mit dem ging er zurück nach Deutschland und versteckte sich bei einem Pfarrer im Eulengebirge. Eines Tages kam die Kriminalpolizei, fünfzehn Mann stark. »Wo ist der General?« – »Keine Ahnung.« – »Sein Bett ist ja noch warm.« Wahrscheinlich hatten sie gar keine Lust, ihn zu finden. Aber warum erzähle ich Ihnen das?

E: Nur zu.

H: Natürlich kam drei Wochen später wie das Amen in der Kirche die Amnestie. Hindenburg war grade zum Reichspräsidenten gewählt worden und hat dafür gesorgt. Mein Schwiegervater hat sogar die Stirn gehabt, rückwirkend seine Pension einzuklagen, und wissen Sie was? Er hat sie auch bekommen. Ein starkes Stück; immerhin war er als Hochverräter rechtskräftig verurteilt worden. Eine Weile hat er dann die Klappe gehalten, bis 1931; da hat er wieder Morgenluft gewittert. Die Harzburger Front paßte ihm in den Kram, und '33 hat er den Nazis zur Machtübernahme gratuliert.

E: Das wundert mich nicht. Er konnte ja auch die Juden nicht ausstehen.

H: Da war er nicht der einzige. Das war doch ganz normal in der Armee. Die Witze meiner Regimentskameraden hätten Sie hören sollen! Das fiel gar nicht weiter auf. Die Franzosen und die Engländer waren übrigens genauso. Fanatismus war das nicht, eher eine schlechte Angewohnheit. Die haben erst gemerkt, was das bedeutet, als es zu spät war.

E: Manche lernen es nie.

H: Das sagen Sie! Aber da kennen Sie den alten Lüttwitz schlecht. 1934, nach der Nacht der langen Messer, hat sich das gegeben. Da haben die meisten von der alten Garde kapiert, wozu dieser Hitler fähig war. Und wir sind wieder zusammen auf die Jagd gegangen, Lüttwitz und ich, wie in alten Zeiten. Das verstehen Sie wahrscheinlich nicht.

E: Vielleicht nicht ganz. Aber ich gebe mir Mühe. Darf ich Ihnen trotzdem noch eine Frage stellen?

H: Nur zu.

E: In welcher Gemütsverfassung haben Sie dreizehn Jahre später, am 3. Februar 33, Ihren Gast in der Bendlerstraße erwartet?

H: Meine Laune vor mehr als siebzig Jahren? Wahrscheinlich war mir speiübel.

Erste Glosse.
Die Schrecken der Weimarer Republik

Wir sollten dankbar dafür sein, daß wir nicht dabeigewesen sind.

Die Weimarer Republik war von Anfang an eine Fehlgeburt. Das ist keine besserwisserische Charakteristik aus der Retrospektive. So hat sie bereits Ernst Troeltsch in seinen *Spectator-Briefen* aus den Jahren 1918-1922 beschrieben, und er war nicht der einzige. Ein Blick in Joseph Roths frühe Romane und Reportagen sollte jeden überzeugen, der daran zweifelt.

Nicht nur, daß die alten Eliten nicht bereit waren, sich mit der Republik abzufinden. Viele, die aus dem verlorenen Krieg nach Hause kamen, mochten den »Kampf als inneres Erlebnis« nicht aufgeben und sannen auf Revanche. Sie erfanden die »Dolchstoßlegende«; später hieß es dann ein Jahrzehnt lang: »Und ihr habt doch gesiegt.« Justiz und Polizei klammerten sich an ihre wilhelminischen Normen und Gewohnheiten. An den Hochschulen überwogen autoritäre, antiparlamentarische und antisemitische Stimmungen. Mehr als einmal entlud sich die gereizte Atmosphäre in dilettantischen Putsch- und Umsturzplänen.

Auf der Seite der Linken sah es nicht viel besser aus. Auch sie hielt wenig von der Demokratie, und ihre Kader planten den Aufstand.

Die wirtschaftliche Misere trug zur Instabilität der deutschen Gesellschaft bei. Die Kriegsschulden und Reparationszahlungen belasteten den Haushalt der Republik schwer. Die Inflation ruinierte den Mittelstand und das Kleinbürgertum. Dazu kam die endemische Korruption, die bis in die höchsten Staats- und Parteiämter reichte und unmittelbar politische Folgen hatte. Der Fall des Reichspräsidenten Hindenburg ist notorisch. Die einzige ökonomische Atempause, die an eine Erholung denken ließ, dauerte ganze vier Jahre, von 1924 bis 1928. Dann machte ihr die Weltwirtschaftskrise ein brutales Ende. Der ökonomische Zusammenbruch und die folgende Massenarbeitslosigkeit führten zur Verbitterung der Lohnabhängigen und zu massiven Deklassierungsängsten.

Dazu kamen die außenpolitischen Belastungen, die zeitweise ein unerträgliches Maß annahmen. Der Versailler Vertrag, weit entfernt von dem intelligenten Frieden, den die Briten und die Amerikaner nach dem Zweiten Weltkrieg ins Auge faßten, rief in der deutschen Gesellschaft vehemente Ressentiments hervor. Die Ruhrbesetzung, der Separatismus und die ethnischen Konflikte begünstigten und verschärften die chauvinistischen Stimmungen. Die unmittelbaren Nachbarn, vor allem die Franzosen und die Polen, taten alles, was in ihrer Macht stand, um die Deutschen weiter zu demütigen, und auch die Sowjetunion versuchte, die Republik, so gut sie konnte, zu destabilisieren.

Zeitschrift des Militärapparates der KPD
1923-1925

Mit einem Wort, das Land befand sich in einem latenten Bürgerkrieg, der nicht nur mit politischen Mitteln ausgetragen wurde, sondern immer wieder gewaltsame Formen annahm. Vom Spartakus-Aufstand bis zu den Aggressionen und Fememorden der Freikorps und der »Schwarzen Reichswehr«, von den mitteldeutschen Märzkämpfen bis zum Aufmarsch der Nationalsozialisten vor der Münchener Feldherrnhalle, von den Hamburger und Wiener Arbeiterkämpfen bis zum Berliner »Blutmai« wurde die Demokratie von den Militanten auf beiden Seiten immer wieder in die Zange genommen.

Unter dem Stichwort *Systemzeit* findet man heute folgende politisch unverdächtige Definition: »*S.*, die in einem Computer von der internen Uhr bereitgestellte und durch das Betriebssystem an die Software weitergegebene Uhrzeit.« In den zwanziger und dreißiger Jahren las man es anders. ›Das System‹ war ein Kampfbegriff, der in der Weimarer Zeit geprägt wurde (und der 1968 eine sonderbare Renaissance erlebte). Er wurde von rechts und von links, von Goebbels ebenso wie von Thälmann, gegen die Republik ins Feld geführt.

In den Jahren 1932 und 1933 nahm die Spaltung der Gesellschaft, nicht nur in Deutschland, sondern auch in Österreich, geradezu libanesische Formen an. Milizen – SA, Roter Frontkämpferbund, Stahlhelm, Hammerschaften, Reichsbanner, Schutzbund und Heimwehr – bekämpften sich auf offener Straße, und die Agonie der Weimarer Republik erreichte ihren kritischen Punkt.

Daß die Lüge von den »Goldenen zwanziger Jahren« von den Nachgeborenen jemals geglaubt werden konnte, ist rätselhaft und weder durch Ignoranz zu entschuldigen, noch durch Mangel an historischer Vorstellungskraft zu erklären. Dieser fragile Mythos nährt sich viel eher aus einer Mischung von

Neid, Bewunderung und Kitsch: Neid auf die Vitalität und Bewunderung für die Leistungen einer Generation von großen Begabungen, aber auch wohlfeile Nostalgie. Man sieht sich die tausendste Vorstellung der *Dreigroschenoper* an, staunt über die Preise, die Beckmann, Schwitters und Schad auf den Auktionen erzielen, begeistert sich für die Repliken von Bauhausmöbeln und weidet sich an Filmen wie *Cabaret,* die ein hysterisches, polymorph perverses, »verruchtes« Berlin zeigen. Ein wenig Dekadenz, eine Prise Risiko und eine starke Dosis Avantgarde lassen den Bewohnern des Wohlfahrtsstaates angenehme Schauer über den Rücken rieseln.

Diese Blüte einer höchst minoritären Kultur läßt den Sumpf vergessen, auf dem sie gedieh. Denn auch die intellektuelle und künstlerische Welt der zwanziger Jahre war durchaus nicht immun gegen die Erregungszustände des Bürgerkriegs. Dichter und Philosophen wie Heidegger, Carl Schmitt oder Ernst Jünger, aber auch Brecht, Horkheimer und Korsch setzten der Hasenherzigkeit der politischen Klasse das Pathos der Entschlossenheit entgegen – wozu entschlossen, darauf kam es ihnen erst in zweiter Linie an. Auch ihre Mitläufer, die linken wie die rechten, schwelgten in der Attitüde des Unbedingten.

Die Politiker des Mittelmaßes konnten da nicht mithalten. Sie wirkten blaß und hilflos. Die Fähigkeit, die Ängste, die Ressentiments, die Begeisterungsfähigkeit und die destruktive Energie der Massen zu mobilisieren, fehlte ihnen ganz und gar. Auch aus diesem Grund haben sie Hitler, der sich darauf wie kein anderer verstand, ausnahmslos unterschätzt. Es blieb der politischen Klasse am Ende kaum mehr übrig, als zwischen Panik und Lähmung zu lavieren.

Das Gefühl ihrer Ohnmacht verführte die meisten zur Flucht

ins Extrem. Schutz und Sicherheit glaubten die Leute nur noch in Organisationen wie der KPD, der NSDAP, dem Reichsbund oder der SA zu finden. Die Massen schwankten zwischen links und rechts; die Fluktuation zwischen beiden Polen nahm epidemische Formen an. Aus Furcht vor der Isolation suchten die Menschen das Kollektiv, flohen in die Volksgemeinschaft oder in den Sowjetkommunismus. Paradoxerweise endete diese Flucht für viele, die sie antraten, in der totalen Einsamkeit: im Exil, im KZ, in den Säuberungen, im Gulag oder in der Vertreibung.

Eine postume Unterhaltung
mit Kurt von Schleicher

E: Herr General, danke, daß Sie mich empfangen haben.

S: Den General können Sie meinetwegen weglassen. Das zählt nicht mehr. Was wollen Sie denn wissen?

E: Sie haben keine Erinnerungen verfaßt.

S: Dreimal dürfen Sie raten, warum. Ein toter Mann schreibt keine Memoiren mehr.

E: Er braucht aber auch kein Blatt mehr vor den Mund zu nehmen.

S: Das ist wahr.

E: Es geht um Ihren Freund Kurt von Hammerstein.

S: So? Haben Sie ihn gekannt?

E: Nein. Er hat Sie nur um neun Jahre überlebt.

S: Erzählen Sie.

E: Er wußte, daß er gescheitert war, aber resigniert, geschweige denn mitgemacht, hat er nie.

S: Das sieht ihm ähnlich. Ja, man kann sagen, daß wir befreundet waren. Schon seit ewigen Zeiten. Ich war ja wie er Kadett in Lichterfelde, dann Leutnant im 3. Garderegiment, dann Kriegsakademie, Großer Generalstab und so weiter, praktisch dieselbe Karriere. Da lernt man sich kennen. Auf Hammerstein war Verlaß, er war nüchtern, sehr intelligent, und vor allem eine treue Seele.

E: Was man von Ihnen nicht unbedingt sagen kann.

S (lacht): Ja, wenn Sie wollen, haben wir immer mit verteilten Rollen gespielt. Ein ziemlich ideales Team.

E: Sie sind nach dem Ende des Weltkriegs ins Reichswehrministerium versetzt worden und haben die Leitung des politischen Referats im Truppenamt übernommen, eine einflußreiche Position, während Hammerstein zu Lüttwitz ging.

S: Seinem stocksteifen Schwiegervater, ja. Ich bin im Ministerium geblieben.

E: Dort sind Sie ziemlich schnell aufgestiegen.

S: Sonst war ja keiner da, auf den Verlaß war.

E: 1929 waren Sie bereits Generalmajor und beamteter Staatssekretär.

S: Naja. Hammerstein ist auch nicht zu kurz gekommen. Im selben Jahr wurde er ebenfalls befördert, Chef des Truppenamtes, und im Jahr darauf Chef der Heeresleitung. Dafür habe ich gesorgt.

E: Sie?

S: Man tut, was man kann.

E: Zimperlich sind Sie in diesen Dingen nie gewesen.

S: Wie meinen Sie das?

E: Seilschaften, Vetternwirtschaft, Patronage.

S: Ach was! Er war ganz einfach der richtige Mann. Die meisten der alten Kameraden aus dem Weltkrieg waren un-

Erwin Planck, ca. 1932

brauchbar. Konnten sich mit der Republik nicht abfinden und wollten eigentlich am liebsten putschen. Und die Jungen waren grün, ungeschickt und voller Haß. Ich sage nur: Versailles! Keine Möglichkeiten zu avancieren, kein Geld für Beförderungen. Nein, hier war ein kühler Kopf gefragt, einer mit Generalstabserfahrung, kein Dilettant und kein Abenteurer! Und wenn der richtige Mann ein Freund war – um so besser!

E: Trotzdem. Weder die Linke noch die nationale Rechte war mit dieser Entscheidung zufrieden.

S: Glauben Sie, das hätte mich gekümmert? Man muß die Meute heulen lassen.

E: Mit Ihrem Nachruhm, Herr von Schleicher, ist es überhaupt so eine Sache.

S: Das wundert mich nicht. Was sagen denn die Leute sonst noch über mich?

E: Es heißt, Sie seien ein Virtuose des politischen Spiels gewesen. »Büro-General. Infantiler Leichtsinn. Gepflegte und amüsante Garçon-Geselligkeit. Gerissen-klug. Kannte keine Hemmungen.«

S: Wer sagt das?

E: Blomberg, Ihr Nachfolger als Wehrminister.

S: Neidhammel. Meine Leute haben ganz anders über mich gedacht.

E: Wer denn?

S: Zum Beispiel Hammerstein. Aber auch Eugen Ott. Er war es, glaube ich, der meinte, ich sei »ein guter Kamerad warmen Herzens, das er nicht selten sarkastisch verbarg«. Und er war nicht der einzige. Neben ihm waren Ferdinand von Bredow, mein Mann für die Abwehr, und natürlich Erwin Planck als Staatssekretär in der Reichskanzlei meine wichtigsten Helfer. Denen konnte ich vertrauen, und sie mir auch.

Kurt von Schleicher, Heinrich Brüning,
Kurt von Hammerstein in Wildbad, 1930

E: Bei den meisten anderen scheint das nicht der Fall gewesen zu sein. Opportunistisch, unzuverlässig, treubrüchig seien Sie gewesen, höre ich immer wieder; Sie hätten hinter den Kulissen die Fäden gezogen und dabei selbst das Licht der Öffentlichkeit gescheut. »Ein Menschenjäger geht um. Ironisch funkeln seine Augen. Ein grünlicher Schleier scheint vor seiner Iris zu liegen. Auch um den Mund hat sich ein Zug nicht ungefährlicher Verschlossenheit eingegraben«, meint ein ehemaliger SA-Führer, der nach dem Juni-Massaker 1934 vor seinem Führer geflohen ist. Wahrscheinlich hat er früher einmal mit Ihnen verhandelt. »Um ein Führer der Menschen zu sein«, hätten Sie ihm geraten, »muß man nicht eine billige Skepsis, sondern einen gewissen Zynismus haben.«

S: Wundert mich nicht. Aber es ist nett von Ihnen, daß Sie mir das alles erzählen. Ist ja ewig her! Hätte nicht gedacht, daß sich die Nachwelt um diese alten Geschichten kümmert. Nur zu, lassen Sie hören!

E: Auch wohlwollendere Beobachter waren nicht ohne Vorbehalte gegen Sie, Herr von Schleicher. »Listig und von großer, manchmal sprunghafter Beweglichkeit«, lese ich bei Brüning.

S: Aha.

E: Allerdings hat er Ihnen zugute gehalten, daß Ihr Beruf Sie geprägt hat, Ihr ständiger Umgang mit dem Geheimdienst, der Zwang, sich zu verstellen, und so weiter. Vor allem aber hat er sich auch über Ihre Freundschaft mit Hammerstein geäußert, und zwar, wie ich finde, sehr verständnisvoll.

S: Was sagt er denn?

E: »Schleicher war temperamentsmäßig das Gegenteil von Hammerstein. Daher – wie so oft im Leben – verstanden sich beide sehr gut. Hammerstein war der Politik abgeneigt, soweit sie rein parteitaktischer Art war. Er verließ sich in dieser Be-

41

Kurt von Schleicher mit Franz von Papen, 1932

ziehung auf Schleicher, der sich in der Politik wie ein Fisch im Wasser fühlte, oft allerdings auf eine klare und ruhige Bahn von Hammerstein zurückgeführt werden mußte. Dieser führte alle Dinge auf einfache, klare Linien zurück, an denen er festhielt, so wie es ein guter Generalstäbler tun muß. Schleicher war sehr sensitiv, hatte eine schnell bewegliche Phantasie, war leicht verletzt und ebenso leicht beeinflußbar. So machte er oft kaum vorherzuberechnende Sprünge. Er witterte jede Gefahr, litt unter solchen Gefahren im Stillen. Nach außen, namentlich dem Offizierskorps gegenüber, verbarg er das alles hinter einem zur Schau getragenen Zynismus. Er brauchte um sich eine ruhige, klare, beständige Natur wie die Hammersteins, auf den er sich verlassen konnte.«

S: Nicht übel. Hätte ich Herrn Brüning gar nicht zugetraut.

E: Nun, Sie haben ja auch bei seinem Sturz die Hand im Spiel gehabt. Und zuvor hatten Sie schon einen anderen Kanzler, den braven Hermann Müller, aus dem Weg geräumt, gar nicht zu reden von Ihrem Gönner und Vorgesetzten, dem Wehrminister Groener, der Sie für seinen »Kardinal *in politicis*« gehalten hat, was vielleicht ein Irrtum war, denn schließlich haben Sie ihn ebenfalls abgehalftert.

S: So mächtig soll ich gewesen sein? Sie machen ja den reinsten Machiavell aus mir.

E: Das habe ich alles aus den Archiven. Und an Groeners Stelle haben Sie dann Ihren eigenen Kandidaten, den Herrn von Papen, nach vorne geschoben, und das alles im Hintergrund. »Wer hat denn jetzt Vertrauen zu Ihnen?« hat Groener Ihnen geschrieben. »Fast niemand. Die Reitpeitschmanieren müssen aufhören. Das kann auch Hitler. Dazu braucht man Sie nicht.«

S: Verschonen Sie mich mit Ihrem Hitler.

E: Mein Hitler ist das nicht.

S: Ich bin ihm überhaupt erst 1931 zum ersten Mal begegnet.

E: Damals haben Sie gemeint, er sei »ein interessanter Mann mit überragenden Rednergaben. In seinen Plänen versteigt er sich in höhere Regionen. Man muß ihn dann am Rockzipfel auf den Boden der Tatsachen herunterziehen«. Als so fest hat sich der Boden der Tatsachen dann leider nicht erwiesen.

S: Wer konnte das damals wissen?

E: Da haben Sie recht. Es gibt ein Gedicht von Gottfried Benn, in dem er sagt: »Leicht gesagt: verkehrte Politik. / Wann verkehrt? Heute? Nach zehn Jahren? Nach einem Jahrhundert?« So lange hat es in Ihrem Fall nicht gedauert; ein knappes Jahr hat genügt, um Sie zu widerlegen. 1932 waren Sie überzeugt davon, daß Sie auf Hitler großen Einfluß hätten, ja, daß er richtig für Sie schwärme und daß er nichts gegen Sie und die Reichswehr tun werde.

S: So?

E: Ihr Freund und Helfer Erwin Planck, der Sohn des Physikers, hat das bezeugt. Und im August desselben Jahres sollen Sie bei Hindenburg sogar für die Kanzlerschaft Hitlers eingetreten sein.

S: Ich habe ihn nur vorgeschlagen, um ihn auszumanövrieren. Für eine Weile ist mir das auch gelungen.

E: Und dann war Papen an der Reihe. Den haben Sie im Juni 1932 hinter dem Rücken Brünings Herrn Hindenburg angedient. Andere behaupten, Sie hätten die Monarchie wieder einführen wollen. Oder war das nur einer Ihrer Witze?

S: Viel Lärm um nichts.

E: Immerhin ist es unglaublich, was Sie als schlichter Staatssekretär alles angezettelt haben. Ich frage mich, wie Sie ei-

Kurt von Schleicher, Rundfunkansprache 1932

nen derartigen Einfluß ausüben konnten. Geben Sie es zu, im Grunde war Papen nur Ihr Strohmann.

S: Ein eitler Fatzke! Ich habe bald bereut, daß ich ihn zum Kandidaten gemacht habe.

E: Warum haben Sie nicht selbst nach der Macht gegriffen?

S: Ich wollte nie auf die Vorderbühne. Wissen Sie, im Grunde habe ich stets konspirativ gearbeitet. In Sachen der Abwehr kannte ich mich aus. Das kam mir in der Politik zugute. Heikle Sachen sollte man nie dem Papier anvertrauen. Merken Sie sich das!

E: Immerhin sind Sie zuletzt doch noch aus dem Schatten getreten, haben Papen abgeräumt und wurden selber Reichskanzler.

S: Aber nur für ein paar Wochen.

E: Sie waren der erste und der einzige Kanzler, der seine Regierungserklärung nicht vor dem Reichstag abgab, sondern über den Rundfunk verlesen ließ.

S: Das ist wahr. Aber da hatte der Reichstag schon nicht mehr viel zu sagen. Er hätte mich auch nicht stützen können. Hindenburg hatte mir seine Auflösung zugesagt. Ich hätte dann ohne parlamentarische Mehrheit weiterregieren können. Aber am Ende hat er mich fallenlassen. Hinter meinem Rücken hat er sich mit Papen, dieser Null, arrangiert. Am 22. Januar war ich bereits erledigt, und am 28. bin ich zurückgetreten.

E: Von all Ihren komplizierten Manövern wollte Hammerstein, glaube ich, nichts wissen. Er ließ sich ungern in solche politischen Kulissengeschichten verwickeln. »Während der 56tägigen Regierung des Reichskanzlers von Schleicher hatte ich als Chef der Heeresleitung keine Veranlassung, mich mit Politik zu befassen.«

S: Hat er das wörtlich gesagt?

E: Ich finde es rührend, Herr Schleicher, wie er sich auf Sie verlassen hat. Der Wehrminister Groener, der Sie protegiert hat und dem Sie sein Wohlwollen übel vergolten haben, pflegte zu sagen:»Hammerstein, der unpolitische Soldat und Jägersmann, folgt seinem Freund Schleicher wie ein gut geführter Jagdhund.«

S: Das ist Blödsinn. Er war ein starker Charakter und wußte sehr genau, was er wollte. Aber es stimmt, daß ihn meine Aktivitäten auch entlastet haben. Verschone mich mit deinen Winkelzügen, hat er oft gesagt. Aber das war natürlich in den letzten Jahren der Republik nicht mehr möglich.

E: Er hat immer auf die Politiker geschimpft. Er taugte nicht dazu, die Fäden in der Kulisse zu ziehen.

S: Nein. Hammerstein war alles andere als der klassische Intrigant. Nicht wie ich – das wollen Sie doch damit sagen?

E: Das kann ich nicht beurteilen. Ich wiederhole nur, was die Historiker sagen. Sie haben jahrelang versucht, die Destruktionskräfte, die da am Werk waren, gegeneinander auszuspielen. Sie dachten, Sie könnten Hitler und seine Leute einbinden, so nannten Sie es doch, und durch die Regierungsübernahme zähmen. Ihre Worte!

S: Es macht Ihnen wohl Spaß, darauf herumzureiten? Ja, ich habe geglaubt, ich könnte den Nazis auf parlamentarischem Weg das Wasser abgraben. Aber man hätte sie nur mit Gewalt ausschalten können, und dazu fehlte mir die Kraft.

E: Und vielleicht auch die Überzeugung?

S: Sie haben leicht reden, mein Lieber! Ich habe versucht zu retten, was zu retten war. Eine aussichtslose Partie! In Wirklichkeit war Deutschland schon seit 1930 unregierbar.

E: Stimmt es, daß Sie Ende Januar, ohne daß Hammerstein davon wußte, mit Hindenburg verhandelt haben?

S: Unsinn.

E: Noch vor der berühmten Rede Hitlers in Hammersteins Wohnung war seine Entmachtung bereits beschlossene Sache. Das behauptet jedenfalls Brüning.

S: Ach, Brüning…

E: Ihr Freund konnte nicht ahnen, was sich da im Hintergrund abspielte.

S: Ahnen vielleicht schon. Aber er hat mir mein Verhalten nie übelgenommen. Ein großzügiger Mann, im Gegensatz zu mir.

Zweite Glosse.
Ein Knäuel von Manövern und Intrigen

Wie es zum Untergang der Weimarer Republik kam, das haben die Historiker minutiös, von Tag zu Tag, ja von Stunde zu Stunde erforscht. Die Akten und die Protokolle sind gesichtet, die Reden aufgezeichnet, die Tagebücher und die Memoiren ausgewertet und die Briefe entziffert. Trotzdem, ja vielleicht gerade deshalb, wird, wer kein Experte ist, je mehr er sich in die Quellen vertieft, um so weniger verstehen, wie es dazu gekommen ist. Es ist eine entmutigende Lektüre. Man hat den Eindruck, sich in einem undurchdringlichen Gestrüpp von Gerüchten, Hintertreppengeschichten, Intrigen und Manövern zu verlieren. Überall Widersprüche, Versionen, Ausreden und Propagandalügen. Das gilt vielleicht für die meisten unvorhergesehenen Wendepunkte der Geschichte.

Selten jedoch fällt die Hilflosigkeit des politischen Personals so deutlich ins Auge wie in diesem Fall. Unfaßbar schwach und überfordert, unentschieden schwankend zwischen Hysterie, Illusion und Panik wirken sie alle, angefangen beim Reichspräsidenten, dem alten Hindenburg, der nicht mehr imstande war, einen klaren Gedanken zu fassen. Aber auch die Exekutive, Brüning, Schleicher, Papen, Meissner, und die Hintergrundsfiguren wie Hugenberg oder Strasser verlieren sich in einem Wust von Spekulationen, Eitelkeiten, Machenschaften, dummschlauen Berechnungen. Ihre halbherzigen Versuche, die NSDAP zu »zähmen«, zeugen von einer Blindheit, die *post festum* zu verstehen schwerfällt. Das Parlament war zuletzt durch Notverordnungen, die dem Ausnahmezustand gleichkamen, ausgeschaltet, die Präsidialdiktatur eine Tatsache. Das Militär, das der Republik nie wirklich anhing, nahm eine vorgeblich »unpolitische« Position ein, und jene, die gewillt waren, sie zu verteidigen, konnten sich, gelähmt durch die Angst vor dem Bürgerkrieg, den sie um jeden Preis vermeiden wollten, zum Eingreifen nicht entschließen.

»Draußen im Lande« war das Vertrauen in die staatlichen Institutionen ohnehin längst aufgebraucht, das Ansehen der politischen Klasse auf den Nullpunkt gesunken. Die ökonomische Lage war verzweifelt. Auf der Straße herrschten die Milizen, und die dünn gesäten Demokraten sahen dem Terror zu – allein die SA verfügte über 450 000 Mann –, als wären sie hypnotisiert.

Der einzige Akteur, der von Anfang an ein klares Ziel verfolgte, war Adolf Hitler. Alle, und nicht zuletzt die Kommunisten, haben seine destruktive Energie und seine Skrupellosigkeit unterschätzt, ebenso wie seine Fähigkeit, die verzweifelten Massen zu mobilisieren.

Schwierige Zeiten

Der General von Hammerstein hatte nicht nur politische, sondern auch private Sorgen. Schon die lange Abwesenheit im Weltkrieg hatte sein Verhältnis zu den Kindern erschüttert. Nach der Geburt des vierten war seine Frau erschöpft und wollte fürs erste keine weitere Schwangerschaft riskieren, während ihr Mann das Wachsen der Familie eher als ein Naturereignis betrachtete. Marias Vorbehalte bezeichnete er in einem Brief aus dem Felde als »blühenden Blödsinn«.

Es war freilich die Mutter, die sich um das Überleben der Familie kümmern mußte. »Sie fühlte sich einsam und war überwältigt von zuviel Arbeit mit zu vielen Kindern, ohne Hilfe«, sagt ihre Tochter Maria Therese. Sie war es, die dafür gesorgt hat, daß die Kinder soviel Zeit wie nur möglich auf dem Lande zubrachten, wo es wenigstens genug zu essen gab. Das war in den Hungerwintern von 1917 und 1918 schwer genug. »Was in der Welt vorging, drang nicht zu uns Kindern, obwohl es der Winter der Revolution war. Die Welt der Erwachsenen existierte nicht für uns, und wir existierten nicht für unseren Vater. Es war, als wäre er gar nicht aus dem Krieg zurückgekehrt. Er war wieder da, fast ohne daß wir es bemerkten«, klagt Maria Therese noch vier Jahrzehnte später.

Kurz danach, in Kassel, wurde sie, ebenso wie ihre große Schwester Marie Luise, in eine »blöde, rückständige Klosterschule« gesteckt. »Mein Vater hätte sich damals einmischen und dafür sorgen müssen, daß wir nicht in diese engstirnige Schule kamen, aus der wir ausbrechen *mußten*. Hätte er diese Einsicht gehabt, hätte er sich und uns viel Kummer erspart. Aber er zeigte nicht das geringste Interesse für uns. Er sprach nicht mit uns. Die Entfremdung, die durch den Krieg hervor-

Maria und Kurt von Hammerstein, Sommer 1914

Maria von Hammerstein mit Marie Luise,
Maria Therese und Helga, ca. 1918

gerufen worden war, sogar von meiner Mutter, war zu dieser Zeit total.«

Zugleich erlebten die Kinder in jenen Jahren die merkwürdigsten sozialen Wechselbäder. Einerseits wurden sie von befreundeten Adelsfamilien eingeladen, wo es, wie bei den schlesischen Verwandten aus dem Lüttwitz-Clan, Kutschfahrten und Reitpferde gab. »Sobald ich groß genug war«, erzählt Maria Therese, »saß ich auf einem Pferd, ohne Sattel und ohne Zügel. Alle alten Tanten kamen heraus auf die Weide, um mich zu begutachten. Angst kannte ich nicht.« Oft waren die Kinder – inzwischen waren es drei Töchter und zwei Söhne – auch bei Freunden des Vaters auf dem Schloß der Familie von Asseburg-Neindorf in der Magdeburger Börde zu Gast. Andererseits brachten sie lange Monate in gemieteten Dorfkaten zu, wo man, um über die Runden zu kommen, Hühner und Enten hielt. (Hammerstein hat nie ein eigenes Haus besessen.)

Von einer adligen oder auch nur bürgerlichen Erziehung konnte unter diesen Umständen keine Rede sein. Es war nur folgerichtig, daß Marias Vater, der alte Lüttwitz, sich sehr unzufrieden zeigte: »Wie schickt Maria sich, ohne je ein Wort der Klage hören zu lassen, in die bescheidenen Verhältnisse, in die sie durch ihre Heirat gekommen ist. Beinahe immer ohne Dienstboten, besorgt sie ihre sechs Kinder und den Haushalt so gut wie allein.« Auch vermißte Lüttwitz an den Töchtern das, was er für eine gute Kinderstube hielt. Dafür hatte Maria von Hammerstein sich an ein hohes Maß an Selbständigkeit gewöhnt.

Ihre zweite Tochter Maria Therese, genannt Esi, fragt sich in ihren Erinnerungen: »Hätte [mein Vater] nach dem Ende des Ersten Weltkrieges lieber umgesattelt, so wie die meisten

seiner Freunde? Er hatte während des Krieges zweimal Gür-
telrose gehabt, bestimmt aus Ärger. Von dem Ärger war jedenfalls oft die Rede gewesen, von der Qual, die sicher auch
im Spiel war, nie.«

Übrigens darf man sich die Bezüge hoher Offiziere im Welt-
krieg nicht zu üppig vorstellen. Es galt das alte Soldatenwort:
»Des Königs Rock wärmt, aber er ist eng.« In der Weimarer
Republik ging es nicht weniger sparsam zu; zuerst die Inflation und später die Wirtschaftskrise taten ein übriges. In den
zwanziger Jahren fuhr der General, wie es heißt, auf seinen
Reisen lässig vierter Klasse. »Geld hatten wir in den frühen
Zeiten nie«, erzählt Helga von Hammerstein. »Ama [ihre
Mutter] konnte auch nicht besonders gut mit Geld umgehen.
Am 20. jeden Monats war das Gehalt ausgegeben, und dann
mußten wir die letzten zehn Tage ohne auskommen. Einmal,
in Kassel, als die Inflation anfing, brachten wir getrockne-
te Hasenfelle aus der Jagd in die Altstadt zum Trödler und
verkauften sie. Später gab es dann glücklicherweise meistens
irgendwelche Tanten oder Onkel, die uns aushalfen. Solche
Schwierigkeiten wurden immer sehr leger angegangen. Als ich
später in Berlin einmal hundert Mark verlor – damals eine
riesige Summe, mit der ich die Monatsrechnung im Koloni-
alwarenladen bezahlen wollte –, wurde meine sehr reiche Pa-
tentante benachrichtigt, und ich konnte mir das Geld bei ihr
abholen. Große Erleichterung!«

Lange galt bei den Hammersteins die Regel, daß sich die älteren Geschwister um die jüngeren zu kümmern hatten, was
sicherlich zu ihrer Selbständigkeit beitrug, auch wenn die
üblichen Rivalitäten unter ihnen nicht ausblieben. Jeder der
drei Schwestern war es aufgegeben, für einen der Brüder zu
sorgen. Helga hat später behauptet: »Ich hatte keine Jugend«,

Maria Therese, Helga, Ludwig, Franz und
Kunrat von Hammerstein, etwa 1925

weil ihr Franz anvertraut worden war, eine Aufgabe, die sie belastet hat.

An dem sympathischen Chaos dieses Haushalts änderte sich erst einiges, als Hammerstein zum Generalmajor befördert wurde. Der Schwiegervater zeigte sich mit seinem Lebenszuschnitt allerdings immer noch unzufrieden: »Wir wohnten bei ihnen in der Hardenbergstraße, in dem Hause, das ich als Oberbefehlshaber bewohnt hatte. Während ich damals aber Prunkgemächer bewohnte, mußten wir uns jetzt mit bescheidenen Zimmern begnügen, denn Hammersteins haben nur etwa ein Viertel der Räume inne, die mir damals zur Verfügung standen. Statt durchs Hauptportal einzutreten, mußten wir die Hintertreppe benutzen.«

Erst als Hammerstein 1930 zum Chef der Heeresleitung avancierte, war der alte Lüttwitz einigermaßen zufrieden, doch von seinen Vorurteilen konnte er nicht lassen: »Er hat ein großes Gehalt und eine schöne Wohnung, aber er ist in eine politisch exponierte Stellung gekommen und ist infolge mancher Fehler, die er in seinem Vorleben begangen hat, sofort scharf unter die Lupe genommen und angegriffen worden. Ich befürchte, daß die doch mit der Zeit unabwendbar kommende Rechtsregierung ihm, wie seinem Freunde und Gönner, Herrn von Schleicher, den Hals umdreht.«

Tatsächlich verfügte Hammerstein in der Bendlerstraße über einen persönlichen Chauffeur und eine repräsentative Dienstwohnung, sogar mit drei Stockwerken – unten lag sein Amtssitz, der auch für gesellschaftliche Anlässe gedacht war, die Etage darüber war für die Familie da, und unter dem Dach gab es ein Refugium mit eigenem Zugang, wo die drei Töchter zu Hause waren, samt Fräulein Else Caspari aus Osterburg, Pari genannt, die unentbehrliche Säuglingsschwester und

Vertraute, die schon bei ihrer Geburt dabei war. Sie wanderte ansonsten von einem Schloß zum andern und wußte Stillschweigen zu bewahren über alle Familiengeheimnisse, in die sie eingeweiht war.

Auch in der Bendlerstraße hielt Hammerstein an seiner eher bescheidenen Lebensweise fest. Es fehlte nach wie vor an Dienstboten. Die Hausherrin soll in Tränen ausgebrochen sein, als sie die neue Wohnung bezog, aus Angst vor den gesellschaftlichen Verpflichtungen, die das mit sich brachte. »Dreimal am Tag Einladungen, Umziehen, Konversation – es war wahnsinnig anstrengend.« Eine Gästeliste, die sich erhalten hat, läßt daran keinen Zweifel aufkommen. Auf ihr ist zum einen der halbe Gotha vertreten, von Louis Ferdinand Prinz von Preußen bis zu den Stolbergs, Brühls, Dohnas und Hardenbergs; dann natürlich die führenden Militärs und die Politiker, angefangen bei Hindenburg, Schleicher und Papen, gefolgt von den Botschaftern und Gesandten fast aller in Berlin vertretenen Mächte. Das spricht dafür, daß Hammersteins Position ein politisches Gewicht hatte, wie es unter heutigen Bedingungen für die Generalität undenkbar wäre. An der langen Gästeliste fällt auf, daß sie Namen aus China und Ägypten aufführt, aber keinen einzigen aus Sowjetrußland. Offenbar hat der Hausherr in diesem Punkt auf Diskretion geachtet. Ohnehin legte er keinen Wert auf Repräsentation. Wahrscheinlich war ihm jemand wie der Herr von Arnswaldt lieber als alle Exzellenzen; der war seines Zeichens Forstmeister und verstand etwas von der Jagd.

Maria von Hammerstein hatte also einen komplizierten Haushalt zu regieren. Schon das Inventar des Speisesaals läßt tief blicken: 24 eichene Stühle, 48 Austerngabeln, 238 Tafelmesser, 133 Sherry-Gläser und so immer fort… Wenn keine offiziellen Gäste da waren, ging es dafür um so häuslicher zu. Eine Verwandte erzählt, bei den Hammersteins habe es oft nur Würstchen und Kartoffelsalat gegeben. Eigentlich hatte Maria schon genug zu tun; sie mußte sich schließlich um die Kinder kümmern. Und was den General anging: Selbst wenn man sie liebt, ja gerade dann, mag er gedacht haben, sind sieben Kinder – so viele waren es inzwischen – im Haus nicht immer leicht zu ertragen.

Allerdings war Kinderreichtum in diesen adeligen Familien eher die Regel als die Ausnahme. Man war große Häuser auf dem Land gewohnt, wo man in die Sommerfrische ging. Beide Eltern hatten viele Geschwister, eine Tradition, die sich in der Familie Hammerstein bis auf den heutigen Tag fortsetzt.

Immerhin bot seine Arbeit dem General jederzeit die Möglichkeit, sich von der Familie zu absentieren. In seinen Diensträumen war er – so hieß es damals – »geschützt«. Im Vorzimmer behütete ihn seine Sekretärin, Margarethe von Oven, die später für die Verschwörer vom 20. Juli arbeiten sollte. Er hatte kaum eine Ahnung davon, was seine Töchter trieben. Die Welten, in denen sie verkehrten, kannte er nicht.

Drei Töchter

Die älteste der Töchter, Marie Luise, genannt Butzi, war im Januar 1933 fünfundzwanzig, ihre Schwester Maria Therese vierundzwanzig Jahre alt. Helga, die dritte, war gerade zwanzig geworden. Die vier Jüngsten, Kunrat, Ludwig, Franz und Hildur, gingen noch zur Schule.

Zwar konnte auch Maria Therese den *roaring twenties* einiges abgewinnen; es gibt ein Photo von ihr, wie sie mitten auf ei-

Kunrat, Hildur, Franz und Ludwig von Hammerstein,
etwa 1929

Maria Therese 1932/33

ner Landstraße in Brandenburg auf ihrem neuen schweren Motorrad posiert, das sie der Großzügigkeit einer Erbtante zu verdanken hatte: breitbeinig, Haare im Wind, Ellbogen auf Schulterhöhe, blickt sie den Betrachter mit einem provokanten Lächeln an.

Aber das täuscht. Schon 1926 war sie dem Beispiel ihrer älteren Schwester gefolgt und hatte sich einer Wandervogel-Gruppe angeschlossen. »Wir machen Rucksacktouren, bis ich halbtot hinfalle. In den ungeheizten Jugendherbergen waschen wir uns von oben bis unten mit Eiswasser. Wir sind Spartaner, alles andere gilt nicht.« Jugendbewegung, Lebensreform, Rilkes Aufforderung: »Du mußt dein Leben ändern«, das alles kam ihren idealistischen Neigungen entgegen. Auch mit der Anthroposophie war Maria Therese schon früh in Berührung gekommen.

Doch dann entschied ihre ältere Schwester, daß sie nun zu alt waren für die harmlosen Ausflüge mit dem Wandervogel. Sie befand, daß man sich nun politisch organisieren müsse. Maria Thereses Bedürfnis war das nicht, die von Politik »keine Ahnung« hatte; doch sie folgte, ebenso wie Helga, die jüngste Schwester, diesem Rat – ein Beschluß, der sich für sie alle drei als folgenreich erwies.

Aus der katholischen Schule hatte sich Maria Therese schon sehr bald verabschiedet. Ihr Abitur machte sie am liberalen Auguste-Viktoria-Gymnasium in der Nürnberger Straße. Dort lernte sie auch ihre lebenslange Freundin Wera Lewin kennen. Deren Familie war nicht religiös, aber stark am Zionismus interessiert. Der Vater war ein bekannter jüdischer Arzt, Krebsforscher und Spezialist für Berufskrankheiten. Wera kam auch gern zu den Hammersteins, solange, »bis sie eines Tages ein großes Hakenkreuz auf unserer Haustür sah.

Mein Bruder Kunrat, der damals zehn Jahre alt war, hatte es mit Kreide hingeschmiert. Wahrscheinlich hatte er zuviel im *Völkischen Beobachter* gelesen, der bei uns im Papierkorb lag, weil der Klavierfabrikant Bechstein meinem Vater Jahre hindurch dieses Nazi-Blatt zuschickte. Mein Verhältnis zu Kunrat ist, bis ich aus Deutschland wegfuhr, schlecht geblieben. Er kritisierte alles, was ich tat. Ich war froh, als ich hörte, daß er später sein Leben im Widerstand riskiert hat.

Von diesem Tag an kam Wera nie wieder zu uns nach Hause. Wir trafen uns immer bei ihr in der Fasanenstraße. Dr. Lewin spielte Klavier und Wera die Geige. In seiner Bibliothek stand die ganze Weltliteratur. Das war für mich ein neues Phänomen, denn in der Welt meines Vaters sprach man nicht über Romane. An den Wänden gab es Bilder von damals noch unbekannten Malern, von Klee und Kirchner. Welch ein Unterschied zu unserer Wohnung!«

Von nun an ging Maria Therese auch in die Singakademie Unter den Linden, interessierte sich für Max Reinhardts Inszenierungen, hörte Bruno Walter, Furtwängler und Klemperer in der Alten Philharmonie, lernte Russisch und las Tolstoi; sogar einige Vorstellungen im Jiddischen Theater soll sie besucht haben.

»Trotz meiner Freundschaft mit Wera verfolgte ich weiter meinen politischen Faden. Ich drang bis Neukölln vor, beschnüffelte alles, blieb aber Außenseiter.« Nathan Steinberger, genannt »Nati«, einen jüdischen Kommunisten, der später nach Moskau emigrierte, hatte sie im Sozialistischen Schülerbund kennengelernt. »Man traf sich«, wie er sagt, »am Bahnhof, als Sportverein getarnt in einem Lokal, am Spreeufer oder im Lyzeum an der Weinmeisterstraße zu sogenannten Heimnachmittagen, wo externe Referenten vor den revolutio-

Maria Therese 1933

när gestimmten Schülern sprachen.« Maria Therese schildert er als »schweigsam, wie eine Sphinx«. Sie unternahm längere Fahrten mit den Schülerbund, »zu einem Nacktkultur-Camp, wo es aber sehr sittsam zuging. Wir schliefen mit Arbeitern im Zelt, ohne daß wir irgendwelchen Anzüglichkeiten ausgesetzt waren. Nati, mit dem ich im Heu übernachte, liebt mich, aber ich liebe ihn nicht. Ich sehe noch sein trauriges Gesicht. Ich glaube, er studierte Philosophie.

Ich las die marxistischen Klassiker, auch Engels und Ludwig Feuerbach, die *Deutsche Ideologie* und sogar *Das Kapital,* und glaubte plötzlich die Welt zu verstehen, einen Schlüssel zum Verständnis der konfusen Welt gefunden zu haben. Ich hatte das Gefühl, daß ich mit dem Historischen Materialismus auf festem Boden stand, und war zum ersten Mal wieder so glücklich, wie ich mit 14 Jahren gewesen war, als sich mir die Welt zu öffnen begann. Eine Zeitlang sah ich in meinen Eltern und ihren Freunden hauptsächlich Vertreter ihrer Klasse und hörte, obwohl ich noch bei ihnen wohnte, auf, an ihrem Leben teilzunehmen.

Vor allem vermied ich alles, was mir wie Luxus erschien, wie zum Beispiel die Pferderennen, die ich bis dahin sehr geliebt hatte. Ich wollte nicht zu den Leuten gehören, die über dem Abgrund tanzten. Außer meinen Schwestern und mir fühlten nur die Kinder von Berliner Intellektuellen das gleiche. Wir waren also die schwarzen Schafe.

Mein Vater fragte nie nach unseren Schulfreunden oder unseren Lehrern. Berlin war wie ein großes Meer, in dem man verschwinden konnte. Wußte er, daß wir die ganze Stadt, und nicht nur ihren westlichen Teil, erforschen wollten? Oder hatte er resigniert? Fühlten wir den Abgrund, an dem wir standen, mehr als er? Günstig war, daß unsere Abwesenheit meistens nicht auffiel, weil das Haus immer noch voll war von kleinen Brüdern und einer Babyschwester.

Das Leben in zwei Welten, die nichts miteinander zu tun hatten, war nicht so einfach. Einmal, später, als ich Angst vor der Gestapo hatte – ich war in die Prinz-Albrecht-Straße vorgeladen worden –, da sagte ich ihm, daß ich nahe jüdische Freunde hatte. Er antwortete: ›*Persönliche* Beziehungen kannst du haben.‹ Damit meinte er, daß nur politische Beziehungen gefährlich wären. Er hat mir den Rücken gestärkt. Kein Wort davon, daß ich vorsichtiger sein sollte.«

Schon bald ließ Maria Thereses Begeisterung für den Historischen Materialismus nach; im Gegensatz zu ihren Schwestern vermißte sie an dieser Doktrin die spirituelle Dimension, auf die es ihr ankam. Auch war sie auf die Dauer nicht bereit, ihre Unabhängigkeit aufzugeben und sich einer Partei anzuschließen.

An der Universität gefiel es ihr nicht. Die Vorlesungen langweilten sie. »Ich wollte nicht alte, ehrwürdige Bücher wälzen, ich wollte leben.« Sie reiste nach Budapest, Barcelona und Prag und arbeitete als Aushilfslehrerin auf einer friesischen Insel. 1932 verschaffte ihr Kurt von Schleicher, ihr Taufpate, eine Anstellung als Sekretärin in einem geheimnisvollen Büro am Lützowplatz, das ein gewisser »Baron Roland« oder »Rolland« führte, von dem es hieß, daß er schon seit 1914 für die deutsche Militärspionage arbeitete. Angeblich handelte es sich zwar um eine spanische Importfirma, die mit Südfrüchten handelte, doch glich das Ganze eher einem politischen Salon, in dem sich undurchsichtige Leute aus dem Dunstkreis der Nachrichtendienste trafen. Wieweit Maria Therese in diese Vorgänge eingeweiht war, ist unklar. Möglich ist hingegen, daß ihre Schwester Helga sie, wie es im Jargon der Geheim-

Marie Luise von Hammerstein, ca. 1928

dienste heißt, abgeschöpft hat. Nach Hitlers Machtergreifung wurde die Firma geschlossen.

Nicht Maria Thereses Ruhelosigkeit war es, die dem General Sorgen machte, sondern die Abenteuer Marie Luises und ihrer jüngeren Schwester Helga. Auch wenn er sich nichts anmerken ließ, so war ihm doch nicht entgangen, daß die beiden ein nach den Maßstäben der Familie recht freizügiges Leben führten.

Was sie reizte, war nicht das mondäne Leben der Metropole. Dem leicht hysterischen Treiben der späten Weimarer Jahre konnten sie nichts abgewinnen. Marie Luise war die erste, die sich für explizit politische Fragen interessierte. In einem Lebenslauf, den sie 1951 verfaßt hat, heißt es: »Durch die Jugendbewegung aus dem feudal-bürgerlichen Kreis der Herkunft herausgekommen, freundschaftliche Berührung mit proletarischen Menschen. Mit 16 Jahren aus der Kirche ausgetreten.« 1927, gleich nach dem Abitur, begann sie ein Jura-Studium an der Berliner Universität, und schon im ersten Semester wurde sie Mitglied der Kommunistischen Partei. Im Hörsaal lernte sie einen Kommilitonen kennen, der ihr gefiel. Werner Scholem war Jude, Charmeur und ein Mann, der auf eine lange politische Karriere zurückblicken konnte: Mitbegründer des Spartakus, Reichstagsabgeordneter, Mitglied des Politbüros und Organisationsleiter der Partei. Als »Ultralinker« 1926 ausgeschlossen, zog er sich zunächst von der politischen Arbeit zurück, blieb aber, als Kommunist ohne Partei, seinen Überzeugungen treu. 1927 nahm er sein juristisches Studium wieder auf. In diese Zeit fällt seine Liaison mit Marie Luise von Hammerstein. Es spricht für die Großzügigkeit und die innere Freiheit des Generals, daß er eine solche Beziehung mit Stillschweigen überging.

Neben ihrem Studium, das sie 1931 mit dem Referendarexamen abschloß, lernte Marie Luise Russisch und übernahm von 1930 an »Parteiaufträge«, von denen noch die Rede sein wird und die zu einer polizeilichen Untersuchung führten. Einflußreiche Freunde ihres Vaters sorgten dafür, daß die Ermittlungen eingestellt wurden. Die Akten fielen allerdings nach der Machtergreifung in die Hände der Gestapo.

Auch durch Marie Luises Schwester Helga sah sich die Familie vor allerhand Probleme gestellt. Daß sie keine Lust hatte, das Abitur zu machen, war nicht das Schlimmste. Zwar legte ihre Mutter Wert auf eine gute Ausbildung ihrer Töchter; sie litt darunter, daß sie selbst als junges Mädchen nur die Klosterschule der Ursulinen in Breslau besuchen, aber nie studieren durfte. Andererseits war sie äußerst liberal, was die Schule anging. »Wir durften so oft Schule schwänzen, wie wir wollten«, berichtet Helga. »Wir bekamen immer eine Entschuldigung von ihr, und für Einzelheiten unserer Noten und unseres Auftretens interessierte sie sich überhaupt nicht.« Ihr Vater erklärte allen, die es hören wollten: »Meine Kinder sind freie Republikaner. Sie können reden und machen, was sie wollen.« — »Was wir ja dann auch taten, nicht immer zu seinem Vergnügen«, bemerkte Helga, die im Frühjahr 1930 aufhörte, in die Schule zu gehen. Maria Therese weiß Hammersteins Haltung in ihrem Rückblick aus den fünfziger Jahren eher zu schätzen: »Er hatte ein so unerschütterliches Vertrauen zu uns, um das ich ihn jetzt, wo ich Kinder in diesem Alter habe, beneide.« Leicht kann ihm das nicht immer gefallen sein. Schon als sie noch das Charlottenburger Gymnasium besuchte, war Helga, ebenso wie Marie Luise, in das Gravitationsfeld des Kommunismus geraten. Zunächst ließ sich das relativ harmlos an. »Obgleich man selber infolge marxistischer Lehre und Ideologie, der wir anhingen, natürlich alles immer besser wußte, was die Entwicklung der Weltgeschichte betraf, so wurden Papus' [des Vaters] Analysen der unmittelbaren Zeitgeschichte, die Charakterisierung von Politikern und Situationen, akzeptiert.«

Doch dabei blieb es nicht. Im Mai 1928, auf einer Fahrt mit dem Sozialistischen Schülerbund, verliebte sich Helga in einen Mann, der sich Leo Roth nannte. Sollten ihre Eltern geglaubt haben, daß es sich um den harmlosen Flirt einer Fünfzehnjährigen handelte, die in der Familie immer als »die zarte Kleine« galt, so hatten sie Helgas Ernst und ihre Willensstärke unterschätzt.

Roth, der Sohn eines jüdischen Kleiderhändlers aus Rzeszów im galizischen Polen, der vor dem Ersten Weltkrieg nach Berlin ausgewandert war, flog mehrmals von der Schule und zerstritt sich hoffnungslos mit seinem autoritären Vater. Er war eine rebellische Natur. Schon mit dreizehn Jahren schloß er sich einer jüdischen Jugendorganisation an; er begann eine Schlosserlehre, weil er nach Palästina auswandern wollte, wo gute Handwerker gebraucht wurden. Spätestens 1926 hatte er sich dem Kommunismus zugewandt. Damals trat er dem Kommunistischen Jugendverband (KJVD) bei. Von Anfang an war er verwickelt in die Fraktionskämpfe der Bewegung. Schulungen, wechselnde Parteilinien, Splittergruppen, Cliquenwesen, Verdächtigungen und Anschuldigungen gehörten zum politischen Alltag der militanten Linken. Schon 1926 wurde Roth als Anhänger von Karl Korsch, dem marxistischen Theoretiker, der auch Brechts Lehrer war, zum »Trotzkisten« erklärt und aus dem Jugendverband der KPD ausgeschlossen; drei Jahre später, im Oktober 1929, nahm ihn die Partei wieder auf, weil sie ihn brauchen konnte. Mit seiner Familie hatte er jeden

Leo Roth, wohl vor 1933.
Paßbild aus einem Fotoalbum der Gestapo über die
Mitarbeiter des M-Apparates

Kontakt abgebrochen. Fortan war er Berufsrevolutionär und arbeitete als Funktionär im illegal operierenden ›Apparat‹ der KPD.

Was hat es auf sich mit diesem legendären Apparat? Nur zur Erinnerung: Schon seit den Zeiten Lenins setzte die Sowjetunion ihre Hoffnung darauf, daß es auch im Westen zu einer kommunistischen Weltrevolution kommen werde. Deshalb wurde in Moskau die Dritte Internationale, die sogenannte Komintern, gegründet, die in der Folge bis zu sechzig Parteien unter ihrem Dach versammelte. Sie wurde von Anfang an von den Bolschewiki dominiert. In ihrer Satzung wurden folgende Ziele festgeschrieben: »der Sturz des Kapitalismus, die Gründung einer Diktatur des Proletariats und die Schaffung einer internationalen Sowjetrepublik und die vollständige Vernichtung aller Klassen.«

Unter den ausländischen Parteien galt damals die KPD als die prominenteste, weil sie in Deutschland über viele treue Anhänger verfügte und nicht nur im Parlament eine wichtige Rolle spielte. Schon 1923 plante man in Moskau einen »deutschen Oktober« und inszenierte einen kläglichen Aufstandsversuch in Hamburg. Die Komintern hatte die kommunistischen Parteien im Ausland verpflichtet, parallele, illegale, militärisch disziplinierte Apparate zu schaffen, die durch russische Goldrubel und den Verkauf von Diamanten aus dem Kremlschatz finanziert wurden.

Unter Stalin entwickelte sich die Komintern zur Kontrollinstanz der Bewegung. Ihre Schaltzentrale war das Exekutivkomitee, EKKI genannt, das auch einen eigenen Nachrichten-, Spionage- und Sabotagedienst unterhielt. Die Rote Armee, die natürlich über einen klassischen Geheimdienst, die sogenannte Vierte Abteilung, verfügte, verfolgte teilweise andere

Interessen und beschäftigte ihre eigenen Agenten, während der Komintern, besonders in Deutschland, der parteieigene »Militärapparat« zuarbeitete. Rivalitäten und Eifersüchteleien, wie sie in Spionagediensten üblich sind, blieben nicht aus. Dennoch ergänzten sich ihre Aktivitäten, besonders auf dem Gebiet der Industrie- und Militärspionage.

Die Komintern betrieb in Moskau eine eigene Militärschule, die KPD-Kader in Funk- und Chiffriertechnik und im Gebrauch von Waffen und Sprengstoffen für künftige Aufstände unterwies. In diesem sogenannten M-Apparat, der direkt dem Politbüro unterstellt und nach außen hin von der Partei sorgfältig getrennt war, arbeitete Leo Roth seit 1930.

Und Helga? Die Familiensaga weiß zu berichten, daß sie »schon damals was verbrochen« hatte. Im Klartext heißt das wohl, daß sie ihr Elternhaus schon mit siebzehn zeitweilig verlassen hat und ins polnisch-jüdische Scheunenviertel zu ihrem Freund Leo Roth gezogen ist. So wie er, der im Stetl geboren war, wollte auch sie sich von dem Milieu verabschieden, aus dem sie kam. 1929, kurz nachdem sie Roth kennengelernt hatte, wurde sie Mitglied des Jugendverbandes der KPD; im Mai 1930 ist sie der Partei beigetreten. Von diesem Moment an führte sie den konspirativen Namen Grete Pelgert.

Amtsgeschäfte

Die Meinungen über Hammersteins Amtsführung sind geteilt. Manche sprechen von einer Kluft zwischen »Büro« und »Front«. Er sei mehr ein politischer als ein soldatischer

General gewesen. Man vermißte die enge Fühlung mit den Garnisonen. Es hieß, sein Interesse für die Truppe und deren Belange sei außergewöhnlich gering gewesen.

Ganz anders klingen Urteile von Leuten, die ihn von seiner Dienstzeit im Ersten Weltkrieg her kannten. Über diese Zeit hat sich sein Schwager Smilo von Lüttwitz so geäußert: »Ich erlebte nie wieder einen Generalstabsoffizier, der aus den sich vielfach widersprechenden Meldungen der Truppen so schnell eine klare Erkenntnis der gesamten Lage gewann und dann die Maßnahmen zur Abhilfe so prägnant und für jeden verständlich in einem kurzen Befehl zusammenfassen konnte. Das Ganze war oft das Werk weniger Minuten, in denen er in absoluter Ruhe und Gelassenheit arbeitete, ohne sich durch Telefone oder ins Zimmer kommende aufgeregte Leute im geringsten stören zu lassen. Hammerstein war der ruhende Pol in diesem Stabe. Das Vertrauen in ihn beruhte einfach auf seinem überragenden Können, seiner klaren, sehr realen Beurteilung der Lage.«

Auch die zahlreichen Dienst- und Inspektionsreisen, die er als Chef der Heeresleitung antrat, sprechen eine andere Sprache, und seine Verbindungen aus dem Ersten Weltkrieg führten, ebenso wie seine engen Kontakte zu den Nachrichtendiensten, dazu, daß er stets vorzüglich informiert war.

Dennoch hat man ihm »zu große Bequemlichkeit und eine ungewöhnliche Abneigung gegen normale Arbeit« nachgesagt. (Schon als er mit zwanzig Jahren sein erstes Offizierspatent erhielt, hieß es in seiner Beurteilung, er sei »von produktiver Faulheit«.) General Hermann Foertsch, vor 1933 Major im Wehrministerium, in Nürnberg wegen Kriegsverbrechen im Zweiten Weltkrieg angeklagt, aber freigesprochen, 1955 von Adenauer als Berater zur Gründung der Bundeswehr verpflichtet, hat sich im Rückblick so über Hammersteins Abschied geäußert:

»Einmal politische Gründe, Gegner der Nationalsozialisten aus einer richtigen Erkenntnis der Maßlosigkeit der Bewegung. Dann kam hinzu, daß H. ein Mann war, der jede normale Arbeit scheute. Er war genial, klug, lässig auch in äußerer Erscheinung, sehr kritisch, leicht pessimistisch, (stinkfaul), so daß die sich anbahnenden Aufgaben hinsichtlich des Heeres eine andere Persönlichkeit erforderte[n]. Nicht nur politische Gründe. In erster Linie Hitler, dann gewisse Kreise der Wehrmacht, die sich sagten, daß allein mit der Genialität nichts zu machen sei.

Hammerstein kam aus demselben Regiment wie Schleicher, mit ihm sehr befreundet. Er war außerdem republikanisch abgestempelt. Er soll [vor seinem Amtsantritt 1930] gesagt haben: ›Um Gotteswillen, Schleicher, machen Sie das nicht, dann muß ich ja arbeiten.‹ Die Nationalsozialisten sahen in ihm mit Recht einen geistig weit überlegenen Gegner und einen skeptischen, spöttischen Beobachter ihrer Worte und Taten. Niemand rechnete mit einer langen Amtsdauer dieses Generals unter Hitler.«

Schwerin von Krosigk, Finanzminister unter Hitler und in Nürnberg als Kriegsverbrecher verurteilt, schrieb nach dem Krieg:

»Sachverständige sagen, Hammerstein sei eine der stärksten strategischen Begabungen der deutschen Armee gewesen. Er hat diese Begabung nur im Kriegsspiel und auf dem Manöverfeld zeigen können. Das langweilte ihn. So trat, je höher er stieg, ein Fehler immer stärker bei ihm hervor: Hammerstein war faul, es läßt sich keine abschwächende Bezeichnung finden. Er selbst war sich dessen bewußt und rechtfertigte diese Eigenschaft mit der Begründung, jeder Mann in leitender Stellung müsse den Mut haben, faul zu sein. Er übertrieb aber die zur Sammlung notwendige Ausspannung, wenn er, der passionierte Jäger, vom Spätsommer bis tief in den Winter hinein von Jagd zu Jagd fuhr und nur wie ein Komet von Zeit zu Zeit in Berlin auftauchte. Wir waren in Dahlem Nachbarn. Als ich ihn 1933, nach seiner Entlassung als Chef der Heeresleitung [die erst 1934 erfolgt ist], auf der Straße traf und ihn fragte, was er nun anfangen werde, erwiderte er, er werde fortan Jagd und Fischerei zu seinem Hauptberuf machen. Ich war mit ihm bekannt genug, um entgegnen zu können: ›Da wird sich also in Ihrem täglichen Leben nichts ändern‹, und er hatte Humor genug, darüber zu lachen.

Anstrengungen, seine Stellung zu halten, lagen Hammerstein nicht; Antichambrieren bei Hitler, Göring oder Blomberg verabscheute er. Er ging seinen geraden Weg, hielt die Richtung, die er als geboten erkannt hatte, und kümmerte sich nicht darum, ob er gefiel oder abstieß.«

Erich von Manstein, der spätere Generalfeldmarschall, auch er 1949 als Kriegsverbrecher verurteilt und wie General Foertsch für Adenauer als Berater beim Aufbau der Bundeswehr tätig, hat in seinen Erinnerungen über Hammerstein so geurteilt: »Er war, wie ich, aus dem Dritten Garderegiment zu Fuß hervorgegangen und neben dem General von Schleicher, der ebenfalls unserem Regiment entstammte, wohl einer der klügsten Menschen, denen ich begegnet bin. Das Wort ›Vorschriften sind für die Dummen‹, womit er alle Durchschnittsmenschen meinte, stammte von ihm und war für ihn bezeichnend. Er wäre im Krieg ein hervorragender Heerführer gewesen. Als Chef der Heeresleitung im Frieden fehlte ihm der Sinn für die Bedeutung auch der Kleinarbeit, wie er

Kurt von Hammerstein als Chef der Heeresleitung

überhaupt dem ›Fleiß‹ das Gefühl des Bedauerns entgegenbrachte, daß diese Eigenschaft nun einmal für den Durchschnittsmenschen unentbehrlich sei. Er selbst machte von ihr nur bescheidenen Gebrauch, was er sich bei seiner schnellen Auffassungsgabe und seinem durchdringenden Verstand auch leisten konnte. Seine militärische Begabung wurde ergänzt durch ein ausgesprochen klares politisches Urteil. Er gewann dieses auf Grund nüchterner Betrachtung der politischen Lage und ihrer Gegebenheiten. Für die Unwägbarkeit psychologischer Faktoren war in ihr wohl weniger Platz. Seine geistige Einstellung im Zusammenhang damit, daß er seiner ganzen Auffassung nach ein Grandseigneur war, mußte ihn von vornherein zu einem entschiedenen Gegner der lärmenden Nationalsozialisten machen.«

Auch alle seine militärischen Mitarbeiter stimmen darin überein, daß er zwar Kleinarbeit am Schreibtisch nicht liebte, daß er aber die seltene Gabe hatte, Situationen blitzschnell und unkompliziert zu erfassen und seine Gedanken in klassischer Kürze schriftlich auszudrücken. Gegenüber seinem Adjutanten hat er, wie sein Sohn Ludwig bemerkt, die Arbeitsweise eines Oberbefehlshabers so charakterisiert: »Machen Sie sich frei von Kleinarbeit. Dazu halten Sie sich einige wenige kluge Leute. Lassen Sie sich aber viel Zeit, sich Gedanken zu machen und vor sich selbst ganz klar zu werden. Nur so können Sie richtig führen.«

Als er einmal gefragt wurde, unter welchen Gesichtspunkten er seine Offiziere beurteile, sagte er: »Ich unterscheide vier Arten. Es gibt kluge, fleißige, dumme und faule Offiziere. Meist treffen zwei Eigenschaften zusammen. Die einen sind klug und fleißig, die müssen in den Generalstab. Die nächsten sind dumm und faul; sie machen in jeder Armee 90% aus und sind für Routineaufgaben geeignet. Wer klug ist und gleichzeitig faul, qualifiziert sich für die höchsten Führungsaufgaben, denn er bringt die geistige Klarheit und die Nervenstärke für schwere Entscheidungen mit. Hüten muß man sich vor dem, der dumm und fleißig ist; dem darf man keine Verantwortung übertragen, denn er wird immer nur Unheil anrichten.«

Von diesen Maximen gibt es eine englische Übersetzung, die an einem überraschenden Ort aufgetaucht ist. Eric M. Warburg war amerikanischer Offizier, der zu einer geheimen Kommandostelle der britischen Armee, der Marine und der Luftwaffe abgeordnet wurde, die sich im Oktober 1942 auf dem Besitz von Lord Latimer in Buckinghamshire eingenistet hatte. »Ich war nicht wenig verwundert«, berichtet er, »als ich hinter dem Schreibtisch des diensttuenden Offiziers groß an der Wand ein Zitat des Generalobersten von Hammerstein fand: ›*I divide my officers into four groups*‹« und so weiter. Mitten im Krieg hatten sich die Briten die Grundsätze eines deutschen Generalstäblers zu eigen gemacht.

Unter der Tarnkappe

Während auf der Vorderbühne die Kommunisten seit 1919 die deutsche Revolution planten, Aufstände anzettelten und den deutschen Militarismus anprangerten, arbeitete im Hintergrund die Rote Armee eng mit der Reichswehr zusammen. Karl Radek, der als Emissär der Bolschewiki im Februar 1919 verhaftet worden war, empfing in seiner Zelle deutsche Offiziere und knüpfte die ersten Kontakte. Ein Jahr später behauptete der damalige Chef der Heeresleitung, General von

Seeckt, Hilfe beim Aufbau einer neuen deutschen Armee sei nicht von den Siegern, sondern nur vom bolschewistischen Rußland zu erwarten: »Deutschland und Rußland sind aufeinander angewiesen, wie sie es vor dem Kriege waren. Und wenn Deutschland sich auf Rußlands Seite stellt, so ist es selbst unbesieglich. Stellt Deutschland sich gegen Rußland, so verliert es die einzige Zukunftshoffnung, die ihm bleibt.« Seeckt entsandte seinen alten Freund Enver Pascha, der als ehemaliger türkischer Kriegsminister im Berliner Exil lebte, nach Moskau. Der teilte mit, daß Trotzki für die Zusammenarbeit mit Deutschland eintrete; er sei sogar bereit, die deutsche Ostgrenze von 1914 zu akzeptieren. Ein Jahr später wandte sich Lenin mit der Bitte an Berlin, beim Aufbau der Roten Armee zu helfen.

Im Herbst 1921 kam es darüber zu den ersten ernsthaften Verhandlungen, die natürlich streng geheim waren. 1922 wurde im Wehrministerium eine Sondergruppe R gebildet und mit einem schwarzen Haushalt in Höhe von 250 Millionen RM ausgestattet. Im Sommer 1923 schloß der Chef der sowjetischen Luftflotte mit den Generälen von Seeckt und von Schleicher in Berlin einen Vertrag zum Aufbau der russischen Rüstungsindustrie und zur Produktion von Kriegsmaterial für Deutschland. Darüber hinaus ging es um die Teilnahme an Manövern, um die Generalstabs-Ausbildung russischer Offiziere bei ihren deutschen Kollegen und um die Entwicklung und Erprobung neuer Waffentechniken, besonders der Luft- und der Panzerstreitkräfte. Bei der Unterzeichnung des Abkommens waren angeblich auch Karl Radek, Kurt von Hammerstein und Ferdinand von Bredow anwesend. Im Generalstab, der diese Bezeichnung nach außen hin nicht führen durfte, wurde eine geheime Zentrale gebildet, welche die Pla-

nung übernahm und das System der Tarnung in allen Einzelheiten festlegte.

Radek, damals noch im Exekutivkomitee der Komintern, erklärte dem deutschen Botschafter in Moskau rundheraus:»Ich
bin überzeugt, daß die Sowjetregierung gut mit einer deutschen reaktionären Regierung arbeiten kann. Das ist auch der
Wunsch des Generals von Seeckt, der erklärt hat, man müsse
den Kommunisten in Deutschland die Gurgel zudrücken, mit
der Sowjetregierung aber zusammengehen.«

Die Erfolge blieben nicht aus. Der sowjetische Botschafter in
Berlin schrieb 1927 an das Moskauer Außenministerium:»Die
Besuche der deutschen Manöver und die Vorlesungen an den
deutschen Akademien nützen uns. Dies haben ausnahmslos
alle Militärs, die hierher gekommen sind, eingeräumt. Das, was
wir im Austausch den Deutschen bieten, kostet uns nichts, da
sie alles selber bezahlen, und in den Tiefen der Sowjetunion
ist es leicht, einen unbemerkten Ort zu finden für jede Art
von Schulen und anderen kleinen deutschen Ausbildungs-
einrichtungen.«

Als klein konnte man die Anlagen, um die es sich handelte,
kaum bezeichnen. Auf einer Flugbasis in Lipezk wurden
zwischen 1924 und 1933 jährlich 240 deutsche Piloten ausgebildet und Hunderte von Kampfflugzeugen aus den Jun-
kers- und Fokker-Werken erprobt. Der Stützpunkt Tomka bei
Wolsk an der Wolga diente von 1929 an den gemeinsamen
»Sonderversuchen« zur Entwicklung neuer Gaskampfstoffe
für den Fronteinsatz. Stresemann hatte sich mit diesem Vorhaben schon Jahre zuvor einverstanden erklärt. Intern erfand
die Reichswehr für diese geheimen Experimente die Tarnbe-
griffe »Veredelung von Chemierohstoffen« und »Entwicklung
von Schädlingsbekämpfungsmitteln«. In Kasan entstand eine

Schule für die Panzertruppe. In Moskau richtete das deutsche Wehrministerium eine Zentrale zur Steuerung dieser Aktivitäten ein.

Dem militärischen Zweckbündnis lag auf beiden Seiten ein ganz klares Interessenkalkül zugrunde. Der Versailler Vertrag hatte dem Deutschen Reich eine Reihe von Restriktionen auferlegt: das Heer auf 100 000 Mann beschränkt (während allein Frankreich eine Millionenarmee unterhielt), keine Luftwaffe, keine Panzer, keine U-Boote, keine chemischen Kampfstoffe, keine schwere Artillerie, kein Generalstab, keine allgemeine Wehrpflicht. Die Sowjetunion wiederum war nach dem Bürgerkrieg militärisch geschwächt und verfügte über keine moderne Rüstungsindustrie. Auch die Ausbildung der höheren Offiziere ließ zu wünschen übrig.

Beide Mächte waren außenpolitisch isoliert, Deutschland durch die Niederlage von 1918, die Sowjetunion als Pariastaat und Ursprungsland der »roten Gefahr«. Außenpolitisch richtete sich ihre Zusammenarbeit vor allem gegen Frankreich, aber auch gegen das nach langer Teilung wiederhergestellte Polen, das den sowjetischen Truppen 1918 eine schwere Niederlage zugefügt hatte. Die Furcht der Polen vor einer neuen Zerschlagung ihres Landes war, wie sich 1939 zeigen sollte, keineswegs unbegründet.

Die diplomatische Absicherung der deutsch-russischen Kooperation brachte 1922 der Vertrag von Rapallo. Vier Jahre später spielten sozialdemokratische Politiker, die mit ihr nicht einverstanden waren, dem Berliner Korrespondenten des *Manchester Guardian* Informationen über die geheime militärische Zusammenarbeit zu. Die Publikation führte zu erregten Debatten. Philipp Scheidemann bestätigte die Abmachungen im Reichstag; seine Rede führte zu einem Mißtrauensvotum und zum Sturz der Regierung. Die Rechte sah teils wegen der verbotenen Waffenbrüderschaft mit den Bolschewiken rot, teils erblickte sie in deren Enthüllung einen »Abgrund von Landesverrat«. Die KP verlegte sich aufs Leugnen und bezeichnete alle, die von einer Kooperation der Roten Armee mit der Reichswehr sprachen, als »Verleumder des russischen Proletariats«. Die Westmächte hielten sich zurück; vermutlich wußten ihre Geheimdienste längst über die vertragswidrigen Aktivitäten der Reichswehr Bescheid. Stresemann erklärte schließlich, die Zusammenarbeit sei militärpolitisch notwendig. Er hatte erkannt, daß sie für die deutsche Armee lebenswichtig war, da sie ohne eine moderne Luft- und Panzerwaffe in möglichen Auseinandersetzungen völlig chancenlos gewesen wäre. Ungeachtet aller Proteste wurden die illegalen Aktivitäten der Reichswehr fortgesetzt und sogar erheblich ausgebaut.

Auf russischer Seite hieß es, daß »die deutsche Armee eine Streitkraft darstellt, die in ihrer Kommandostruktur die Traditionen der besten Armee des Weltkriegs besitzt. Allein dies zwingt uns, die Verbindung zu ihr hoch einzuschätzen, um so mehr, da sie bisher das einzige Luftloch für die Rote Armee ist, ihr Fenster nach Europa«.

Zwischen 1924 und 1932 hielten sich deshalb immer wieder Gruppen von hohen sowjetischen Offizieren in Deutschland auf. Michail Tuchatschewski beispielsweise, der spätere Marschall der Sowjetunion, kam zwischen 1923 und 1932 wenigstens fünfmal nach Deutschland. Wie Joachim von Stülpnagel berichtet, sprachen die russischen Gäste »meist fließend deutsch und wußten erstaunlich in der Kriegsgeschichte Bescheid. Ein jeder hatte die Werke von Clausewitz studiert«.

Manöverbesuch der Roten Armee in Deutschland,
Anfang der dreißiger Jahre.
Tuchatschewski links von Hindenburg

Im Moskauer Militärarchiv findet sich ein Bericht des Leningrader Stabschefs Feldman über einen solchen Manöverbesuch, an dem prominente Kommandeure der Roten Armee teilnahmen: »Allüberall«, heißt es dort, »im Auto, im Manöver, am Tisch – auf dem ersten und ehrenvollsten Platz: Tuchatschewski.« Es folgen Details über den Ablauf des Manövers und über die Truppendislozierung. An einem Oderübergang fanden sich Hindenburg und Schleicher ein, die auch bei der Manöverkritik anwesend waren.

Umgekehrt sind viele hohe deutsche Militärs, unter ihnen die Generäle von Blomberg, Adam, von Brauchitsch, Paulus, von Manstein, Keitel und Guderian nach Rußland gereist. Einer der wichtigsten Gäste der Roten Armee war Kurt von Hammerstein.

Eine sonderbare Wallfahrt

Im August 1929 fuhr Hammerstein unter strikter Geheimhaltung zu einer längeren Inspektionsreise in die Sowjetunion, um zu verhandeln und gemeinsamen Manövern beizuwohnen. Schon auf der Schiffsreise von Stettin nach Leningrad galt es, sein Inkognito zu wahren. An Bord befand sich übrigens Max Hoelz, ein berühmter Arbeiterführer, der 1920 einen bewaffneten Aufstand im Vogtland organisiert hatte, zu lebenslanger Zuchthausstrafe verurteilt worden war und erst nach einer Amnestie in die Sowjetunion emigrieren konnte. Er kam, wie Hammerstein schreibt, »von einigen hundert Anhängern begleitet an Bord. Abschiedsfeier mit Internationale und Polizei-Aufsicht«. (Wahrscheinlich ist Hoelz 1933 von der GPU ermordet worden.)

Aus Hammersteins Briefen an seine Frau geht hervor, daß ihm sein Rußlandaufenthalt sehr gefallen hat:

»Sowohl in Petersburg wie hier [in Moskau] wurde ich am Schiff bzw. Bahnhof von den Chefs der Operationsabteilung des Generalstabes der Militärbezirke empfangen.« Die wichtigste Adresse war für ihn die »Zentrale Moskau«, die geheime Niederlassung der Reichswehr in der Worosowskaja, in der die Fäden vom Reichswehrministerium zu den Übungs- und Versuchsstationen im Innern Rußlands zusammenliefen. Zwei deutsche Offiziere kümmerten sich dort um die Materiallieferungen, besorgten den Geldtransfer und schleusten die vielen deutschen Militärs durch die sowjetische Provinz.

Die Planungen für Hammersteins dreimonatigen Aufenthalt waren perfekt. »Für die Bahnreisen habe ich für die ganze Zeit einen sehr guten Salonwagen mit Schlafkabinen und Küche mit Bedienung von der russischen Regierung. Sonst fährt der Volkskommissar für Verkehr damit. Der Wagen ist so schön, daß wir später in den Oststädten und bei den Manövern in der Ukraine einfach drin wohnen bleiben werden. Einmal täglich giebts bestimmt Kaviar, vielfach 2 mal.«

Über Nischni Nowgorod, Kasan und Samara ging es zum Versuchs-Truppenübungsplatz in Tomka an der Wolga und nach Saratow. »Finsterstes und entlegenstes Rußland. Dafür ein russischer Versuchs-Übungsplatz von 500 qkm, Größenmaße, die erstaunlich sind. Überall, wo ich hinkomme, ist der entsprechende hohe russische Specialist aus Moskau schon da; einerseits um zu verhandeln, andererseits um zu beaufsichtigen. Heute vor der Abfahrt habe ich noch eine schwierige Verhandlung mit einem der schlauesten Köpfe aus Moskau. Ich habe mich aber schon sehr mit ihm angefreundet und werde ihm wohl über sein.«

Die Reise, über die ein privates Photoalbum Auskunft gibt, führte Hammerstein über Charkow, Kiew, Sewastopol, Jalta, Odessa und Istanbul nach Deutschland zurück.

So harmlos sich der Rußlandbesuch des Generals in seinen Briefen an die Familie ausnimmt, so weitreichend waren die Intentionen, die er mit ihm verband. »Unsinnig und gefährlich« fand er es, wenn ausgerechnet Deutschland der Sowjetunion jene Gleichberechtigung verweigern würde, die ihr Frankreich und England nicht zubilligen wollten. »So sehr wir auch die revolutionären Bestrebungen ablehnen und bekämpfen, so darf Deutschland darüber nicht vergessen, daß Moskau nicht nur die Kommunistische Internationale, sondern in erster Linie die Regierung des Russischen Reiches beherbergt, das auch heute noch ein wirtschaftlicher und politischer Machtfaktor ist, mit dem jeder europäische Staat rechnen muß.«

General Kliment Woroschilow, der spätere Marschall der Sowjetunion, mit dem er auf seiner Reise verhandelte, war ganz seiner Meinung. Auszüge aus einem geheimen Gesprächsprotokoll vom 5. September 1929 sprechen Bände über das Einvernehmen, das dabei erzielt wurde.

»Woroschilow: Mich interessiert Ihr Gesamteindruck von dieser Reise.

Hammerstein: Mein Eindruck ist, daß noch viel hier zu tun bleibt. Aber die Arbeit wurde begonnen, mit großem Idealismus.

Woroschilow: Ich will nicht verhehlen, daß es in unseren Beziehungen einige Reibungsflächen gegeben hat, aber im großen und ganzen waren die Ergebnisse positiv. Sie, Herr General, empfange ich als einen Mann, der ein gutes Verhältnis zur Roten Armee hat. Deshalb brauchen wir nicht erst über Vertrauen oder Mißtrauen zu reden, sondern darüber, ob wir neue, zusätzliche Wege finden, um unsere Beziehungen weiter zu konkretisieren.

Hammerstein: Wir haben vor, im Frühjahr Versuche mit neuen Panzern zu machen. Zehn Kursteilnehmer werden wir in deutschen Betrieben in der Panzertechnik ausbilden und die Panzer liefern.

Woroschilow: Ich weiß, daß Deutschland infolge des Versailler Vertrages keine Panzer bauen darf. Die UdSSR ist durch keinerlei Verträge gebunden, und wir können Panzer nicht nur für uns, sondern auch für Dritte bauen. Wir möchten auch gute Beziehungen zur deutschen Industrie herstellen, um in nächster Zukunft technische Unterstützung für unsere Armee zu erhalten.

Hammerstein: Dabei ist jedoch zu berücksichtigen, daß die deutschen Firmen ihre Arbeiten entgegen dem Versailler Vertrag durchführen, so daß, um nur ein Beispiel zu nennen, Krupp besorgt ist, daß ihm dies nicht schade.

Woroschilow: Wir denken, daß die deutsche Chemieindustrie unübertroffen in der Welt ist. Haben Sie die Absicht, uns mit den neuen chemischen Kampfmitteln bekanntzumachen, über die die Reichswehr verfügt?

Hammerstein: Das Tempo der Ausrüstung und Erforschung besonders dieser Kampfmittel hat erstrangige Bedeutung. Keiner von uns weiß, wann ein Krieg ausbrechen kann. Wir haben vor, die Forschungstätigkeit in Tomka zu intensivieren und die technische Basis zu vergrößern.

Woroschilow: Nur noch zwei Worte zu politischen Fragen. Wir haben davon auszugehen, daß in sozialpolitischer Hinsicht unsere beiden Staaten Antipoden sind. Es ist aber völlig überflüssig, die Dritte Internationale oder die Partei in unsere rein sachlichen Beziehungen zu verwickeln. Man braucht die Bolschewiki nicht zu lieben, aber unser Volk, das einen Kampf auf Leben und Tod um seine Existenz führt, sollte man achten.«

Vor dem Politikbüro rechtfertigte der Marschall seinen Kurs mit der »systematischen und vollständigen Ausnutzung der deutschen Militärs und Techniker für die Steigerung der Kampfkraft der Roten Armee«.

Im Auswärtigen Amt machte sich Hammerstein mit seinem »Ostkurs« gerade deshalb wenig Freunde. In der national gesinnten Presse wurde er heftig angegriffen. Er ließ sich dadurch nicht beirren und hielt bis zu seinem Abschied an seiner Auffassung fest. Jacob Wuest, dem amerikanischen Militärattaché in Berlin, erklärte er Ende 1932, was er von der Roten Armee hielt, eine Einschätzung, die sich zehn Jahre später bewahrheiten sollte: »Es ist eine gute Truppe, diszipliniert und gut ausgebildet, die sich in der Defensive gut schlagen wird und dabei auf die Unterstützung der russischen Bevölkerung zählen kann. Die Russen wissen, daß sie keinen Angriffskrieg führen können, weil ihnen die dazu nötige Infrastruktur fehlt. Die Straßen und Eisenbahnen sind in einem so schlechten Zustand, daß sie nur in den Grenzen ihres eigenen Landes kämpfen können. Sie haben sich darauf vorbereitet und zwei Verteidigungszonen eingerichtet, die eine um Moskau und die andere im Ural bei Perm. Wenn sie so weit zurückgedrängt werden, können sie sich in diesen Regionen unbegrenzt lange halten. Sie brauchen sich nur zurückzuziehen; dann kann kein Gegner sie besiegen.«

Am 1. Juli 1933 (!) kam es zu einer letzten Begegnung mit sowjetischen Offizieren. Hammerstein gab für sie einen Empfang im Hotel *Kaiserhof* und behauptete, die Reichswehr werde »weiterhin gern bereit sein, diesen so fruchtbringenden Kommandoaustausch zu pflegen«. Im Juni mußte er die Auflösung der Lipezker Fliegerschule anordnen, und bis September 1933 waren alle deutschen Stützpunkte in Rußland abgewickelt.

Eine Veteranengeschichte

Daß man gut daran tut, den Erzählungen von der illegalen Arbeit der Töchter des Generals mit einer gewissen Skepsis zu begegnen, dafür gibt der folgende Bericht des Genossen Hermann Dünow ein Beispiel ab. Dieser Mann arbeitete seit 1923 im Nachrichtendienst der KPD, bis er im Dezember 1933 verhaftet und zwei Jahre später zu lebenslänglichem Zuchthaus verurteilt wurde. Er kam erst 1945 frei, ging in die DDR und spielte dort eine Rolle beim Aufbau der Volkspolizei.
Über die Infiltrationsversuche des M-Apparates weiß er in seinen Erinnerungen folgendes zu berichten: »Da gelang es uns, indem wir uns einen jungen Genossen (Student an der Humboldt-Universität) aussuchten, mit dessen Hilfe die Bekanntschaft der drei Töchter des Generals von Hammerstein-Eckurt (!), des Chefs der Reichswehr, zu machen. Mit Hilfe dieses Genossen gelang es uns, diese drei Mädchen politisch so zu überzeugen, daß sie illegale Mitglieder des Kommunistischen Jugendverbandes wurden. Ich habe sie dann als Gäste auf dem Weddinger Parteitag eingeschleust. Mit Hilfe dieser Mädchen hatten wir Zugang zum Panzerschrank des Generals von Hammerstein-Eckurt. Wir konnten in aller Ruhe dort die geheimen Dokumente herausnehmen und fotografieren, wieder hineinpacken, so daß überhaupt nichts davon zu merken war. Eines schönen Tages hat dann der kommunistische

Reichstagsabgeordnete Kippenberger im Reichstag auf der Grundlage dieser Materialien über die schwarze Reichswehr usw. gesprochen. Zufällig hatte am selben Tage frühmorgens der General Hammerstein diese Papiere vernichtet, und zwar in kleine Stückchen zerrissen und in den Papierkorb geworfen. Sie gelangten dann durch die Reinemachefrau in den Aschenkübel, der am gleichen Tage, etwa um 11 Uhr, abgeholt wurde. Um 2 Uhr desselben Tages sprach der Abgeordnete Kippenberger im Reichstag über diese schwarze Reichswehr. Am Abend desselben Tages hat dann eine Unterhaltung zwischen General Hammerstein-Eckurt und einem General Stülpnagel, die beiden waren sehr miteinander befreundet, stattgefunden, in der der General Hammerstein seine Bewunderung für die Organisationstalente der Kommunisten aussprach. Er meinte, die Kommunisten sind zwar unangenehme Gesellen, aber organisieren können sie. Er war voller Bewunderung, weil er um 11 Uhr gesehen hatte, wie die Müllabfuhrleute das Zeug abholten, und um 2 Uhr sprach schon der Abgeordnete Kippenberger über dieses Thema.«

An dieser Räuberpistole stimmt so gut wie nichts. Ganz abgesehen davon, daß der Verfasser nicht einmal imstande ist, den Namen des Generals richtig zu schreiben, ist auch der Ausdruck »Schwarze Reichswehr« zumindest zweideutig. Ursprünglich waren damit nämlich die paramilitärischen Einheiten, vor allem die Freikorps, aus der ersten Zeit der Weimarer Republik gemeint, mit denen Hammerstein natürlich nicht das geringste zu tun hatte. Was den Kommunistischen Jugendverband angeht, so hat Dünow die Anwerbung der drei Töchter durch ein und denselben »jungen Studenten« frei erfunden. In seinen Erinnerungen behauptet er, daß er vor seiner Verhaftung den Nachrichtendienst der KPD geleitet hätte. Auch das trifft nicht zu. Wer den Altersreminiszenzen verdienter Genossen unbesehen glaubt, ist selber schuld.

Herrn von Rankes Abenteuer

Einer, der Helga von Hammerstein damals wirklich begegnet ist, hieß Hubert von Ranke und war ein Enkel des großen Historikers. Sein vielfach zerrissener Lebenslauf wäre eine eigene Darstellung wert. Mit neunzehn Jahren schloß er sich dem Freikorps Oberland an und nahm am Sturm auf den Annaberg teil; danach arbeitete er viele Jahre lang bei der Lufthansa und ihren Vorläufer-Firmen. 1932 ließ er sich von Hans Kippenberger, dem Chef des Militärapparates der KPD, anwerben. Sein Deckname war »Moritz«. Seine Frau, die ebenfalls zur Mitarbeit bereit war und von der es hieß, sie verfüge über wichtige gesellschaftliche und verwandtschaftliche Beziehungen, wurde unter dem Namen »Olga« geführt.

Dem Apparat war daran gelegen, daß solche Sympathisanten nach außen hin Stillschweigen über ihr Verhältnis zur KPD bewahrten oder es sogar scheinbar wieder lösten. Diese Leute beschäftigten sich, so Kippenberger, mit Kontakten, die für die Partei sonst nicht erreichbar waren: »Regierungsstellen, Wirtschafts- und Industriellenkreise, Diplomaten, Parteispitzen, militärische Stellen. Dazu mußten besondere Zirkel geschaffen werden oder Salons ausgenutzt oder zustande gebracht und ›klingende Namen‹ eingesetzt werden. Im Lauf der Jahre hatte sich für diese Aufgabe ein Kreis von Genossen herausgebildet, der auf diesem Zweig der Apparatarbeit erfolgreich eingesetzt werden konnte.« (Übrigens gehörte auch

Hubert von Ranke, etwa 1930

Heinrich Blücher, der spätere Ehemann Hannah Arendts, zu Kippenbergers Mitarbeitern. Reinhard Müller bereitet eine ausführliche Darstellung dieser Tätigkeit vor, die Blücher in seinem Lebenslauf »Ein durchschnittliches Leben« verschwiegen hat.)

»Wenn sich herausstellte, daß sie sich mit ihrem Parteieintritt noch nicht zu sehr bloßgestellt hatten (vor ihrem bisherigen Milieu), bekamen sie den Parteiauftrag, sich von der allgemeinen Parteiorganisation wieder zu lösen. Das war oft mit großen psychologischen Schwierigkeiten verbunden und erforderte eine gewisse Kunst, sie bei der Stange zu halten. Das Schwierigste war, sie von dem Gefühl freizuhalten, daß die Partei sie als Agenten benutzt und betrachtet.«

1933 wurde Ranke für kurze Zeit verhaftet. Seine Sekretärin hatte in seinem Schreibtisch marxistische Literatur gesehen und ihn verraten. Sein Vater, ein alter Militär, kam nach Berlin zu Himmler und erwirkte die Freilassung des Sohnes. Daraufhin lebte Ranke zeitweise illegal in Berlin, doch Kippenberger hielt es für besser, daß er Deutschland sofort verlasse, da er mit einer Anklage wegen Hochverrats rechnen mußte, und schickte ihn nach Paris, wo er fortan für den dortigen Auslandsstützpunkt des Nachrichtenapparates verantwortlich war.

Kippenbergers Sekretärin und Lebensgefährtin war eine geborene Lenderoth, hieß als geschiedene Frau eines KPD-Landtagsabgeordneten Anna Kerff, benutzte die Decknamen Lore oder Christina Brunner, heiratete lange nach Kippenbergers Tod einen bulgarischen Leidensgefährten und schrieb sich von da an Christine Kjossewa. Dieses Namensgewimmel ist charakteristisch für den Wirrwarr, in dem sie und ihre Genossen lebten. Lore also – bleiben wir dabei – erzählt über Rankes erstes Exil:

»Wir fanden bei unserer Ankunft, halbverhungert, einen unserer früheren, wertvollsten Verbindungsleute in Berlin, der Chef des An- und Abfluges auf dem Flughafen Tempelhof gewesen war, Hans Hubert v. Ranke. Er kannte den illegalen Wiederaufbau der deutschen Luftwaffe nach dem Ersten Weltkrieg genau. Natürlich nahmen wir uns seiner in Paris sofort an. Er erzählte, daß er einen Kreis von gutsituierten Leuten, antifaschistischen Franzosen kannte, die ihn ab und zu zum Mittagessen einluden. Er sprach fließend französisch. Moritz erbot sich, mit der Tochter des norwegischen Dichters Björnsen zu sprechen, ob sie bereit sei, uns für ein paar Tage zu beherbergen, und wir wohnten eine Weile bei ihr. Es war alles sehr herrschaftlich. Auch sonst war er uns in vieler Hinsicht behilflich.«

Im Einverständnis mit Herbert Wehner ging er 1936 als einer der ersten Freiwilligen nach Spanien, wo er an der Aragonfront und im republikanischen Geheimdienst eingesetzt wurde. 1938 brach er mit der Kommunistischen Partei. Nach Kriegsausbruch war er wieder in Paris, diesmal als Mitarbeiter des französischen Nachrichtendienstes. Dann floh er vor den Deutschen nach Nordafrika; später tauchte er in der unbesetzten Zone Frankreichs unter und schloß sich als Spezialist für konspirative Techniken der Résistance an. Nach der Befreiung diente er als Offizier von neuem im französischen Geheimdienst. Erst 1960 ist er nach Deutschland zurückgekehrt.

Dieser an gefährlichen Wendungen reiche Lebenslauf wird hier erzählt, weil Ranke einer der wenigen Zeugen ist, die aus den frühen dreißiger Jahren etwas über Leo Roth und Helga von Hammerstein, genannt Grete, zu berichten haben.

»Bald nach unserer ersten Begegnung am Halleschen Tor

Leo Roth, Moskau 1936

Ruth von Mayenburg

[1931] rief mich Alex alias Kippenberger wieder an, um mich mit Rudi, einem seiner Mitarbeiter, zusammenzubringen. Sein wirklicher Name war Leo Roth. Rudi wurde in der Folge mein enger Kontaktmann, ein Freund; er ist es bis zu seiner Rückberufung nach Rußland geblieben. Seine damalige Gefährtin Grete ist wohl eine der wenigen Überlebenden.«

Leo »sah stark jüdisch aus, war immer tadellos gekleidet, trug stets Lederhandschuhe und gab mir Rendezvous meist in vegetarischen Restaurants, in Konditoreien oder in verschwiegenen Bars. Seine Gefährtin Grete, die ich anfangs noch nicht kannte, hatte er im sozialistischen Jugendverband kennengelernt. Einmal gingen wir an der Gedächtniskirche vorbei; Rudi zeigte mir den Turm und sagte, da oben habe er früher einmal als Dachdecker gearbeitet. Einen solchen Beruf sah man ihm wahrlich nicht an«.

Auftritt einer böhmischen Dame

Das Schloß Neindorf bei Magdeburg mit seinem großen Park und seiner Fasanerie war den Hammerstein-Geschwistern schon seit ihrer Kindheit ein vertrauter Zufluchtsort, wo sie mit Vorliebe ihre Sommerfrische zubrachten, weil es dort gleichaltrige Kinder gab. Der Hausherr Maximilian von Asseburg-Neindorf, »Onkel Max« genannt, war ein alter Freund des Generals, der bei ihm schon in jungen Jahren mit seinen Eltern zu Gast gewesen und auf die Hasenjagd gegangen war.

Am Silvesterabend 1930 ist Ruth von Mayenburg auf Schloß Neindorf »einem älteren Herrn im Abendanzug begegnet, hochgewachsen und sehr gut aussehend, wie ich die älteren Herren liebte, für die ich seit jeher eine Schwäche gehabt habe«.

Sie war die Tochter eines böhmischen Bergwerkdirektors aus Teplitz-Schönau, die, wie sie sagt, »nicht gut tat« und den »adligen Quatsch« nicht mitmachen wollte. Sie ging nach Wien, wo sich in den zwanziger Jahren zwischen Bohème und linker Politik manche Berührungsflächen boten. Die Parallele zu Helga Hammersteins Berliner Erfahrungen liegt auf der Hand.

Von alldem war bei ihrem Auftritt in Neindorf keine Rede; ganz im Gegenteil hatten die Gastgeber alles zu ihrer standesgemäßen Verbindung mit einem Sohn des Hauses vorbereitet. In ihren Erinnerungen schreibt sie:

»Die Asseburgs hatten mich eingeladen, und es war so gut wie ausgemacht, daß ich mich an diesem Abend mit Axel [dem Sohn] verloben würde, damit unsere Beziehung die ›gesellschaftlich richtige‹ Form erhielt. Ich war dabei, mich festlich anzuziehen und im Abendkleid aus grauem Taft, eine Rose im Gürtel, in die Sicherheit eines Daseins zu entfliehen, wo die Forderungen der Zeit nur von ferne zu hören waren. Ein melancholischer Gedanke. Mir war nicht sehr freudig zumute, während ich vor dem Ankleidespiegel stand und mir in die Augen schaute.

Als es an der Tür klopfe, dachte ich, Axel hole mich zur Festtafel. Aber es war mein Zimmernachbar, Kurt Freiherr von Hammerstein-Equord, General und Chef der Heeresleitung, der alte Freund des Hauses Asseburg. Er trat etwas verlegen herein (will er mit mir anbandeln?) und griff in eine Lebensentscheidung ein. Er ging sofort *in medias res*: er hielte es für ein Unglück, wenn Axel und ich heirateten. Er habe den Jungen

gern, fühle sich für sein weiteres Schicksal irgendwie mitver-
antwortlich, ich sei nicht die richtige Frau für ihn. Ich möge
es mir noch einmal reiflich überlegen und auch bedenken, daß
ich in einer solchen traditionsbewußten deutsch-nationalen
Atmosphäre selber nicht glücklich sein würde. ›Sie sind viel
zu eigenwillig. Ein lebhafter, ungestümer Geist. Ich mag Sie,
Sie gefallen mir, entschuldigen Sie, wenn ich mich in Ihr Leben einmische, aber ich hielt es für meine menschliche Pflicht,
Ihnen das zu sagen.‹ Dann nahm er mich in die Arme, küßte
mich auf die Wange und ging hinaus.
So wurde also beim Champagnerpfropfenknallen um Mitternacht keine Verlobung gefeiert. Hammerstein blinzelte mir
anerkennend zu, und als wir später in unsere benachbarten
Gastzimmer hinausgingen, lud ich ihn zu einer kleinen Unterhaltung ein, die unsere spätere, recht gefährliche Freundschaft
begründete. Wir sprachen über die Jägerei.«

Eine postume Unterhaltung
mit Ruth von Mayenburg (I)

M: Schön, daß Sie mich besuchen. Sie sehen ja, seit mein
zweiter Mann von mir gegangen ist, bin ich ganz allein in dieser altmodischen Wohnung. Sie nehmen doch eine Tasse von
meinem Ingwertee? Sie müssen wissen, ich schwöre auf ihn.
Das beste Mittel gegen die Depression. Am Naschmarkt gibt
es einen Stand, der immer frischen Ingwer hat. Sie dürfen kein
Pulver dazu nehmen. Kleinschneiden, aufbrühen und fünf
Minuten lang ziehen lassen. Und nun sagen Sie mir, was Sie
zu mir führt.

E: Ihre Freundschaft mit Kurt von Hammerstein.

M: Ein wunderbarer Mann. Ich war fast ein bißchen in ihn verliebt. Einmal hat er mich vor einer Ehe gerettet, die mir nichts als Eintracht, Sicherheit und Langeweile eingetragen hätte.

E: Sie haben in Ihren Erinnerungen darüber geschrieben. Ich habe jede Zeile Ihrer Bücher gelesen.

M: Sie sind Schriftsteller und wissen, wie gern man das hört. Aber wie kamen Sie denn auf dieses Thema?

E: Das ist eine lange und eine sehr deutsche Geschichte. Sie haben Hammerstein bei den Asseburgs kennengelernt.

M: Ja. Wir waren beide mit ihnen befreundet. Hammerstein war schon als Kind bei ihnen zu Gast. Der alte Asseburg war ein passionierter Jäger. Die beiden haben, schon als sie noch in die Klosterschule gingen, jenseits der preußischen Grenze ihre ersten Böcke geschossen. Eigentlich haben sie gewildert, denn zu Hause waren sie in Mecklenburg. Und was mich betrifft, so hat mein Vater mich schon sehr früh in alle Geheimnisse der Jagd eingeweiht, und wer das erlebt hat, der kommt nie mehr von dieser Leidenschaft los.

E: Und worüber haben Sie sich sonst mit Hammerstein unterhalten?

M: Das weiß ich nicht mehr. Ich glaube, wir haben über die Frage gesprochen, was Tapferkeit ist. Auf kriegerische Spitzenleistungen schien er nicht erpicht zu sein. Er hielt es mehr mit der Zivilcourage. Dann kam die Rede auf Rußland, vielleicht, weil mein Vater und ich dorthin zur Jagd fahren wollten. Ich hatte mir in den Kopf gesetzt, Russisch zu lernen, ohne zu ahnen, daß mir dieses Studium später sehr zugute kommen würde. Hammerstein bestärkte mich in diesem Vorsatz. Er kannte die Sowjetunion recht gut, auch wenn sich sei-

ne Sympathie mit dem Kommunismus sehr in Grenzen hielt;
er konnte mit Utopien nichts anfangen. Ich war damals ganz
seiner Meinung.
Schließlich forderte er mich auf, wann immer ich in Berlin
sei, ihn und seine Familie zu besuchen. Er meinte, ich würde
mich gut mit seinen Kindern verstehen. Die seien ebensolche
Dickköpfe wie ich. Als er mir gute Nacht wünschte, strich er
mir über die Wange und sagte »schade«.

Versuche in letzter Minute

Kurt von Schleicher, amtierender Reichskanzler, glaubte, daß
Hindenburg bis zum 26. Januar 1933 an seinem Willen, Hitler
nicht zu berufen, festhielt. Darin sollte er sich täuschen. Es
waren die folgenden drei Tage, die über die Zukunft Deutschlands entschieden haben.
»Bei uns im Hause herrschte eine sehr nervöse Stimmung. Es
wurde dauernd mit Schleicher konferiert, der auf der anderen
Seite des Reichswehrministeriums am Ufer wohnte«, schreibt
Helga von Hammerstein über diesen Moment.
Ihr Vater unternahm am selben Tag, dem 26., einen letzten
Versuch, den Reichspräsidenten davon abzuhalten, Hitler mit
der Regierungsbildung zu beauftragen. Es ist allerdings nicht
ganz einfach, sich ein Bild von dieser Intervention zu machen;
denn es gibt mindestens drei Versionen von ihrem Hergang,
und sie sind nicht frei von Widersprüchen.
Hammerstein selber schreibt darüber:
»Am Vormittag des 26. Januar ging ich zu Schleicher und frug
ihn, was an den Gerüchten über einen Regierungswechsel
wahr sei. Schleicher bestätigte, daß ihm der Reichspräsident

so gut wie sicher heute oder morgen sein Vertrauen entziehen und er zurücktreten werde. Ich ging zu Staatssekretär Meißner [dem Leiter des Büros von Hindenburg], frug ihn, was nach dem Rücktritt Schleichers werden sollte, und sagte klar und deutlich, die Nationalsozialisten würden nie in ein Kabinett Papen-Hugenberg eintreten. Ein solches Kabinett würde auf der einen Seite die Nationalsozialisten, auf der andern die Linke zu Feinden, und so eine verschwindend kleine Basis haben. Die Armee müsse dann für diese 7prozentige Basis gegen 93 Prozent des deutschen Volkes auftreten. Das wäre im höchsten Maße bedenklich; ob es sich nicht noch vermeiden ließe?

Meissner sah die Lage offenbar ähnlich und veranlaßte mich, meine Sorgen sofort dem Herrn Reichspräsidenten vorzutragen. Ich habe das getan. Hindenburg verbat sich äußerst empfindlich jede politische Beeinflussung, sagte dann aber, anscheinend, um mich zu beruhigen, ›er dächte gar nicht daran, den österreichischen Gefreiten zum Wehrminister oder Reichskanzler zu machen‹. (Wörtlich am 26. Januar 1933 um 11.30 Uhr vorm. vor einem Zeugen.)«

Meissners Sohn verschiebt in seinem Buch über die Machtergreifung diese Unterredung um zwei Tage und erwähnt einen vierten Teilnehmer, der offenbar gar nicht dabei war. Er behauptet: »In den Abendstunden des 28. Januar ließen sich der Chef der Heeresleitung, General von Hammerstein, und der Berliner Wehrkreiskommandeur, General von Stülpnagel, beim Reichspräsidenten melden und trugen ihm als Vertreter der Reichswehr vor, daß das Ausscheiden des Reichskanzlers und Reichswehrministers von Schleicher ›für die Reichswehr untragbar‹ sei und verhindert werden müßte. Hindenburg unterbrach den General von Hammerstein, ehe er weitere politische Äußerungen machen konnte, ziemlich ungehalten mit den Worten: ›Ich weiß selbst, was für die Reichswehr tragbar ist, und muß in dieser Beziehung Belehrungen der Herren Generale ablehnen.‹ Herr von Hammerstein und die anderen Generale möchten sich um die Ausbildung der Truppe kümmern und sich nicht in die Politik einmischen, die seine und der Reichsregierung Angelegenheit sei. Damit waren die beiden Generale ziemlich ungnädig entlassen.«

»Stimmt alles nicht«, bemerkte dazu dreißig Jahre später der General von dem Bussche. »Die Ungnade bestand in einem Händedruck und der Bitte, seine Äußerung über Hitler nicht weiterzugeben.« Bussches Version der fraglichen Unterredung lautet so:

»Am Freitag, dem 27. Januar 1933 vormittags« – wieder ein anderes Datum! – »war wie üblich ein Vortrag des Chefs des Heerespersonalamtes, General Erich von dem Bussche-Ippenburg, beim Reichspräsidenten vorgesehen. Der Chef der Heeresleitung, General Freiherr von Hammerstein, der diesen Vorträgen sonst nicht beiwohnte, begleitete den Chef des Heerespersonalamtes zu dem Vortrag, um dem Reichspräsidenten seine Bedenken gegen eine Ernennung Hitlers vorzutragen. Er wußte, daß der Reichspräsident bei militärischen Vorträgen die Anwesenheit von Nichtsoldaten ablehnte, und wollte diese Gelegenheit benutzen, um dem Reichspräsidenten unbeeinflußt von politischen Beratern seine Auffassung zu sagen.

Als die beiden Generale das Zimmer des Reichspräsidenten betraten, polterte er los: ›Wenn die Generale nicht parieren wollen, werde ich sie alle verabschieden.‹ Beide Generale konnten sich dem Eindruck nicht entziehen, daß von irgendeiner Seite eine Hetze gegen die Führung des Heeres erfolgt war. General von Hammerstein erklärte dem Reichspräsidenten lächelnd, er könne doch keinen Grund zu irgendeiner Beunruhigung haben, denn die Reichswehr stände absolut zu ihm, ihrem Oberbefehlshaber.

Der Reichspräsident bemerkte: ›Dann ist ja alles in Ordnung‹, und verlangte die Erledigung der vorzulegenden Unterschriften. Nach dieser formellen Angelegenheit brachte General von Hammerstein in Ruhe und sachlicher Form seine Bedenken gegen eine etwaige Ernennung Hitlers zum Reichskanzler vor. Er wußte, daß der Reichspräsident dem Reichskanzler von Schleicher die Auflösung des Reichstages nicht bewilligen wollte. Er begründete seine Bedenken vor allem mit der Maßlosigkeit Hitlers und seiner Partei und äußerte Befürchtungen hinsichtlich der Gefahr einer Zersetzung der Reichswehr, die zu krassem Ungehorsam verleitet werden könnte. Der Reichspräsident erklärte bald nach den ersten Ausführungen des Generals von Hammerstein wörtlich: ›Sie werden mir doch nicht zutrauen, meine Herren, daß ich diesen österreichischen Gefreiten zum Reichskanzler berufe.‹ Die Generale waren über diese ganz klare Äußerung des Reichspräsidenten ihrerseits beruhigt und glaubten, daß Hindenburg ihre Bedenken verstanden habe und sie teile.«

Darin hatten sie sich getäuscht; sie wußten nicht, daß Hitler sich bereits mit Papen geeinigt und daß Hindenburg nichts gegen diese Lösung hatte. Immerhin soll Hammerstein das Palais des Präsidenten in großer Sorge verlassen haben.

Als sie sich darüber klar wurden, daß Hindenburg sie düpiert hatte, besprach er sich am Vormittag des 29. Januar mit Schleicher im Wehrministerium; Ferdinand von Bredow von der Abwehr, Eugen Ott von der Wehrmachtsabteilung, Erwin Planck und Bussche waren anwesend. Hammerstein sagte,

Hitler und v. Hammerstein bei der Beerdigung
von Edwin Bechstein, 1934.
Dies ist das einzige Photo, auf dem Hammerstein in
Gesellschaft von A. Hitler zu sehen ist

er halte Hindenburg nicht mehr für zurechnungsfähig. Man müsse den Ausnahmezustand erklären, Hitler verhaften und sich dann mit der SPD einigen. Dazu sei es nötig, die Potsdamer Garnison zu alarmieren.

Das lehnte Schleicher ab; zu einem solchen Vorgehen sei die Truppe nicht bereit. Hindenburg werde im Volk wie ein Halbgott verehrt; die Reichswehr könne schon deshalb nichts gegen Hindenburg unternehmen.

Der Plan wurde fallengelassen. Fabian von Schlabrendorff zufolge hat Hammerstein »später bei Gesprächen im vertrauten Kreise des öfteren selbst Zweifel geäußert, ob es nicht doch richtig gewesen wäre, gewaltsam gegen Hindenburg vorzugehen«.

Nach der Unterredung ging Schleicher zu Hindenburg, erklärte den Rücktritt seiner Regierung und empfahl ihm die Ernennung Hitlers zum Reichskanzler.

Es gibt eine Niederschrift, in der Hammerstein festgehalten hat, was an diesem Tag weiter geschah:

»Am 29. Januar fand in meinem Büro eine Aussprache zwischen dem zurückgetretenen, aber noch die Geschäfte führenden Reichskanzler von Schleicher und mir statt. Wir waren uns beide klar, daß nur Hitler als zukünftiger Reichskanzler möglich war. Jede andere Wahl müsse zum Generalstreik, wenn nicht zum Bürgerkrieg führen und damit zu einem äußerst unerwünschten Einsatz der Armee im Innern gegen zwei Seiten, gegen die Nationalsozialisten und gegen die Linke. Wir prüften beide, ob wir noch Mittel wüßten, um einzig und allein die Lage im Hinblick auf die Vermeidung dieses Unglücks zu beeinflussen. Das Resultat unserer Überlegungen war negativ. Wir sahen keine Möglichkeiten, noch irgendeinen Einfluß beim Reichspräsidenten auszuüben. Schließlich entschloß ich mich im Einvernehmen mit Schleicher, eine Aussprache mit Hitler zu suchen. Diese hat am Sonntag zwischen 3.00 und 4.00 nachm. im Bechsteinschen Hause stattgefunden. Ich habe in ihr Herrn Hitler meine Sorgen erklärt.«

Dabei ging es um die Frage, ob Hitler, falls Hindenburg ihn zum Reichskanzler ernennen sollte, an General von Schleicher, Hammersteins Freund, als Reichswehrminister festhalten würde. Er sicherte das Hammerstein zu, obwohl es zu diesem Zeitpunkt bereits beschlossene Sache war, Schleicher auszubooten und durch den General von Blomberg zu ersetzen.

Zweierlei machen diese Unterredungen klar: Die Heeresleitung war über die wirkliche Lage in diesen Tagen schlecht unterrichtet, und sie sah sich nicht imstande, gegen Hitlers Berufung ernsthaften Widerstand zu leisten.

Am Abend desselben Tages hat Hindenburg, der wenige Stunden zuvor noch zögerte, sich endgültig für die Kanzlerschaft Hitlers entschieden. Bereits am folgenden Vormittag um Viertel nach elf Uhr wurden er und sein Kabinett vereidigt.

Daß der General von Hammerstein sein Amt satt hatte, dafür gab es gute Gründe.

Dritte Glosse. Über den Zwiespalt

Eindeutigkeit ist ein heiß begehrtes Gut, vor allem, wenn es darum geht, nicht über sich selbst, sondern über andere Gericht zu halten, ein Bestreben, das es sich in aller Regel zu leicht macht.

Es ist hinlänglich bekannt, daß Hitlers Machtantritt begeisterte Zustimmung nicht nur bei seiner eigenen Partei fand. Als Gegner der Nazis wird man nicht geboren, man mußte erst dazu werden; das haben später viele gesagt. »Wie groß fing das an«, schrieb Gottfried Benn 1934, »und wie dreckig sieht es heute aus. Aber es ist noch lange nicht zu Ende.«

Viele Menschen, die diesem Regime später selbst zum Opfer gefallen sind, hatten vor 1933 eine zwiespältige Haltung gegenüber der NSDAP eingenommen. Das gilt zum Beispiel für Erwin Planck, der als Staatssekretär und Chef der Reichskanzlei Schleichers Lavieren Hitler gegenüber unterstützte; er erkannte jedoch sehr bald, daß diese Politik den Untergang der Republik mit verschuldet hat. Er wurde zum entschiedenen Gegner der Nationalsozialisten, war am Attentat vom 20. Juli beteiligt und wurde im Januar 1945 hingerichtet. Das gleiche gilt für Werner von Alvensleben, der Schleicher und Hammerstein aus seiner Generalstabszeit 1918 gut kannte und in den Tagen vor Hitlers Machtergreifung eine höchst zweifelhafte Rolle spielte, sich aber später dem Widerstand anschloß. Er wurde 1934 verhaftet und entging nur, weil sich sein Bruder Ludolf, ein SS-Obergruppenführer, bei Himmler für ihn einsetzte, der Erschießung. 1945 wurde er von den Amerikanern aus dem Zuchthaus befreit.

Die meisten Offiziere konnten dem Sog der »nationalen Revolution« anfänglich nicht widerstehen. Unter ihnen waren Männer wie Claus von Stauffenberg (am 21. Juli 1944 erschossen), Henning von Tresckow (Selbstmord am 21. Juli), Werner Graf von der Schulenburg (1944 hingerichtet), Peter Graf Yorck von Wartenburg (1944 hingerichtet) und Albrecht Mertz von Quirnheim (am 21. Juli erschossen). Ludwig Beck (am 20. Juli erschossen) sollte 1932 auf Wunsch des Wehrministers Groener wegen »nationalsozialistischer Tendenzen«

entlassen werden, was Hammerstein verhindert hat. Wilhelm Canaris, der auch am Kapp-Putsch beteiligt war, begrüßte 1933 Hitlers Machtergreifung; er avancierte zum Chef der militärischen Abwehr, wandte sich aber bald gegen das Regime und wurde noch in den letzten Kriegstagen im KZ Flossenbürg gehenkt. Wolf Graf von Helldorf war sogar ein rabiater Nazi, der es schon vor 1933 zum SA-Führer gebracht hatte. Auch er schloß sich später dem Widerstand an und wurde 1944 hingerichtet. Wer Leuten, die mit ihrem Leben bezahlt haben, aus ihren politischen Irrtümern einen Vorwurf macht, leidet an einer Form nachträglicher Besserwisserei, die von *moral insanity* nicht weit entfernt ist.

Dem General von Hammerstein allerdings wird man keinerlei Sympathien für den Nationalsozialismus nachsagen können. Dennoch war seine Haltung nicht frei von Ambivalenzen und Fehleinschätzungen, und es gibt Belege für sein Zaudern.

1930: »Seit den Wahlen am 14. 9. starke nationale und komm. Welle. Den Nazi ist kein Zweifel darüber zu lassen, daß sie bei jedem Versuch der Illegalität mit schärfsten Mitteln bekämpft werden.«

September 1930: »Bis auf das Tempo will Hitler doch eigentlich dasselbe wie die Reichswehr.«

Frühjahr 1932: »Wenn die Nationalsozialisten legal zur Macht kommen, soll es mir recht sein. Im andern Fall werde ich schießen.«

15. August 1932: »Ich kann jetzt wieder ruhig schlafen, da ich jetzt weiß, daß ich der Truppe jetzt eventuell befehlen kann, auf die Nazis zu schießen. Bei der Armee herrscht jetzt eine außerordentliche Wut gegen die Nazis.«

Gleichwohl erschien Hammerstein, ebenso wie seinem Freund Schleicher, eine Regierungsbeteiligung der Nationalsozialisten bis zuletzt als das »kleinere Übel«, verglichen mit der Gefahr eines Bürgerkriegs; immer wieder verfielen beide dem Irrglauben, man könnte Hitler und seine Partei in die Regierungsverantwortung »einbinden«, sie spalten und »zähmen«.

Erst am 31. Januar 1933 waren solche Illusionen verflogen. Maria Therese erinnert sich an den Besuch einer Schweizer Freundin der Familie in Hammersteins Dienstwohnung. Inez Wille, eine Journalistin, die Enkelin eines Generals der eidgenössischen Armee, war nach Berlin gekommen, um zu hören, wie der deutsche Armeechef die Lage beurteilte. »Schlank, im grauen englischen Kostüm, meinem Vater gegenüber auf dem Sessel sitzend, fast streng und todernst fragte sie: ›Was ist passiert?‹ Meines Vaters Antwort war prägnant und lakonisch: ›Wir haben einen Kopfsprung in den Faschismus gemacht.‹ Er hatte keinerlei Trost für sie.« Zu einem jüngeren Kameraden aus dem 3. Garderegiment sagte er: »98 Prozent des deutschen Volkes sind eben besoffen.«

Der unsichtbare Krieg

Am 1. Februar 1933 trafen sich einige Leute aus dem M-Apparat der KPD, als »literarischer Verein« getarnt, im Hinterzimmer einer Kneipe in der Berliner Taubenstraße. Die Sitzung leitete Hans Kippenberger, genannt »Alex«, auch »Adam« oder »Wolf«, der Leiter des Apparates. Leo Roth, der den Decknamen Rudi führte, war ebenfalls anwesend. Hubert von Ranke berichtet:

»Alex ergriff in seinen Ausführungen das Wort zur politischen Lage – auch er konnte es sich nicht versagen, nach Art der kommunistischen Funktionäre vor der Erläuterung praktischer Fragen ein Referat zu halten. In seiner Analyse der Situation sagte er, der Faschismus sei jetzt aus seinem verschleierten Stadium in ein offenes Stadium eingetreten. Bisher habe der Kapitalismus es fertiggebracht, mit Hilfe der Sozialdemokratie die Arbeiterschaft zu spalten, um eine drohende Revolution zu verhindern. Angesichts der Zuspitzung der Gegensätze, der Verelendung der Massen, der Arbeitslosigkeit und der sozialen Unruhen habe der Kapitalismus nun zu seinem letzten Mittel gegriffen – auf die Gefahr hin, von den Kräften, die er zu Hilfe gerufen habe, selbst verschlungen zu werden. Faschismus bedeute Aufrüstung, Krieg, Zerschlagung der Arbeiterorganisationen, ein gefährlicher Weg, an dessen Ende aber unweigerlich die Revolution stehen werde. – Alex fuhr fort: ›Wir müssen uns ab heute als in der vollen Illegalität stehend betrachten. Die kommende Periode wird der Partei ohne Zweifel schwere Verluste verursachen, aber auch ihren Kampfwillen stärken. Die Aufgaben sind klar: sofortige Dezentralisierung des Parteiapparates. Die Zellen sind in Fünfergruppen aufzulösen, von denen nur jeweils ein Genosse mit der übergeordneten Gruppe – auch immer nur mit Einem – Verbindung haben darf. Sofortige Ausschaltung aller Unzuverlässigen, Schwächlinge, aller Angsthasen. Und was unseren Kreis angeht, so sind wir heute zum letztenmal zusammengekommen.‹

Weiter sagte er, dem Nachrichtenapparat komme von jetzt ab eine besondere Bedeutung zu. Alle wichtigen Dienste und Verbindungen seien streng von der allgemeinen Parteiarbeit konspirativ abzutrennen und, wenn möglich, durch Parallel-Kontakte, die unabhängig voneinander arbeiteten, zu verstärken. Alles illegale Material, soweit es nicht vernichtet werden könne, sei an gesicherten Orten, bei unbelasteten Personen, unterzubringen. Dringend sollen illegale Quartiere, für alle Fälle, bei Sympathisanten gesucht werden. Jede Korrespondenz sei auf ein Minimum zu konzentrieren, man dürfe nur getarnt und von öffentlichen Fernsprechzellen telefonieren und müsse sichere Deckadressen benutzen. Angaben, die nicht im Kopf behalten werden könnten, müßten nach dem in der Zeitschrift *Oktober* angegebenen System chiffriert und an neutralem Ort deponiert werden. ›Vorsicht auch in der Familie selbst.‹ Die kleinste, rasch übermittelte Nachricht über Vorgänge und Absichten des Gegners könne von unabsehbarer Bedeutung sein. Alex schloß: ›Wir befinden uns in einem noch unsichtbaren Kriege und müssen uns immer vor Augen halten, daß wir, nach Liebknechts [*recte* Eugen Levinés] Wort, hier nur Tote auf Urlaub sind. Unser Leben ist nichts. Die nächsten Wochen und Monate werden über das Schicksal der deutschen Arbeiterklasse und der Revolution entscheiden.‹ Wir verließen das Lokal in Abständen von einigen Minuten. Ich ging mit Rudi fort. Mit den andern hatte ich von jetzt ab nichts mehr zu tun. Ich durfte sie nicht mehr kennen. Nach ein paar Schritten trennte sich auch Rudi von mir. Ich war allein, fuhr nach Hause zu Olga [seiner Frau, einer geborenen v. Obyoni], erzählte ihr alles. Wir waren sehr ernst an diesem Abend, die Zukunft schien noch dunkler geworden; an das helle Licht einer Revolution am Ende des dunklen Tunnels, wie Alex es geschildert hatte, vermochten wir nicht so recht zu glauben.«

An dieser Stelle dürfte es ausnahmsweise erlaubt sein, aus einem Werk der Fiktion zu zitieren. Arthur Koestler, ein ausgezeichneter Kenner des Milieus, beschreibt in seinem Roman *Sonnenfinsternis* die Lage der KPD nach 1933: »Die Bewegung war zerschlagen, ihre Mitglieder wurden als Freiwild gejagt, zu Tode geprügelt. Überall im Lande lebten kleine Grüppchen von Menschen, die die Katastrophe überdauert hatten und unterirdisch weiterkonspirierten. Sie trafen einander in Kellern, Wäldern, Bahnhöfen, Museen und Sporthallen. Sie wechselten ständig ihren Namen, ihre Gewohnheiten. Sie kannten einander nur beim Vornamen und fragten einander nicht nach den Adressen. Sie gaben einander ihr Leben in die Hände, und keiner traute dem andern über den Weg.«

Ein Diner mit Hitler

Am 3. Februar wußte Hammerstein, daß er gescheitert war. Die Aussicht auf das Abendessen mit Hitler, das um 20 Uhr im Speisesaal seiner Dienstwohnung beginnen sollte, dürfte seine Laune nicht verbessert haben. Es ging um einen Antrittsbesuch, bei dem der neue Reichskanzler sich vorstellen und versuchen wollte, die Generalität für das neue Regime zu gewinnen. Er fand anstelle einer Befehlshaber-Besprechung statt, die für diesen Tag angesetzt war. Das Abendessen, mit dem solche Tagungen abgeschlossen wurden, hätte normalerweise der Minister ausgerichtet. Blomberg war jedoch gerade erst ernannt worden, und in seiner Dienstwohnung residierte immer noch Kurt von Schleicher, sein Vorgänger. Deshalb wich man auf die Räume des Chefs der Heeresleitung aus. Eingefädelt hat das Diner mit Hitler jedenfalls Blomberg, jener Mann, der kurz zuvor Hammersteins Freund Schleicher ausgebootet hatte. Als gesellschaftlicher Vorwand diente ihm der 60. Geburtstag des Außenministers von Neurath. Daß diese Begegnung ausgerechnet in der Dienstwohnung eines erklärten Gegners stattfand, konnte dem neuen Kanzler nicht entgangen sein; es trug zu der gespannten Atmosphäre bei, die an diesem Abend herrschte.

Vorfahrt der Wagen, Ordonnanzen und salutierende Wachen. Nach dem Essen sprach Hitler zweieinhalb Stunden lang zu den Gästen. Allgemeiner Eindruck: Zunächst unscheinbar und unbedeutend. Von dem Bussche, damals Adjutant des Generals, berichtet: »Hammerstein stellte noch etwas ›wohlwollend‹ von oben herab den ›Herrn Reichskanzler‹ vor, die Generalsphalanx quittierte höflich kühl, Hitler machte überall bescheidene linkische Verbeugungen und blieb verlegen, bis er nach dem Essen die Gelegenheit zu einer längeren Rede am Tisch bekam. Die Absicht Hitlers, den Versammelten Brei um den Mund zu schmieren, trat zu unverhüllt hervor.«

Daß die Rede in krassem Gegensatz zu seiner Regierungserklärung vom 30. Januar stand, scheint den Generälen nicht weiter aufgefallen zu sein. Dort hatte er von seinem aufrichtigen Wunsch gesprochen, den Frieden zu erhalten und zu festigen, die Rüstungen zu beschränken und innenpolitisch zur Versöhnung beizutragen. Der General Beck hat sogar behauptet, er habe den Inhalt der Rede vom 3. Februar »sofort wieder vergessen«!

Später sagte Hitler, er habe das Gefühl gehabt, gegen eine Wand zu reden. Dennoch triumphierte am Tag darauf der *Völkische Beobachter:* »Die Armee Schulter an Schulter mit dem neuen Kanzler. Niemals war die Reichswehr identischer mit den Aufgaben des Staates als heute.«

Anwesenheitsliste
vom 3. Februar 1933

Was genau an diesem Abend vorgefallen ist, werden wir nie erfahren. Die Berichte, die Erinnerungen, ja, sogar die Protokolle weichen, wie meistens, voneinander ab. Selbst die Angaben über die Gäste widersprechen einander, und so kann die folgende Anwesenheitsliste keine absolute Gültigkeit für sich beanspruchen:

Werner von Blomberg, General der Infanterie und seit fünf Tagen Reichswehrminister;
Konstantin von Neurath, Außenminister seit 1932;
Kurt von Hammerstein-Equord, Chef der Heeresleitung;
Erich Raeder, Admiral, Chef der Marineleitung;
Horst von Mellenthin, Adjutant Kurt von Hammersteins;
Ludwig Beck, General, Chef des Truppenamtes;
Curt Liebmann, Generalleutnant;
Erich von dem Bussche-Ippenburg, Generalleutnant;
Hans Heinrich Lammers, Chef der Reichskanzlei;
Wilhelm Brückner, Chefadjutant Hitlers;
Walter von Reichenau, Oberst, Blombergs Chef des Ministeramtes;
Eugen Ott, Oberst, Amtschef im Wehrministerium.

Waren Damen anwesend? Hat Frau Maria von Hammerstein als Gastgeberin das Diner eröffnet und die Tafel aufgehoben? Brachte Herr von Blomberg, wie manche meinen, seine Tochter mit? Spielt das überhaupt eine Rolle? Und kann es sein, daß Marie Luise und Helga, Hammersteins Töchter, hinter einem Vorhang Zeugen von Hitlers Rede waren? Leo Roth hat später behauptet, sie seien dabeigewesen; offiziell habe eine von ihnen die Rede mitgeschrieben und das Stenogramm sofort an die Adjutantur weitergegeben: »Die andere Tochter machte sich Notizen, weigerte sich aber erst, die Notizen abzugeben, und tat es erst nach zwei Stunden. Wir kamen in Besitz dieser Rede. Sie wurde als streng vertraulich in drei Exemplaren ausgefertigt, eines an die BB [ein Ressort des M-Apparates], eines an Politbüro bzw. Th[älmann] persönlich, eines hatte ich.« Ein solcher Hergang ist kaum denkbar, obwohl Maria Therese immerhin stenographieren konnte; die Anwesenheit von Familienmitgliedern war bei einem solchem Anlaß ausgeschlossen. Auch keiner der anderen Zeugen bestätigt Roths Angaben. Zweifellos handelt es sich um eine jener Legenden, an denen die mündliche Überlieferung so reich ist. Fest steht jedenfalls, daß mindestens drei Nachschriften der Rede existieren, die stark voneinander abweichen; das vollständigste dieser Protokolle ist erst im Jahre 2000 aufgefunden und veröffentlicht worden.

Moskau hört mit

»Damals war die Komintern in dem nur drei oder vier Stock hohen Eckgebäude gegenüber der ›Manege‹ untergebracht«, berichtet Luise Kraushaar, eine deutsche Kommunistin, die im April 1934 in die Sowjetunion emigriert ist und in der Chiffrierabteilung des Nachrichtendienstes beschäftigt war. »Von meinem Fenster aus konnte ich die Kremltürme sehen. Die Chiffrierabteilung war in einem großen Raum untergebracht, in dem 35 bis 40 Genossen, meist Frauen, arbeiteten. Gearbeitet wurde in zwei Schichten bis 2 und 3 Uhr nachts. Die

Funktelegramme waren in verschiedenen Sprachen: deutsch, englisch, französisch und vielleicht auch in anderen Sprachen verfaßt. Ich meine, daß hauptsächlich die deutsche Sprache benutzt wurde.«

Das galt auch für den folgenden Funkspruch aus Berlin, der am 6. Februar, drei Tage nach dem Abendessen in der Bendlerstraße, entschlüsselt wurde:

92-98-X2-Y-Z2-31-T   *Streng vertraulich*   6. 2. 33
(HIS)
Betr. Programm des Faschismus.

Am 3. Februar hat Hitler in den Diensträumen des Generals v. Blomberg [*recte* Hammersteins] vor den Kommandeuren der RW im geschlossenen Kreis sein Programm entwickelt. Er sprach die ersten Worte gesetzt, dann in immer größerer Ekstase, über den Tisch gelegt, gestikulierend. Nach der Meinung der Generale sehr logisch und gut, überzeugend betreffend der innenpolitischen Probleme. Außenpolitisch wenig klar. Nach Art seiner Agitationsreden wiederholte er die markanten Stellen bis zu 10 Mal.

Abschrift der inoffiziell angefertigten Protokollnachschrift!

Wie im Leben der Einzelnen sich stets der Stärkere und Bessere durchsetzt, so im Leben der Völker. Die starke europäische Rasse, eine kleine Minderheit hat sich jahrhundertelang Millionen von Menschen dienstbar gemacht und auf ihrem Rücken die europäische Kultur aufgebaut. Es bestand ein Austausch. Europa gab Industrieprodukte, Kulturgüter usw., während die Kolonien, die niedrigstehenden Rassen, ihre Arbeit, ihre

Rohstoffe usw. hergeben mußten. Heute ist in dieser normalen Entwicklung ein Umschwung eingetreten. Wenn man in Europa die gesamte Kapazität der Industrien voll ausnutzen würde, so wären die Kolonien nicht imstande, eine vollwertige Gegenleistung zu bieten. Zudem sind, z. B. in Ostasien, in weitem Maße in Südosteuropa, Industrien entstanden, die mit billigeren Arbeitskräften produzieren und versuchen, die Herrenrasse von einst zu verdrängen.

Zu diesen Gründen der allgemeinen Krise kommen die Schäden des Weltkriegs. Warum ist im Weltkrieg keiner der europäischen Staaten gesund geworden? Weil keiner konsequent genug war. Hätte England z. B. Deutschland nur folgende Bedingung aufgezwungen: Keinerlei Schiffahrt, keinerlei Außenhandel und keinerlei Bündnisse mit anderen Staaten, so wäre England heute gesund. England kann nur noch gesund werden, wenn es vom Standpunkt eines Weltbürgers zurückkommt auf den Standpunkt einer Herrenrasse, durch den es groß geworden ist. Dasselbe hätte für Deutschland im Falle eines Sieges gegolten.

Wie sieht nun die Lage nach dem Weltkrieg tatsächlich aus? In Deutschland bestand 1918 vollkommene Autarkie, doch waren etwa 8 Millionen Menschen aus der Produktion vollkommen ausgeschaltet. Um die Reparationsleistungen leisten zu können, begann man zu exportieren, die Sachlieferungen riefen eine erhöhte Produktion hervor, die 8 Millionen Menschen wurden allmählich wieder eingestellt. Natürlich zogen diese Tatsachen den Import nach sich. Dann setzte die Rationalisierung ein, Menschen wurden überflüssig, die Arbeitslosigkeit begann.

Der dritte Grund ist die Vergiftung der Welt durch den Bolschewismus. Für den Bolschewismus ist Armut und tiefer Lebensstandard das Ideal. Er ist die Weltanschauung derjenigen, die sich durch lange Arbeitslosigkeit an die Bedürfnislosigkeit gewöhnt haben. Es ist ja Tatsache, daß rassisch niedrig stehende Menschen zur Kultur gezwungen werden müssen. Wenn ein Rekrut nicht dauernd gezwungen wird, sich zu waschen, wäscht er sich nicht. So möchten diese Menschen in einer freiwilligen Kulturlosigkeit verharren. Es kommt dann dazu, daß diese Menschen sich mit gleich Tiefstehenden anderer Völker eher solidarisch fühlen, als mit eigenen Volksgenossen. Schon einmal ist eine Kultur an dem Ideal der Armut zugrunde gegangen. Als das Christentum die freiwillige Armut predigte, mußte die Antike zugrunde gehen.

Wie kann Deutschland nun gerettet werden? Wie kann man die Arbeitslosigkeit beseitigen? Ich bin seit 14 Jahren ein Prophet, und sage ich immer wieder: all diese Wirtschaftspläne, die Kreditgewährung an die Industrie, die staatlichen Subventionen sind Unsinn. Man kann die Arbeitslosigkeit auf zweierlei Art beseitigen: 1) durch Export auf jeden Preis und mit jedem Mittel. 2) durch groß angelegte Siedlungspolitik, die eine Ausweitung des Lebensraumes des deutschen Volkes zur Voraussaussetzung hat. Dieser letzte Weg wäre mein Vorschlag. Man würde in einem Zeitraum von 50-60 Jahren einen vollkommen neuen gesunden Staat haben. Doch die Verwirklichung dieser Pläne kann erst in Angriff genommen werden, wenn die Voraussetzungen dafür geschaffen sein werden. Diese Voraussetzung heißt Konsolidierung des Staates. Man muß zurück zu den Anschauungen, in denen der Staat gegründet wurde. Man darf nicht mehr Weltbürger sein. Demokratie und Pazifismus sind unmöglich. Jeder Mensch weiß, daß Demokratie im Heer ausgeschlossen ist. Auch in der Wirtschaft ist sie schädlich. Betriebsräte wie Soldatenräte sind der gleiche Unsinn. Warum hält man also eine Demokratie im Staate für möglich? In Deutschland ist es so, daß heute 50% des Volkes einen Staat in unserem Sinn wollen und positiv zum Nationalsozialismus eingestellt sind, während 50% den Staat verneinen und sagen, er sei nichts als ein Unterdrückungsinstrument gegen sie. Die einen verabscheuen den Landesverrat, die andern sagen, Landesverrat ist unsere Pflicht. Und beiden läßt die Demokratie ihre freie Meinung. Nur wenn die einen dann ihrer Weltanschauung entsprechend tatsächlich Hochverrat begehen, werden sie bestraft. Das ist widerspruchsvoll und sinnlos. Darum ist es unsere Aufgabe, die politische Macht zu erobern, jede zersetzende Meinung auf das schärfste zu unterdrücken, und das Volk zur Moral zu erziehen. Jeder Versuch des Landesverrats muß rücksichtslos mit dem Tode bestraft werden. Niederwerfung des Marxismus mit allen Mitteln ist mein Ziel.

Wenn man jetzt in Genf für Gleichberechtigung eintritt und sich nur darauf beschränkt, dann das Heer zu vergrößern, so ist das meiner Meinung nach sinnlos. Was nützt eine Armee aus infizierten Soldaten. Was nützt die allgemeine Wehrpflicht, wenn vor und nach der Dienstzeit die Soldaten jeder Propaganda zugänglich sind. Erst muß der Marxismus ausgerottet werden. Dann wird das Heer durch die Erziehungsarbeit meiner Bewegung erstklassiges Rekrutenmaterial haben, und so wird die Garantie bestehen, daß der Geist der Moral und des Nationalismus noch nach der Dienstzeit in den Rekruten erhalten bleibt. Um dieses Ziel zu erreichen, erstrebe ich die gesamte politische Macht. Ich setze mir die Frist von 6-8 Jahren, um den Marxismus vollständig zu vernichten. Dann wird das Heer fähig sein, eine aktive Außenpolitik zu führen, und das Ziel der Ausweitung des Lebensraumes des deutschen Volkes wird auch mit bewaffneter Hand erreicht werden. Das Ziel würde wahrscheinlich der Osten sein. Doch eine Germanisierung der Bevölkerung des annektierten bzw. eroberten Landes ist nicht möglich. Man kann nur Boden germanisieren. Man muß wie Polen und Frankreich nach dem Kriege rücksichtslos einige Millionen Menschen ausweisen.

Für Deutschland sehr gefährlich ist die Übergangszeit. Wenn Frankreich kluge Staatsmänner haben wird, wird es um jeden Preis angreifen. Es wird Rußland zu gewinnen suchen, vielleicht sogar sich mit ihm einigen. Darum ist größte Beschleunigung am Platze. Ich habe mit meiner Bewegung jetzt schon einen Fremdkörper im demokratischen Staat gebildet, der seiner ganzen Struktur nach sofort befähigt ist, den neuen Staat aufzubauen. Sie bildet eine Hierarchie mit unbedingter Befehlsgewalt, ein Abbild des neuen Staates im kleinen.

Die Entwicklung in Deutschland wird anders sein als die des italienischen Faschismus. Wir werden genauso den Marxismus niederschlagen wie er. Aber unser Verhältnis zur Armee wird ein anderes sein. Wir werden der Armee zur Seite stehen und mit der Armee und für die Armee arbeiten. Die ruhmreiche deutsche Armee, in der noch derselbe Geist herrscht wie während ihrer Heldenzeit im Weltkrieg, wird selbständig ihre Aufgaben erfüllen.

Nun richte ich an Sie, meine Herren Generäle, die Bitte, mit mir für das große Ziel zu kämpfen, mich zu verstehen und mich zwar nicht mit Waffen, aber moralisch zu unterstützen. Für den inneren Kampf habe ich mir meine eigene Waffe geschaffen, die Armee ist nur da für außenpolitische Auseinandersetzungen. Sie werden nicht wieder einen Mann finden, der sich so mit ganzer Kraft für sein Ziel, für die Errettung Deutschlands einsetzt, wie ich. Und wenn man mir sagt: »Die

Erreichung des Zieles hängt an Ihren Augen!« so antworte ich: Nun gut, so nutzen wir mein Leben aus!

Eine postume Unterhaltung mit Kurt von Hammerstein (II)

H: Sie schon wieder!

E: Ja. Ich muß unbedingt mit Ihnen sprechen. Herr von Hammerstein, wie konnte ein derartig brisanter Vorgang innerhalb von wenigen Tagen zur Kenntnis der Moskauer Zentrale gelangen? Schließlich hat Hitler in dieser Geheimrede seine Ziele unverhüllt ausgesprochen: die Diktatur im Inneren und die Eroberung des »Lebensraums« im Osten. Sogar den Beginn des Angriffskrieges datierte er fast aufs Jahr genau auf 1939 bis 1941. Wie war ein derartiges Versagen aller Sicherheitsvorkehrungen möglich?

H: Von diesem Vorgang erfuhr ich erst im August 1935. Damals wurde meine Tochter Marie Luise von der Gestapo verhört.

E: Aber Sie müssen doch gewußt haben, daß Ihre beiden Töchter Beziehungen zu Kommunisten unterhielten, und zwar zu Werner Scholem und zu einem gewissen Leo Roth.

H: Diese beiden Herren waren mir unbekannt. Keinem von beiden bin ich je begegnet.

E: Ihre Töchter hatten nicht nur Zugang zu Ihren Diensträumen. Sie hatten offenbar sogar Gelegenheit, sich Unterlagen aus Ihrem Büro zu verschaffen. Ihr Sohn Kunrat soll sie als Schuljunge beobachtet haben, wie sie Schriftstücke aus Ihrem Papierkorb geholt haben, die in einem Fall sogar im Reichstag von der Opposition zu Angriffen auf die Regierung benutzt

Kurt von Hammerstein vor seinem Abschied 1933

worden seien. Sie haben damals nicht eingegriffen. Von weit größerer Bedeutung war jedoch, daß der Text der geheimen Hitler-Rede vor den Generälen, die zweifellos von einem Ihrer Adjutanten mitstenographiert worden ist, unverzüglich nach Moskau gelangt ist. Solche Dokumente läßt man nicht einfach herumliegen. Man verwahrt sie im Tresor. Wie erklärt sich also, daß eine Ihrer Töchter, nämlich Helga, das Protokoll in die Hand bekommen und es über ihren Freund an die Komintern weiterleiten konnte?

H: Das weiß ich nicht.

E: Man könnte vermuten, Herr General, daß ein solcher Vorgang nicht ohne Ihre stillschweigende Duldung möglich war. Könnte es sein, daß Sie damit ein politisches Ziel verfolgten? Angesichts Ihrer guten Verbindungen zu den Russen wäre das plausibel. Immerhin hätte Hitlers Rede ja der Moskauer Führung zur Warnung dienen können.

H: Unsinn. Ich habe nichts dergleichen veranlaßt. Und was mein Verhältnis zu meinen Töchtern angeht, so bin ich darüber niemandem Rechenschaft schuldig. Auch der Gestapo gegenüber habe ich mich dazu nie geäußert.

E: Sie wurden am 31. Januar 1934 als Chef der Heeresleitung aus dem Dienst verabschiedet.

H: Wollte schon vorher ausscheiden – hatte keinen Zweck mehr, zu bleiben. Die Reichswehr stand schon lange nicht mehr hinter Schleicher und mir. Blomberg wollte mich loswerden. Eigentlich war das schon am 29. Januar beschlossene Sache. Ich hatte nur noch nominelle Kommandogewalt. Sie haben sich nur noch nicht getraut, mich sofort abzuhalftern, aber ich bin ihnen zuvorgekommen. Mein Entlassungsgesuch Ende Dezember 1933, das war ein Weihnachtsgeschenk an mich selber. Hatte genug von dem Spektakel.

Vollendete Tatsachen

In der Nacht vom 27. auf den 28. Februar brannte der Reichstag. »Wenn sie den mal nicht selber angesteckt haben«, sagte Hammerstein.

Am folgenden Morgen proklamierte Hindenburg den Ausnahmezustand und setzte die Grundrechte außer Kraft.

Mit dieser Verordnung wurde das Recht der freien Meinungsäußerung, einschließlich der Pressefreiheit, des Vereins- und Versammlungsrechts, praktisch abgeschafft. Von nun an galt das Brief-, Post-, Telegraphen- und Fernsprechgeheimnis nicht mehr. Hausdurchsuchungen und Beschlagnahmungen ohne richterliche Anordnung wurden für legal erklärt. Sofort kam es zu einer Welle von Verhaftungen nicht nur durch die Polizei, sondern auch durch die SA.

Außerdem gab Hindenburgs Verordnung der Reichsregierung das Recht, in die Befugnisse der Länder einzugreifen. Sie machte dem föderalen System in Deutschland ein Ende und ermöglichte die Zentralisierung und die Gleichschaltung des staatlichen Gefüges.

Das war der eigentliche Staatsstreich.

Ein juristisches Nachspiel fand der Reichstagsbrand in einem spektakulären Prozeß, der im September des Jahres vor dem Leipziger Reichsgericht begann. Die Anklageschrift wurde als Staatsgeheimnis betrachtet. Die Nazis wollten in einem Schauprozeß die Kommunisten als Brandstifter und Putschisten vorführen. Deshalb waren neben dem obskuren Einzelgänger van der Lubbe vier Kommunisten angeklagt, von denen Dimitrow der prominenteste war. Ob van der Lubbe, der zum Tode verurteilt wurde, an der Brandstiftung beteiligt war, ist bis heute umstritten. Die Kommunisten aber mußten aus Mangel an Beweisen freigesprochen werden. Zu diesem Sieg der Verteidigung trug ein *Braunbuch über Reichstagsbrand und Hitlerterror* bei, das von dem Agitprop-Genie der Partei, Willi Münzenberg, bereits im Sommer in Paris veröffentlicht worden war und eine beispiellose internationale Kampagne zur Folge hatte; es wurde in 17 Sprachen übersetzt und in Millionenauflagen verbreitet.

In diesem Buch waren die wesentlichen Teile der geheimgehaltenen Anklageschrift zu lesen. Ein Gewährsmann aus dem Nachrichtenapparat der KPD, der bereits erwähnte Hermann Dünow, will wissen, wie es dazu kam: »Es stellte sich damals heraus, daß auch der General von Hammerstein ein Exemplar der Anklageschrift besaß. Es wurde daraufhin beschlossen, dieses Exemplar aus dem Schreibtisch des Generals zu entnehmen. Die ganze Aktion gelang auch mit Hilfe der Töchter des Generals. Allerdings hatten wir die Anklageschrift nur für zwei Stunden zur Verfügung, dann mußte sie wieder an Ort und Stelle im Schreibtisch des Generals liegen. Ich habe in dieser Zeit die ganze Anklageschrift in meiner Wohnung Blatt für Blatt fotografiert, und als das Original wieder im Schreibtisch des Generals gelandet war, war der Genosse Roth schon auf dem Wege zum Flugplatz, um den belichteten Film nach Paris zu bringen.«

Kippenbergers Mitarbeiterin und Geliebte hingegen hat damals gehört, daß es ein älterer Herr war, der »den Film, im Regenschirm versteckt, nach Holland brachte«. Die amüsanteste Version von diesem Transport aber hat Helgas Freund Hubert von Ranke zu bieten. Er schreibt:

»Der Apparat von Alex [Kippenberger] konnte die ganze geheime Anklageschrift des Reichsgerichts in Leipzig abphotographieren lassen, und es war – wie ich erst später erfuhr

126

– Grete [also Helga von Hammerstein], die die 26 Leica-Film-rollen in einer mit Kirschen gefüllten Tüte über die Grenze brachte. Als die Kontrolle durch ihr Abteil kam, aß sie, wie sorglos, von den Kirschen, unter denen die Filmrollen versteckt waren.

Willi Münzenberg gab auf dieser Grundlage mit anderen antifaschistischen Schriften auch das sogenannte *Braunbuch* heraus, das in Dünndruck-Ausgabe mit getarntem Deckblatt auch nach Nazi-Deutschland geschmuggelt wurde. Ich habe noch ein Exemplar in Händen, das wie ein Reclam-Heft aufgemacht ist und den Titel trägt: Goethe, *Hermann und Dorothea.*«

Die alte Arbeiterbewegung hat viel von der Bildung gehalten; auch Schiller durfte nicht fehlen; eine andere Ausgabe des Braunbuchs gab vor, den *Wallenstein* unters Volk zu bringen.

Aber während ihre Propagandaerfolge im Ausland hohe Wellen schlugen, sah es für die illegale KPD schlecht aus. Von der Nacht des Reichstagsbrandes berichtet ein Mitarbeiter Kippenbergers: »Wir stiegen am U-Bahn-Ausgang Potsdamer Platz hoch und mischten uns unter die Menschen, die fasziniert auf die aus der Kuppel schießenden Flammen starrten. So standen wir minutenlang und Schlimmes ahnend, ehe wir uns darüber verständigten, daß unser Verhalten wohl nicht ganz den von uns gepredigten Regeln der Konspiration entsprach und wir besser daran täten, zu verschwinden. Kippenberger gehörte zweifellos zu den von den neuen Machthabern am meisten Gesuchten.«

Zu der Lage, in der sich die Genossen befanden, bemerkt derselbe Gewährsmann: »Der Zusammenbruch der KPD unter den Schlägen des nunmehr ungebremst einsetzenden nationalsozialistischen Terrors äußerte sich vor allem in der

BRAUNBUCH II

[über Reichstagsbrand u. Hitler - Terror.]

DIMITROFF
CONTRA GOERING

ENTHÜLLUNGEN ÜBER DIE
WAHREN BRANDSTIFTER

1 9 3 4

ÉDITIONS DU CARREFOUR

PARIS

Das Braunbuch

Fragmentierung der Partei. Die Umschaltung der Parteiorganisationen auf die Illegalität versagte fürs erste auf der ganzen Linie, ihr Gefüge wurde von Grund auf erschüttert, der organisatorische Zusammenhalt ging von oben bis unten verloren. Diese Situation manifestierte sich in besonders drastischer Weise in der Isolierung der Parteispitze.«

Der Mann, der das festgestellt hat, hieß Franz Feuchtwanger. Sein Lebenslauf ist ebenso merkwürdig wie der seiner Mitstreiter Hubert von Ranke und Helga von Hammerstein und verdient es, in ein paar Zeilen festgehalten zu werden. Als Sohn eines gutbürgerlichen jüdischen Rechtsanwalts in München geboren, fand er schon als Gymnasiast den ersten Kontakt zur KPD. Seit 1928 war er Parteimitglied, und bald darauf warb ihn Hans Kippenberger für den M-Apparat an. »Sein Hauptquartier befand sich damals im Karl-Liebknecht-Haus in einem Dachzimmer, das nur über eine Geheimtreppe zu erreichen war. Auf dem Tisch des kleinen Raumes prangte wie ein Ritualobjekt ein Artilleriegeschoß, das Kippenberger einige Zeit zuvor im Reichstag als Beweisstück für die illegale Aufrüstung der Reichswehr vorgewiesen hatte. Er hatte keinerlei Veranlagung zum Apparatschik und unterschied sich damit von den sich in der Parteispitze mehr und mehr breitmachenden Bonzenfiguren verschiedenster Couleur.«

Ende 1930 wurde Feuchtwanger wegen »Vorbereitung zum Hochverrat« zu fünfzehn Monaten Festungshaft verurteilt; er saß sie mit einer Gruppe von Genossen in Landsberg am Lech ab, ironischerweise in den gleichen Räumen, die einst Hitler beherbergt hatten und nun als eine Art improvisierter Parteihochschule fungierten.

Nach Berlin in den zentralen Apparat zurückgekehrt, bezog er das eher bescheidene Gehalt eines Spitzenfunktionärs in

Höhe von monatlich 300 Mark. Das war mehr als das Doppelte seines monatlichen Wechsels aus dem Elternhaus, was ihn, wie er sagt, zunächst peinlich berührte.

Die illegale Arbeit nahm, wie Feuchtwanger sagt, ein böses Ende. »Alles in allem hat der Apparat Mitte 1935 endgültig zu existieren aufgehört. Es war ein sang- und klangloses Erlöschen. In Prag erreichte mich die Nachricht, ich sei ›wegen parteifeindlicher Umtriebe‹ aus der Partei ausgeschlossen worden. Ich war abgehängt, und damit war der Fall erledigt.« 1938 emigrierte Feuchtwanger nach Paris, wurde 1939 interniert und flüchtete 1940 über Spanien und Portugal nach Mexiko. Dort hat er Hitler, Stalin und den ihrigen endgültig den Rücken zugewandt und sich bis zu seinem Tod im Jahre 1991 mit der Archäologie der präkolumbianischen Kulturen beschäftigt.

Hindenburg läßt grüßen

»Der Reichspräsident   Berlin, den 23. Dezember 1933

Sehr verehrter Herr General,
Euer Hochwohlgeboren habe ich durch Verfügung vom heutigen Tage mit dem 31. Januar 1934 den Abschied aus dem Heeresdienst unter Ernennung zum Generaloberst, unter Gewährung der gesetzlichen Versorgung und mit der Berechtigung zum Tragen der Uniform des Generalstabes mit dem Abzeichen eines Generals bewilligt.

Im Gedenken Ihrer verdienstvollen Tätigkeit in den verschiedenen Chefstellungen will ich durch die Verleihung der Uniform des Generalstabes auch für die Zukunft Ihre Verbundenheit mit dem Heere und seinen hohen nationalen Aufgaben zum Ausdruck bringen.

Als äußeres Zeichen meiner Anerkennung werde ich Ihnen mein Bild mit Unterschrift zugehen lassen.

Mit kameradschaftlichen Grüßen   Ihr von Hindenburg«

Eine postume Unterhaltung mit Kurt von Hammerstein (III)

E: Sie wollen Ihre Ruhe haben. Das respektiere ich, auch wenn ich nicht glauben kann, daß Sie faul sind.

H: Wer hat Sie denn auf diese Idee gebracht?

E: Das wissen Sie nicht? Fast alle, die mit Ihnen zu tun hatten, behaupten das.

H: Eine Unverschämtheit. Nur, weil mich der ewige Bürokram gelangweilt hat. Sie können sich wohl nicht vorstellen, mein Lieber, was für öde Papierhaufen jeden Tag von neuem auf dem Tisch eines Armeechefs landen.

E: Doch. Da braucht man einen großen Papierkorb.

H: Na schön. Lassen wir es dabei. Sie sind eifrig, ich bin faul. Ihre Zigarren waren vorzüglich, aber jetzt habe ich keine Lust mehr, Ihnen Rede und Antwort zu stehen.

E: Nur noch ein paar Minuten, Herr von Hammerstein, dann sind Sie mich endgültig los. Am 1. Februar 1934 gab es eine Abschiedsparade für Sie als Chef der Heeresleitung.

H: Das war nicht zu vermeiden.

E: Sie sollen sich bei diesem Anlaß keineswegs verbittert gezeigt haben; man sagt, Sie hätten erleichtert gewirkt, ja geradezu fröhlich.

H: Schon möglich.

Abschiedsparade mit Kurt v. Hammerstein, 1934

E: Das signierte Photo, das Hindenburg Ihnen zukommen ließ, haben Sie angeblich zerrissen und in Ihren großen Papierkorb geworfen.

H: Was Sie nicht sagen!

E: Was haben Sie eigentlich von ihm gehalten?

H: Ich kannte Hindenburg aus dem Ersten Weltkrieg. Politisch eine Null, aber mir gegenüber hat er sich ganz anständig verhalten. Er war sogar der Taufpate meines Sohnes Ludwig. Und er hat mir geholfen, meinen Abschied durchzusetzen, und dafür gesorgt, daß ich nicht ins KZ kam. Bis zu seinem Tod im August 1934 konnte er mich schützen.

E: Sie sind sogar zu seiner Beisetzung nach Tannenberg gefahren.

H: Naja… Friede seiner Asche.

E: Und danach? Wenig später wurde Ihre Tochter Marie Luise, später auch Maria Therese, von der Gestapo verhört. Könnte dies im Zusammenhang stehen mit der Handlungsweise Ihrer Töchter?

H: Es gab dafür genügend andere Gründe. Meine Haltung war der Regierung Hitler hinreichend bekannt.

E: Sie haben von Anfang an nichts von ihm gehalten. Schon 1923, als er mit seinen Leuten in München putschen wollte, haben Sie vor Ihrem Bataillon erklärt: »In München ist ein Gefreiter Hitler verrückt geworden.« Und dann, kurz vor seiner Machtergreifung…

H: Ja, ich habe in letzter Minute noch einmal bei Hindenburg vorgesprochen, um ihn vor einer Kanzlerschaft Hitlers zu warnen. Ich habe ihm erklärt, daß die Reichswehr absolut zu ihm als Befehlshaber stehe. Hitlers Ziele seien jedoch völlig maßlos. Wenn die Reichswehr seinem Einfluß unterliege, könnte sie zum Ungehorsam verleitet werden. Hindenburg war wie immer sehr reizbar, gerade weil er selber nicht mehr weiter wußte. Er hat sich jeden politischen Ratschlag verbeten. Nur um mich zu beruhigen, hat er mir am Ende versichert, er werde »diesen österreichischen Gefreiten« nicht zum Reichskanzler berufen.

E: Haben Sie ihm geglaubt?

H: Wenn Sie es genau wissen wollen: ich habe noch nie einem Politiker geglaubt. Was glauben Sie denn, was in Deutschland seinerzeit los war! Innenpolitischer Trümmerhaufen! Parteipolitisches Schmutzgeschäft! Verbrechen und Dummheit! Wenn es nach mir gegangen wäre, ich hätte schon im August 32 auf die Nazis schießen lassen!

E: Aber Sie haben es nicht getan.

H: Ich war nicht sicher, ob die Truppe mir folgen würde. Außerdem haben so gut wie alle hinter meinem Rücken intrigiert, Papen, Blomberg, Reichenau, die ganze Bande, sogar mein Freund und Kamerad Schleicher. Von seinen Machinationen und Kalkülen habe ich immer nur die Hälfte verstanden; sie sind ja dann auch gründlich schiefgegangen.

E: Sie waren seit Herbst 1929 Chef des Generalstabs...

H: ... des Truppenamtes.

E: Das war doch nur eine Tarnbezeichnung. In dieser Eigenschaft wußten Sie bis ins Detail Bescheid über die geheime Zusammenarbeit der Reichswehr mit der Roten Armee.

H: Was heißt hier geheim? Schon vor meiner Amtszeit hat Scheidemann die ganze Geschichte offengelegt.

E: Das hat die Reichswehr nicht gehindert, weiterzumachen. 1927-1928 wurde die Anzahl der nach Rußland geschickten Offiziere sogar noch vergrößert. In Kasan wurden Panzerspezialisten und in Lipezk ein paar hundert deutsche Militärpiloten ausgebildet. Bei Saratow wurden sogar mit sowjetischer

Hilfe chemische Kampfstoffe entwickelt. Der Erfinder des Giftgases, Fritz Haber, half bei der Errichtung des Moskauer Instituts für chemische Kriegsführung mit. Deutsche Experten waren am Bau von Munitionsfabriken in Leningrad, Perm und Swerdlowsk beteiligt.

H: Sie sind ja gut unterrichtet.

E: Alles Verstöße gegen den Versailler Vertrag.

H: Na und? Was sollten wir machen? Eine Armee von hunderttausend Mann – die Franzosen hatten 800 000 unter Waffen – ohne Wehrpflicht, ohne Generalstab, ohne Panzer, ohne Luftwaffe, das war doch ein unhaltbarer Zustand!

E: Sie selbst sind seit 1928 und 29 mehrmals nach Rußland gereist, haben an Manövern teilgenommen und mit der Führung der Roten Armee verhandelt.

H: Dienstlich.

E: Worüber?

H: Das weiß ich nicht mehr, und wenn ich es wüßte, würde ich es Ihnen nicht sagen.

E: Jedenfalls wird Ihr Verhältnis zu General Tuchatschewski als recht herzlich beschrieben.

H: Kameradschaftlich. War wie ich beim 3. Garderegiment, nur auf der anderen Seite. In Berlin haben wir uns immer auf Deutsch unterhalten.

E: Und Marschall Woroschilow?

H: War zu der Zeit noch nicht Marschall, sondern Volkskommissar für die Verteidigung. Aufrichtiger Kerl, jedenfalls damals. Bis '33 schickte er mir immer zu Weihnachten zwei große Dosen Kaviar in die Bendlerstraße.

E: Auch Georgi Schukow, der später Berlin erobert hat, soll bei Ihnen gelernt haben, während Ihrer Zeit als Chef des Truppenamts, also 1929 oder 30.

Michail Nikolajewitsch Tuchatschewski,
Semjon Michailowitsch Budjonny und
Kliment Jefremowitsch Woroschilow, 1935

H: Kann mich an den jungen Mann nicht erinnern.

E: 1941, bei Kriegsbeginn, wurde er Chef des Generalstabs.

H: Da hat ihm die Ausbildung bei uns gewiß nicht geschadet.

E: Im Frühjahr 31 sollen Sie vor den Offizieren des Gruppenkommandos in Kassel gesagt haben: »Deutsche Außenpolitik sucht Anlehnung an Rußland, solange der Westen nicht bereit ist, so etwas wie Gleichberechtigung zu gewähren.«

H: Woher wollen Sie eigentlich wissen, was ich bei solchen vertraulichen Besprechungen geäußert habe?

E: Es gibt Akten darüber. Die Bürokratie verliert nichts.

H: Na schön. Ich habe aber hinzugefügt: »Verhältnis zu Moskau ist Pakt mit Beelzebub. Aber wir haben keine Wahl. Angst ist keine Weltanschauung.«

E: Diese Maxime haben sich auch ihre Kinder zu eigen gemacht.

H: Darin haben sie mich nicht enttäuscht.

Eine postume Unterhaltung mit Werner Scholem

E: Herr Scholem, ich komme zu Ihnen, weil Ihr Name immer noch durch Deutschland geistert.

S: Das muß eine Verwechslung sein. Sie meinen wahrscheinlich meinen Bruder Gershom. Der war klüger als ich und ist rechtzeitig ausgewandert. Ich kann mir vorstellen, daß er es in Palästina weit gebracht hat.

E: Ein großer Gelehrter. Es gibt viele Anekdoten über ihn.

S: Sind Sie deswegen hier?

E: Ganz und gar nicht. Es geht um Ihre Geschichte.

S: Um so schlimmer.

E: Wie sind Sie eigentlich zur KPD gekommen? Ihr Vater war doch ein wohlhabender Unternehmer von durchaus deutschnationaler Gesinnung.

S: Eben.

E: Sie sind also schon sehr früh in Konflikt mit Ihrem Elternhaus geraten?

S: Das kann man wohl sagen. Als ich anfing, mich für den Zionismus zu interessieren, hat mein Vater mich nach Hannover in die Verbannung geschickt. Er wollte von seinem Judentum nichts hören.

E: An der Schule, dem Gildemeisterschen Institut, hatten Sie einen Klassenkameraden namens Ernst Jünger. Er sagt, Ihr Verhältnis zueinander habe sich durch ironische Sympathie ausgezeichnet.

S: Mit dem hatte ich schon damals nicht sehr viel gemeinsam. Dann, mit achtzehn, schloß ich mich der SPD an. Das war seinerzeit ein völlig biederer Verein, doch für meinen Vater war sie das sprichwörtliche rote Tuch. Zum endgültigen Bruch kam es, als ich meine Freundin Emmy heiratete, ohne ihn zu fragen. Die stammte nämlich aus dem proletarischen Milieu und hatte ein uneheliches Kind. In seinen Augen waren das zwei unverzeihliche Sünden. Und so weiter.

E: Stimmt es, daß Sie 1917 schon einmal wegen Landesverrats vor Gericht standen?

S: Eine Lappalie. Nach der Spaltung der SPD habe ich mich für die Linke entschieden, und ich bin mit den Genossen in Uniform auf eine Demonstration gegen den Krieg gegangen. Ein paar Monate Gefängnis, das war alles. Nicht der Rede wert.

E: Und nach 1918 sind Sie dann, wenn ich so sagen darf, zum Berufsrevolutionär geworden. Gründungsmitglied der KPD, Redakteur der *Roten Fahne,* als Teilnehmer des Märzaufstandes in Thüringen 1921 steckbrieflich gesucht, ein paar Monate Haft, 1924 in den Reichstag gewählt, neben Ruth Fischer und Arkadi Maslow Mitglied des Politbüros und so weiter.

S: Ja, ja, ja. Die ganze Litanei. Sie langweilen mich.

E: Ihrem Bruder Gershom, der mit den Zionisten ging, gefiel das ganz und gar nicht. Und auch Walter Benjamin reagierte auf Ihre politische Tätigkeit sehr ungnädig, obwohl er damals selber mit dem Kommunismus sympathisierte.

S: So?

E: Er sprach von dem grauenhaften Eindruck, den die Reichstagsprotokolle, die ihm ab und zu in die Hände fielen, bei ihm erweckten. »Die Deutschen«, schrieb er, »haben nun glücklich der Hefe ihres Volkes vor Land und Ausland die Tribüne eingeräumt. Eine Soldateska auf der einen Seite und gegenüber Lausejungen wie der ›Abgeordnete Scholem‹, den ich kenne. Man muß schon ein großer Kabbalist sein, um sich von der brüderlichen Verwandtschaft mit diesem Subjekt zu reinigen.«

S: Benjamin war gescheit, aber ein reiner Bücherwurm. Und was meinen Bruder Gershom angeht, so haben wir uns schon als Siebzehnjährige bis aufs Blut über politische Fragen gestritten. Vermutlich habe auch ich ihn manchmal beschimpft. Das war zwischen uns so üblich. Aber wenn es darauf ankam, sind wir immer füreinander eingetreten. Das verstehen Sie wahrscheinlich nicht.

E: Doch. Ich habe selber Brüder, Herr Scholem. Aber zurück zu Ihrer politischen Karriere. Als Stalin seinen Kurs endgültig durchsetzte, gingen Sie in die ultralinke Opposition. Wie Ruth

Werner Scholem, etwa 1930

Fischer und Arkadi Maslow wurden Sie gnadenlos verleumdet und 1926 aus der Partei ausgeschlossen.

S: Hören Sie auf!

E: Aber *Sie* haben nicht aufgehört. Gab es nicht, als die Nazis ihre ersten Erfolge feierten, gewisse Versuche der Wiederannäherung an die KPD?

S: Natürlich gab es das. Wir sind damals alle zwischen die Mühlsteine geraten. Karl Korsch, wissen Sie überhaupt, wer das ist?

E: Der Lehrmeister der linken Opposition.

S: Ja. Der hat dazu geraten, nach dem Motto: »Wenn sie euch nehmen, tretet wieder in die Partei ein; ohne Organisation geht es nicht.« Ruth Fischer und Arkadi Maslow haben ihn beim Wort genommen und Aufnahmeanträge gestellt.

E: Sie konnten sich ein Leben außerhalb der Partei nicht vorstellen.

S: Ich schon.

E: 1929 haben Sie an Ihren Bruder Gershom geschrieben: »Entweder kommt die Revolution ... oder die Herrschaft der Barbarei.«

S: Ich habe ziemlich rasch eingesehen, daß es beim Oder bleiben würde. Deshalb habe ich meine Emigration vorbereitet.

E: Da war es bereits zu spät.

S: Am Tag nach dem Reichstagsbrand bin ich verhaftet worden. Ein paar Wochen später wurde das Hochverratsverfahren gegen mich eingeleitet.

E: Die Gerichtsakten haben sich erhalten. Vielleicht interessiert es Sie, was dort steht.

S: Vermutlich lauter Lügen.

E: Sie und Ihre Frau Emmy wurden beschuldigt, »fortgesetzt das hochverräterische Unternehmen, die Verfassung des Deutschen Reiches gewaltsam zu ändern, vorbereitet zu haben, wobei die Tat darauf gerichtet gewesen ist, die Reichswehr und die Polizei zur Erfüllung ihrer Pflicht untauglich zu machen, das deutsche Reich und seine Länder gegen Angriff auf den inneren oder äußeren Bestand zu schützen«.

S: Fabelhafte Prosa!

E: Die Beweise waren ziemlich spärlich. Zeugen wollen Sie in einem »kommunistischen Verkehrslokal« mit dem schönen Namen *Dreckige Schürze* angetroffen haben. Dort habe die Hansa-Zelle getagt, die angeblich die Reichswehr zersetzen wollte.

S: In der Kneipe. Mit der Hansa-Zelle war es nicht weit her. Deswegen soll ich verhaftet worden sein? Das war doch nur ein Vorwand!

E: Jedenfalls wurden Sie schon in der Nacht des Reichstagsbrandes abgeholt, aber dann wieder freigelassen.

S: Ja. Die Nazis waren wie besoffen von ihrem Sieg. Paraden und Pogrome, Chaos und Willkür, Angst und Routine, ein unbeschreibliches Durcheinander. So kam es, daß die Gestapo erst am 23. April an unsere Wohnungstür in der Klopstockstraße gehämmert hat. Sie glaubten wohl, daß ich mich längst ins Ausland abgesetzt hatte, und kamen, um meine Frau zu verhaften. Die Beamten wollten ihr weismachen, daß ich in den Reichstagsbrand verwickelt war. Man werde sie und die Kinder in Ruhe lassen, behaupteten sie, wenn Emmy bereit sei, mit der Gestapo zusammenzuarbeiten.

E: Sie waren im Schlafzimmer und sind herausgekommen, um Ihre Frau zu beschützen.

S: Man hat uns beide mitgenommen. Sie wurde im November freigelassen, ich blieb in Moabit. Zum Glück konnte Emmy mit den Kindern über Prag nach London fliehen, übrigens mit Hilfe und in Begleitung eines SA-Obergruppenführers, den sie kannte. Auch so etwas hat es damals gegeben. Dieser Herr Hackebeil hat sich dann offenbar in London sehr um sie gekümmert.

E: Emmy hat alles versucht, um Sie zu entlasten. Ich habe hier Kopien von den Briefen, die sie aus London an den Untersuchungsrichter geschrieben hat. Sie geht darin vor allem auf Ihre Beziehung zu Marie Luise von Hammerstein ein, die für den M-Apparat der KPD gearbeitet hat. Wußten Sie, daß man deshalb auch Sie der Spionage für die Komintern verdächtigt hat? Es wurde sogar die Vermutung laut, daß Sie Ihre Freundin Marie Luise dazu angestiftet hätten.

S: Was soll der Unsinn? Wollen Sie mich provozieren?

E: Im Gegenteil. Ich versuche, die ganze Geschichte aufzuklären, soweit das möglich ist. Wollen Sie hören, was Ihre Frau geschrieben hat?

S: Wenn es sein muß.

E: »Nach meiner Entlassung habe ich feststellen müssen, *weshalb* ich verhaftet worden bin und *weshalb* auch mein Mann verhaftet worden ist: weil gegen uns nichts anderes vorlag als eine Aussage der Tochter Marie Luise des Generals der Reichswehr, Freiherrn von Hammerstein-Equord, aus der hervorging, daß sie durch meinen Mann und mich mit der Kommunistischen Partei in Berührung gekommen sein wollte. Weil man uns, wahrscheinlich um den General und seine Tochter zu schonen, von der Aussage nichts sagen, uns aber trotzdem in Haft behalten wollte, wurden dann die erforderlichen ›Zeugen‹ gefunden.

Zur Sache Hammerstein selbst teile ich mit, daß dies nicht den geringsten Anlaß bietet, gegen meinen Mann und mich vorzugehen. Ich selbst habe bei meinen Aussagen die Tochter des Freiherrn von Hammerstein niemals erwähnt, um ihr keine Ungelegenheiten zu bereiten. Nachdem mir aber jetzt bekannt ist, daß sie Mitglied der Hansa-Zelle war, bitte ich Sie, sie als Zeugin zu vernehmen.

Als Ergänzung teile ich noch folgendes mit:

Mein Mann lernte in den Jahren 1927/28 als Student der Rechte Frl. Marie Luise von Hammerstein kennen, die ebenfalls damals in Berlin Jura studierte. Auf diese Weise machte auch ich ihre Bekanntschaft. Schon damals pflegte sie oft kommunistische Versammlungen zu besuchen. Sie hatte also dieses Interesse schon lange, bevor sie uns kennenlernte. Im Laufe des Jahres 1928 äußerte sie den Wunsch, Mitglied der KPD zu werden. Ich habe ihr davon abgeraten, aber sie ließ sich von ihrer Absicht nicht abbringen. Der persönliche Verkehr zwischen Frl. von Hammerstein und meinem Mann und mir hörte im Juli/August 1931 vollkommen auf.«

S: Stimmt alles. Gut gemacht!

E: »Seitdem haben wir beide mit ihr nichts mehr zu tun gehabt. Um diese Zeit war mein Mann schon längst aus der KPD ausgeschlossen, und meine Mitgliedschaft beschränkte sich darauf, daß ich meine Beiträge zahlte.

Mein Mann und ich waren aufs äußerste und höchst unangenehm überrascht, als die bekannten Veröffentlichungen von Dokumenten des Generals von Hammerstein erfolgten. Würde ein richtiges offenes Verfahren wegen dieses Dokumentendiebstahls eingeleitet, so würde sich sofort zeigen, daß wir damit nichts zu tun haben.«

S: Das war die einzig richtige Verteidigungslinie. Hat nur leider nichts genützt.

E: Immerhin ist es nie zu einem solchen Gerichtsverfahren gekommen. Können Sie sich das erklären? Eine solche

Spionageaffäre wäre den Nazis doch recht gelegen gekommen.

S: Das ist doch ganz einfach. Man wollte den General von Hammerstein aus politischen Gründen schützen. Zwar hatte er an Rückhalt in der Reichswehr verloren, aber es gab noch genügend einflußreiche Militärs, die ihn stützten. Hitler konnte sich zu diesem Zeitpunkt keinen Konflikt mit den obersten Chargen leisten. Ursprünglich haben mich die Nazis als Geisel ins KZ geschickt, um den General, falls er sich aus der Deckung wagen sollte, erpressen zu können. Später waren solche Begründungen nicht mehr nötig. Wegen der Geschichte mit der Hansa-Zelle mußte das Gericht mich aus Mangel an Beweisen freisprechen, aber mir war bald klar, daß sie mich nie wieder freilassen würden. Ich hatte noch nach 1938 die Chance, nach Shanghai auszuwandern, aber mein Antrag auf Freilassung wurde ohne Begründung abgelehnt. Vermutlich wissen Sie, wie es weiterging.

E: Sie dürfen nicht glauben, daß Sie vergessen sind, Herr Scholem. Die Nachwelt weiß sehr wohl Bescheid über das, was die Nazis Ihnen angetan haben, bis zum letzten Tag in Buchenwald, dem 17. Juli 1940. Der Name des SS-Wächters, der Sie erschossen hat, steht in den Akten.

S: Das wundert mich. Aber Sie werden verstehen, daß sich meine Genugtuung in Grenzen hält. Übrigens, wenn Sie sich schon für meine Biographie interessieren, dann wissen Sie, daß ich schon lange vor 1933, als Kommunist ohne Partei, längst alle Kontakte mit dem moskautreuen Apparat abgebrochen hatte. Noch im Konzentrationslager haben mich die stalinistischen Kapos als »Parteifeind und Renegat« verfolgt.

E: Vielleicht freut es Sie zu hören, daß Ihre Freundin Marie Luise überlebt hat.

S: Ich habe sie rechtzeitig gewarnt. Aber eigensinnig, wie sie war, hat sie sich von ihrem Glauben an die Partei nicht abbringen lassen. Ich weiß nicht, was die Gestapo ihr seinerzeit angehängt hat. Es könnte sogar sein, daß sie einer Verwechslung mit ihrer Schwester zum Opfer gefallen ist, wenn man das so nennen will. Wer das eigentliche Opfer war, brauche ich Ihnen wohl nicht zu sagen.

Ein geborener Nachrichtenmann

Klarer auf der Hand liegt der Fall Helgas, der jüngeren Schwester; denn im Gegensatz zu Scholem, bei dem das mit guten Gründen zu bezweifeln ist, war ihr Freund Leo Roth nachweislich spätestens seit 1930 ein Agent des illegalen M-Apparates der KPD. Im Kern war das ein Nachrichten- und Spionagedienst, der folgende Aufgaben hatte: Überprüfung der Parteimitglieder und Überwachung der Funktionäre, Beobachtung der SPD und der NSDAP, Zersetzungsversuche in der Reichswehr und der Polizei, Erkundung von Betriebsgeheimnissen, ferner Paßfälschung, Beschaffung von Waffen und illegalen Quartieren. Roth war vor allem für die sogenannten »Spitzenverbindungen« zuständig, das heißt, für Informanten aus Regierungs-, Militär- und Wirtschaftskreisen, dem diplomatischen Dienst und der Presse.

Umgekehrt gab er auch Material an Journalisten wie Margret Boveri und an ausländische Zeitungen weiter, sofern das der Parteiführung politisch opportun schien. Vom Mai bis zum Oktober 1931 nahm er an einem Kurs an der Militärschule der Kommunistischen Internationale in Moskau teil, die der Ausbildung von Kadern für bürgerkriegsähnliche Konflikte diente. Natürlich fehlte es auch nicht an der unvermeidlichen Indoktrination. Die Absolventen wurden mit dem Dialektischen und Historischen Materialismus sowie mit der offiziellen Parteigeschichte gequält.

Von seiner Rückkehr nach Deutschland an lebte Roth illegal. 1933 stieg er zu einem der wichtigsten Funktionäre im Geheimapparat auf. Er gebrauchte eine lange Reihe von konspirativen Kampf- oder Decknamen: Viktor, Ernst Hess, Rudi, Stefan, Berndt, Friedrich Kotzner, Albert.

Die Informationen, die er lieferte, gingen über die sowjetische Botschaft in Berlin oder durch eine eigene mobile Funkverbindung der Komintern, die auf einem Boot installiert war, an die Moskauer Zentrale.

Herbert Wehner, damals technischer Sekretär des Politbüros, arbeitete seit 1932 mit ihm zusammen. Er hat Roth in seinen *Notizen* aus dem Jahr 1946 als einen der fähigsten Organisatoren beschrieben, die er jemals kennengelernt habe:

»Er schaffte und unterhielt Verbindungen in einem Ausmaße, wie ich es vorher oder nachher von keinem anderen erreicht gefunden habe. Der Kippenberger-Apparat hatte ihn eingespannt, als er – der im Berliner Jugendverband zu der äußersten ›Linken‹ gehört hatte – vom Ausschluß aus der Organisation bedroht gewesen war. Seine ganze jugendliche Spannkraft, seinen enormen Drang zu revolutionärer Aktivität, seine außergewöhnliche Auffassungsgabe für politische Nuancen stellte er in den Dienst dieser Arbeit, in der er aufging. Es war offenbar sein Ehrgeiz, zu beweisen, daß er, den man wegen seiner politischen Auffassungen hatte ausschließen wollen, mehr zu leisten vermochte als die berufenen ›Politiker‹, deren schwache Seiten er in seiner neuen Arbeit besser als andere zu sehen bekam.

Die Alternative, die er für sich selbst zur parasitären Rolle dieser verkommenen Prahlhänse gewählt hatte, war die Rolle eines Menschen, der öffentlich nie genannt wurde, der aber durch die von ihm organisierten und unterhaltenen Verbindungen das befriedigende Gefühl gewann, derjenige zu sein, der ›eigentlich‹ alles vermochte. Viktor wollte der Partei dienen, und er meinte offenbar, daß er es auf seine Weise am besten tue. Er glaubte nicht an die Fähigkeit der ›Politiker‹, die im Vordergrund standen. Letzten Endes war er in seinen Ansichten über die offizielle Partei im Tiefsten ein vollständig desillusionierter Mensch, der auf allen Seiten Sumpf sah und keinen andern Ausweg wußte als den, sich durch Spitzenleistungen auf seinem Spezialgebiet über die triste Wirklichkeit zu erheben. Aber mit welcher Perspektive? Er glaubte, in seinem ›Apparat‹ kristallisiere sich die Elite der Revolutionäre heraus, die in der dafür gegebenen Situation als Kern einer Art von Militärorganisation wirken werde, genauer betrachtet: als ›die eigentliche Partei‹. Er wollte diese in seiner Vorstellung lebenden Entwicklungsmöglichkeiten nicht aufgeben; deshalb wehrte er sich gegen die wiederholten Versuche, ihn in den Dienst spezieller russischer Apparate zu übernehmen. Von diesen Apparaten wußte er wahrscheinlich mehr als andere; ihm graute vor dem Dasein eines vollständig entwurzelten Agenten.

Als ich mich von Viktor trennte, hatte ich den Eindruck, von einem Menschen Abschied zu nehmen, der für sich selbst nichts mehr erhoffte oder erwartete. Wir waren in den Jahren seit Ende 1932 oft zusammengekommen und hatten mancherlei gemeinsam zu tun gehabt. Unsere Ansichten standen mitunter hart gegeneinander, und von seiner Grundauffassung trennte mich fast alles. Aber ich hatte den Menschen als persönlich anständig und als ehrlichen, hilfsbereiten Kameraden kennengelernt, der sich überdies durch großen persönlichen Mut auszeichnete. Ich wußte, daß er und seine Frau (eine Tochter des Generals von Hammerstein-Equord, die ich ebenfalls kennengelernt und die uns in Berlin manchmal und zuverlässig geholfen hatte), die sich in Deutschland im Studium befand, schwer unter der Ungewißheit leiden mußten, der er entgegenging.«

Auch Luise Kraushaar, die Frau, die später in Moskau für die Komintern Funksprüche entziffert hat, ist in ihrer Berliner Zeit Leo Roth begegnet. In ihren unveröffentlichten Erinnerungen taucht ein berühmter Name auf, den man im Zusammenhang der Konspiration kaum erwartet.

»Das erste illegale Büro, in dem ich vom Frühjahr 1931 bis ungefähr Mitte 1933 arbeitete, befand sich in Berlin-Friedenau, in einer stillen, ruhigen Straße, die leicht zu überschauen war und wo uns jeder sich in der Straße lümmelnde Beobachter aufgefallen wäre. Ich arbeitete in einem Zimmer einer größeren Wohnung, die die Sekretärin von Albert Einstein mit ihrer Schwester bewohnte. Beide gingen täglich ihrer Arbeit nach, und ich war meist allein dort. Ich glaube, daß sie von dem illegalen Charakter meiner Arbeit wußten. Aber natürlich kannten sie das Wesen und den Inhalt dieser Arbeit nicht.

Wahrscheinlich hat Leo Roth diese ruhige Wohnung entdeckt und festgemacht. Auch er muß Schlüssel zu der Wohnung gehabt haben, denn hin und wieder war er ohne mich dort. Nach einem solchen Besuch lag einmal ein wunderschöner großer Apfel auf meinem Schreibmaschinentisch. Dazu ein paar Zeilen: ›*Bon appétit*, Viktor.‹

Leo Roth dürfte 1931 ca. 23 Jahre alt gewesen sein. Er war – trotz des großen Ernstes seiner Aufgaben – stets fröhlich,

optimistisch, von großer persönlicher Liebenswürdigkeit. Seine Freundin war die Tochter des Generals Hammerstein-Equord, ein hübsches Mädchen mit langen, blonden Locken, damals vielleicht 20 Jahre alt. Da sie uns interessante Notizen über Gespräche von Gästen in der elterlichen Wohnung übergab, traf ich mich hin und wieder allein mit ihr. Ich freute mich immer, wenn ich mit den beiden zusammentraf.«
Kippenbergers Frau Lore war von den beiden weniger angetan. Über Helga sagt sie: »Sie war ein unscheinbares, blasses, schmächtiges Mädchen, dem man die ›hohe‹ Herkunft nicht ansah. Nach der Röhm-Affäre fragte ich sie, als ich sie in Holland traf, ob sie um ihren Vater keine Angst gehabt habe. Sie antwortete, daß er ihr völlig gleichgültig sei.«
Leo Roth »war hübsch, hatte gute Figur, dunkle Augen, dunkles Haar«, doch mißfiel ihr, daß er gut gekleidet war und daß er sich, obwohl Jude, ziemlich ungeniert und frei in Deutschland bewegte. Sie hielt ihn für geschickt und wendig, aber auch für eingebildet. Das Urteil anderer Genossen, die mit Roth im geheimen M-Apparat der KPD zu tun hatten, fiel nicht viel günstiger aus. Seine Hauptaufgabe war es, als Spezialist für die sogenannten Spitzenverbindungen Informationen über die NSDAP, die Reichswehr, die bürgerlichen Parteien und die Wirtschaft zu sammeln. Zu diesen Kontakten, so Franz Feuchtwanger in seinen Erinnerungen, »zählten beispielsweise die legendären Töchter des Generals von Hammerstein. Alex [Kippenberger] behandelte ihn mit einer familiären, manchmal auch leicht spöttischen Herablassung; seinem Chef beflissentlich ergeben, begegnete Stefan [Leo Roth] seinen Kollegen mit einer ebenso arroganten wie geheimnisvollen Wichtigtuerei.« Einerseits galt er als »geborener Nachrichtenmann«, andererseits aber als eigenmächtig und hinter-

listig. »Neigung zum Kommandieren«, »Blender«, »unsaubere Geldgeschichten«, »Streber«, »Stich ins Dandyhafte«, »Typ des politischen Hochstaplers«, »sehr von sich eingenommen«, »unehrlich« und »politisch unzuverlässig« – so redeten die Genossen; er habe sich sehr dreist bewegt, liebe es, gut zu leben, habe nur Maßkleidung und teure Hüte getragen, sei stets mit hocheleganter, teurer Reiseausrüstung unterwegs gewesen und habe öfters große Urlaubsreisen unternommen. Außerdem soll er behauptet haben, daß er fließend arabisch spreche und mit Maschinengewehren auf vertrautem Fuß stehe ... und so weiter und so fort. Daraus, daß er sich, was sein Auftrag war, in »absolut bürgerlichen Kreisen« bewegte, wurde ihm bald ein Strick gedreht. Das alles steht in den Kaderakten, die in diesem Milieu immer akribisch geführt worden sind, auch in der Illegalität und im Exil, nicht zuletzt, weil sie jederzeit als Erpressungs- und Belastungsmaterial dienen konnten.

Alle derartigen Urteile sind natürlich mit größter Vorsicht zu betrachten; vermutlich sind sie, wenigstens zum Teil, unter Druck zustande gekommen; mancher hat sich in der Sitzung der Untersuchungskommission oder im Verhör auf diese Weise über seine Weggefährten geäußert, um den eigenen Hals zu retten.

Zwei sehr verschiedene Hochzeiten

Die Wohnung im Bendlerblock war den Hammerstein-Kindern lieb und teuer geworden, und der Abschied fiel ihnen schwer. Im März 1933 feierte die Familie dort noch einmal ein aufwendiges Fest – einen Monat nach Hitlers Machtergreifung. Fünf Tage zuvor hatte der Reichstag gebrannt, und nun schien es auf einmal, als hätte Marie Luise sich von ihren politischen Abenteuern verabschiedet.

Sie heiratete nämlich damals, genau fünf Tage, nachdem ihr früherer Geliebter Werner Scholem verhaftet worden war, Mogens von Harbou, den Sohn eines alten Weggefährten Hammersteins aus dem Generalstab des Ersten Weltkriegs. Sein Vater Bodo von Harbou war einer jener »drei Majore« gewesen, die in den ersten Tagen der Weimarer Republik so großen Einfluß hatten. Allerdings nahm er schon 1919 seinen Abschied. Er ging in die Industrie und wurde ein erfolgreicher, sehr wohlhabender Manager.

Es gibt eine bemerkenswerte Photographie von dieser Hochzeitsfeier in der Bendlerstraße 14. Die Szene ist aufgebaut wie auf einem vergleichbaren Bild aus dem Jahre 1907. Damals hat Kurt von Hammerstein Maria von Lüttwitz geheiratet, und so wie bei jenem Anlaß sind auch diesmal die Damen in heller Toilette und die Herren im Frack oder in Galauniform erschienen. Außer dem Militärbischof mit seiner prächtigen Ordensspange ist kaum ein Gast ohne Adelstitel zu sehen: elf Personen aus dem Hammerstein-, vier aus dem Lüttwitz-Clan und acht aus der Familie des Bräutigams. Auch Kurt von Schleicher, der ehemalige Reichskanzler und Taufpate der Braut, gehört, wie damals vor dem Ersten Weltkrieg, zu den Gästen. Nun ist er, in Begleitung seiner Ehefrau Elisabeth, der prominenteste Teilnehmer.

Und doch täuscht die Ähnlichkeit mit dem Photo aus der wilhelminischen Zeit. Ein Hauch von Melancholie liegt über der Szene, als ahnten die Anwesenden, daß die Welt, aus der sie kamen, dem Untergang nahe war. Nur Harbou, der, obwohl er bereits ein Jurastudium hinter sich hatte, noch recht jungenhaft aussieht, scheint sich zu amüsieren, während Marie Luise, die Braut, ernst und gefaßt, um nicht zu sagen umdüstert wirkt. Ihre Mutter lächelt tapfer, der Vater setzt eine stoische Miene auf und tröstet sich mit einer Zigarre. Franz und Kunrat, die kleinen Brüder, langweilen sich, und Helga, die längst in den Untergrund abgetaucht ist, blickt zu Boden, als wollte sie vermeiden, erkannt zu werden. Noch in der Nacht nach dem Reichstagsbrand hatte sie Klaus Gysi, dem späteren Kulturminister der DDR, ein sicheres Versteck verschafft, um ihn vor der drohenden Verhaftung zu retten. Das konspirative Verhalten war ihr bereits in Fleisch und Blut übergegangen.

Beim Hochzeitsmahl thronte übrigens ein geschnitzter Eisblock mit Kaviar, eine seltene Extravaganz, die vermutlich dem sowjetischen Volkskommissar Woroschilow zu verdanken war, auf der Mitte derselben Tafel, an der kurz zuvor Hitler sich den Generälen vorgestellt und seine Kriegspläne verkündet hatte.

Die Ehe, die da geschlossen wurde, stand unter keinem guten Stern. Obwohl Marie Luise bald schwanger war, überdauerte sie nur zwei Jahre. Harbou hatte mit dem Kommunismus nicht das Geringste im Sinn, während Marie Luise, obwohl sie sich von der Partei getrennt hatte, ihre Sympathien nicht verleugnen konnte. Im Frühjahr 1934 kam die Gestapo und nahm eine Haussuchung vor. Marie Luise wurde mehrere Tage lang verhört, wobei auch das Verfahren zur Sprache kam, das 1930 auf Intervention des Generals niedergeschlagen worden war. Dabei ging es wohl nicht zuletzt um Hitlers berüchtigte Rede vom Februar 1933. Sie wurde gefragt, ob sie mit jemandem darüber gesprochen habe. Das hat sie erfolgreich geleugnet, und man ließ sie in Ruhe.

Daß das alles der Grund für die »furchtbare Scheidungsgeschichte« war, glaubt in der Familie niemand. Es gab dafür nur private Gründe. Das erste Enkelkind der Hammersteins blieb nach der Trennung seiner Eltern bei den Harbous, deren Familiengeschichte später eine traurige Wendung nahm: Der Vater Bodo endete 1944 durch Selbstmord, und sein Sohn Mogens ist ihm zwei Jahre später gefolgt.

Marie Luise heiratete nach der Scheidung von Harbou 1937 ein zweites Mal, einen Herrn von Münchhausen, der Herrengosserstedt, ein Gut in der Nähe von Weimar, besaß und mit dem sie, der Familientradition getreu, drei weitere Kinder hatte. Politisch hielt sie sich in diesen Jahren bedeckt.

Wie ihre ältere Schwester Marie Luise schlug auch Maria Therese nach dem Ende der Weimarer Republik neue Wege ein. Schon auf dem Gymnasium in der Nürnberger Straße hatte sie viele jüdische Mitschüler kennengelernt. 1933 verliebte sie sich in einen jungen Medizinstudenten namens Werner Noble, genannt »Naphta«, den Sohn eines Rabbiners; sie wurde schwanger, wollte das Kind aber nicht behalten; Deutschland, sagte sie, sei in diesen Zeiten nicht der Ort, wo man ein Kind gebären sollte. Ihr Liebhaber mußte kurz danach nach Prag fliehen, wo sie ihn noch einmal traf; doch eine Heirat kam unter diesen Umständen nicht in Frage. Naphta ist dann über Straßburg in die USA ausgewandert. Nach dem Krieg haben sich die beiden wiedergesehen.

Im Oktober 1933 fuhr Maria Therese mit ihrem Motorrad zu einer Party im Hause des jungen Redakteurs und Rußlandkenners Klaus Mehnert an den Müggelsee. Dort begegnete sie Joachim Paasche, einem Jura-Studenten, der von ihrer »amazonenhaft urtümlichen Kraft« beeindruckt war. »Ich möchte emotional nicht von ihr abhängig werden«, soll er gesagt haben. »Sie ist einzigartig, und ich werde wahrscheinlich tief verletzt sein, wenn ich sie verliere. So ist es also besser, sich gar nicht erst an sie zu binden.«

Bald danach kam es zu einer Episode, die noch viel später merkwürdige Folgen zeitigen sollte. Im Januar 1934 bot General Reichenau, Chef des Ministeramtes im Reichswehrministerium, Maria Therese eine Sekretärinnenstellung bei General Kühlenthal, dem Militärattaché der deutschen Botschaft in Paris, an. Sie fuhr dorthin.

»Doch als ich am nächsten Morgen in meinem Hotel aufwachte, kam ein Anruf aus Berlin mit der Anweisung, sofort nach Berlin zurückzukehren. Es gab eine neue Vorschrift, die besagte, daß alle Bewerber durch die Gestapo überprüft werden mußten, bevor sie eine Stellung im Ausland antraten. Als ich am Anhalter Bahnhof eintraf, erwarteten mich dort meine Mutter und Joachim Paasche, der mir noch im Taxi einen Heiratsantrag machte. Am nächsten Tag wurde ich von einer Dienststelle im Wehrministerium vorgeladen, im gleichen Gebäude, das wir bewohnten. [Es handelte sich um die Abteilung Abwehr im Bendlerblock.] Zum ersten Mal in meinem Leben war ich dort einer Atmosphäre blanken Hasses ausgesetzt.«

Obwohl nur einer seiner Großväter Jude war, wurde Joachim Paasche auf Grund des Arierparagraphen vom Jurastudium ausgeschlossen. Er fühlte sich bedroht und machte sich große Sorgen um Maria Therese. Erst später sagte er: »Etwas Besseres hätte mir gar nicht passieren können«; denn seine wahre Leidenschaft gehörte der japanischen Kultur; er schrieb sich am Ostasiatischen Institut ein, lernte die Sprache und vertiefte sich in den Buddhismus.

Joachim und Maria Therese beschlossen zu heiraten. Ironischerweise hoffte jeder von ihnen, den anderen durch diese Entscheidung vor den Gefahren zu schützen, denen sie ausgesetzt waren. Auf dem Standesamt verweigerte Maria Therese den vorgeschriebenen Hitlergruß, den Paasche, der glaubte, eine solche Geste nicht riskieren zu können, widerwillig entbot. Bei der Hochzeitsfeier, die im März 1934, also nach Hammersteins Abschied, »im kleinsten Kreis« stattfand, ging es sehr bescheiden zu. Sie wurde in einer russischen Emigrantenwohnung in der Keithstraße gefeiert. Um jedes Aufsehen zu vermeiden, waren nicht nur der Brautvater, sondern auch die Geschwister dem Fest ferngeblieben. Klaus Mehnert war einer der Trauzeugen. Die Brautmutter brachte die Mahlzeit mit: keinen Kaviar diesmal, sondern »einen Eimer Forellen in Gelatine«, was der Bräutigam als gutes Omen deutete. Auf die Frage, was sie sich als Hochzeitsgeschenk wünsche, antwortete Maria Therese: »Einen großen Koffer.«

Der Jurist Carl Schmitt, der sie kannte, weil er im Umkreis Schleichers verkehrte, hatte sie vor dieser Heirat gewarnt. Paasches Vater Hans war nämlich ein halbjüdischer Marineoffizier gewesen, der im Ersten Weltkrieg zum Pazifisten, zum Vegetarier und zum Feministen wurde. Im Mai 1920 umzingelte eine sechzig Mann starke Freikorps-Bande sein Gut Waldfrieden in der Neumark und ermordete ihn beim Baden im See. Sie trugen seine Leiche ins Haus, und Joachim und seine Geschwister hörten sie singen: »Hakenkreuz am Stahlhelm, schwarz-rotes Band, / die Brigade Ehrhardt werden wir genannt.« (Die Mörder sind nie zur Rechenschaft gezogen worden.)

Natürlich hörte Maria Therese nicht auf Schmitts Ratschläge. Sie hat ihren Schwiegervater immer verehrt.

Durch ihre Schulfreundin Wera Lewin hatte Maria Therese schon lange vor ihrer Heirat Menschen aus Palästina kennengelernt, die darauf erpicht waren, junge Juden für den Zionismus zu gewinnen und auf harte körperliche Arbeit vorzubereiten. »Das brachte mich auf die Idee, mein Studium zu unterbrechen und als Lehrling bei einem Gärtner zu arbeiten. Dann arbeitete ich eine Weile in einem Institut für Lebensmittelforschung. Dort saß ich dann in einem Kartoffelfeld mit einem Mikroskop und zählte Chromosomen.« Ihrem Vater gefiel das nicht; er riet ihr dringend, »nicht zu verbauern«.

»Ich kann nicht erklären«, sagt ihr Sohn Gottfried, »was meine Mutter und auch ihre Schwester Helga zu den Juden zog. Wahrscheinlich faszinierte die Mädchen die alternative, hochintellektuelle Gesellschaft, die sie bei ihnen fanden. Die meisten ihrer Freunde und Professoren waren Juden. Die aristokratische Selbstsicherheit derer von Hammerstein veranlaßte die Mädchen, nie nach einer guten Partie zu trachten.«

Ihr Vater nutzte nach 1933 seine Stellung, um gefährdete Leute vor dem Zugriff der Gestapo zu schützen. Gottfried Paasche weiß zu berichten, daß Hammerstein sich Geheimdienstberichte besorgt hat, um herauszufinden, wer festgenommen werden sollte. Seine Kinder setzte er als Boten ein, um die Gefährdeten zu warnen. »Beim Frühstück war es seine Gewohnheit, Namen zu nennen, und die Kinder, die sich bei den Bohemiens und in akademischen Kreisen auskannten, wußten, was sie zu tun hatten.« Maria Therese brachte einige von ihnen mit ihrem Motorrad nach Prag. Einmal warnte sie den berühmten Architekten Bruno Taut, den die Nazis als »Kulturbolschewisten« betrachteten. Er verließ Deutschland noch in derselben Nacht, ging zunächst in die Schweiz und arbeitete später in Japan und in der Türkei.

Das jungverheiratete Paar beschloß zu emigrieren. Ein abenteuerliches Leben im Exil war ihnen beschieden. Maria Therese hatte für die kommunistischen Ideen ihrer Schwestern

Eugen Ott, ca. 1933

wenig übrig. Sie interessierte sich für den Zionismus, und sie schlug ihrem Mann vor, nach Palästina auszuwandern. Im Oktober 1934 trafen sie im Kibbuz Givat Brenner ein, das zwischen Tel Aviv und der Hafenstadt Ashdod lag. Die Ankunft einer deutschen Generalstochter erregte im zionistischen Milieu ein gewisses Aufsehen. Maria Therese gefiel die Pionierarbeit; sie wäre wohl gern geblieben. Doch ihr Mann schätzte die Landwirtschaft nicht; außerdem fürchtete er die Konflikte zwischen Juden, Arabern und englischer Mandatsregierung. Auf dem Kibbuz gab es bereits damals Wachtürme zum Schutz vor arabischen Eindringlingen. Ihre Freunde rieten den Paasches, nach Hause zu fahren; sie dachten, die beiden könnten ihrer Sache in Deutschland nützlicher sein. Das war natürlich eine fatale Fehleinschätzung. Schon nach ein paar Monaten gab eine Typhus-Epidemie den Ausschlag, und die beiden kehrten nach Berlin zurück. Der Abschied von ihrer Freundin Wera Lewin, die nach Jerusalem emigriert war, fiel Maria Therese besonders schwer; die beiden sind sich erst im Jahre 1971 wieder begegnet.

Bald danach wurde Maria Therese, die schwanger war, von der Gestapo verhört. »Ich konnte die vorsichtigen Leute in meiner Umgebung nicht verstehen, die immer versuchten, sich durchzumogeln, ohne das geringste Risiko einzugehen«, sagt sie. »Ich wollte nicht, daß mein Kind in Nazi-Deutschland geboren wurde.« Die beiden flohen Ende 1935 nach Japan. Beim Abschied von ihrem Vater glaubte sie an eine Rückkehr in zwei Jahren; sie sollte ihn nie wiedersehen.

Hammerstein gab seinem Schwiegersohn eine Visitenkarte mit, adressiert an seinen Freund Eugen Ott, dessen politische Karriere nach Hitlers Machtergreifung ein abruptes Ende genommen hatte. Die beiden kannten sich schon seit ihrer

Maria Therese mit Joan und Gottfried 1940

Tätigkeit im Generalstab des Ersten Weltkriegs. Ott hat noch 1932 als enger Vertrauter Schleichers Pläne für einen Staatsstreich ausgearbeitet, die nie verwirklicht wurden. »Den Ott«, sagte Hammerstein, »habe ich gerettet und ihn ganz weit weg versetzen lassen, nämlich nach Tokio als Militärattaché.« Dort hat der Generalmajor a. D., vor allem, nachdem er 1938 zum Botschafter ernannt worden war, seine schützende Hand über die Paasches gehalten. Das war auch bitter nötig; schließlich war Japan mit dem nationalsozialistischen Deutschland verbündet. »Nach zwei Jahren hätten wir das Land lieber wieder verlassen, wenn das möglich gewesen wäre. Wir hatten das Gefühl, daß wir die Japaner nie verstehen würden, und sie uns auch nicht«, schreibt Maria Therese. Die Japaner begegneten allen Ausländern mit großem Mißtrauen, und die deutsche Kolonie, die weit überwiegend zu Hitler hielt, wollte nichts mit den Paasches zu tun haben. Die Familie lebte in großer Armut. Maria Therese hatte vier Kinder zu versorgen. »Ich mußte waschen, kochen und putzen wie eine Sklavin.« Obwohl sie vieles an der japanischen Kultur zu schätzen wußte, hätte sie das Land am liebsten verlassen. »Schon meiner Kinder wegen ginge ich am liebsten nach Amerika. Sie haben jahrelang Not und Elend durchgemacht, und ich würde ihnen gern ein anderes Leben bieten.« Daran war natürlich vor dem Ende des Krieges nicht zu denken.

Was Eugen Ott angeht, der 1938 Botschafter wurde, so berichtet Ruth von Mayenburg, die ihn im Hause Hammersteins kennenlernte, daß er zum unfreiwilligen Informanten des Dr. Richard Sorge wurde. Dieser Meisterspion arbeitete, ebenso wie Ruth von Mayenburg, für die Vierte Abteilung im Generalstab der Roten Armee. Der blendende Charmeur und versierte Nachrichtenmann soll bald zum Intimus des deutschen

Botschafters geworden sein; die Familie nannte ihn nur »Onkel Richard«, und er hatte Zugang zu allen Räumen der Botschaft und der Residenz. Er hat sogar eine Liebschaft mit Otts Frau Helma angefangen. Man weiß, mit was für brisanten Informationen er seine Moskauer Auftraggeber versorgte, nicht nur über die Aufrüstung Deutschlands, sondern auch über den bevorstehenden Angriff auf die Sowjetunion. Einmal, bei einer Geburtstagsfeier in Otts Wohnung, saß das Ehepaar Paasche neben Sorge, der die beiden sehr beeindruckte.

Ruth von Mayenburg ist nicht die einzige, die meint, Eugen Ott habe es an der gebotenen Vorsicht im Umgang mit Dienstgeheimnissen gemangelt. Auch in Berlin dachte man so; er wurde 1942 abberufen und lebte als Privatmann bis zum Kriegsende in Peking.

Die Paasches jedenfalls haben mit seiner Hilfe die Kriegsjahre in Japan überstanden. Erst 1948 konnten sie das Land verlassen.

Ein preußischer Lebensstil

Nach seinem Abschied zog Hammerstein mit seiner Familie nach Dahlem, in eine Beamtensiedlung, die damals noch von Kornfeldern umgeben war: Breisacherstraße 19, Ecke Hüninger Straße. (Das Haus steht heute noch, und in den achtziger Jahren wurde dort eine Gedenktafel für den General angebracht.) Ein Gut in Steinhorst bei Celle, das einem Vetter gehörte, nämlich Wilhelm von Hammerstein-Loxten, war für ihn und seine Nachkommen schon in den zwanziger Jahren zum familiären Treffpunkt geworden. Fortan diente es als Zufluchtsort vor den Zumutungen des Regimes.

Ein sparsamer Lebensstil war die Regel. Geld war immer knapp.

»Im vorigen Jahrhundert«, schrieb seine Tochter Helga, »zog sich ein Grandseigneur, wenn er nicht mehr mitmachen wollte, auf seine Güter zurück, und dort hatte er sein Auskommen. Papus war ein Grandseigneur, aber ohne Geld. Im März 1933 mußte ich mit ihm über meine Studienfinanzierung sprechen. ›Im Augenblick‹, sagte er, ›kann ich dir das Studium bezahlen, aber sobald ich hier weg bin, wird es nicht mehr gehen.‹ Nach seinem Abschied habe ich dann gearbeitet und bin selbst dafür aufgekommen. Seine Pension war nicht sehr reichlich, und er mußte auf vieles verzichten. Es wurden ihm genug Tätigkeiten in der Industrie angeboten; aber er hätte überall politische Konzessionen machen müssen, und das wollte er nicht. So war er gewissermaßen eingesperrt in unser Haus mit dem ganzen Krach der großen Familie und Amas [der Mutter] genialer Unordnung. Das muß schwer für ihn gewesen sein. Und natürlich gab es auch dauernd Reibereien. Ich erinnere mich an einen Spaziergang mit ihm, wo ich, vielleicht zweiundzwanzig- oder dreiundzwanzigjährig, versuchte, ihm in Bezug auf Ama gut zuzureden. Da war er wahnsinnig bitter, und ich war erschrocken, daß ich gar nichts erreichte. Mir wurde klar, daß er in einer schrecklichen Situation war, die er aber im allgemeinen mit Großzügigkeit und Ruhe meisterte. In dieser Zeit waren die Jagdeinladungen die einzige Möglichkeit, wegzukommen. Sonstige Reisen konnte er sich nicht leisten.«

Im Haus der Hammersteins trafen sich Leute des Widerstandes wie Ludwig Beck und Carl Goerdeler. Martin Niemöller stand ganz in der Nähe, bis zu seiner Verhaftung im Jahre 1937, als ihm Helmut Gollwitzer nachfolgte, der Dahlemer evangelischen Gemeinde vor; die drei jüngsten Kinder, Ludwig, Franz und Hildur, wurden dort konfirmiert. Sie waren mehr oder weniger in die politischen Überlegungen eingeweiht; es war ihnen klar, daß nichts von dem, was daheim gesprochen wurde, nach außen dringen durfte.

Das Massaker

Innerhalb eines Jahres, vom Januar 1933 bis zum Frühjahr 1934, war die SA, ursprünglich eine Privatarmee der NSDAP, auf vier Millionen Mitglieder angeschwollen. Ernst Röhm, ihr Stabschef, ein ehemaliger Hauptmann aus Bayern, Duzfreund Hitlers, forderte eine »zweite Revolution« und wollte die zahlenmäßig viel kleinere Reichswehr in der »braunen Flut« untergehen lassen; die Generalität sollte ausgeschaltet und durch Kader der SA ersetzt werden.

Röhm sah sich und seine Leute von Hitler verraten. In seinen *Gesprächen mit Hitler* hat Hermann Rauschning die empörten Tiraden aufgezeichnet, in denen er sich erging: »Adolf ist gemein, er verrät uns alle. Er geht nur noch mit Reaktionären um. Seine alten Genossen sind ihm zu schlecht. Da holt er sich diese ostpreußischen Generäle heran. Das sind jetzt seine Vertrauten... Was ich will, weiß Adolf genau. Ich habe es ihm oft genug gesagt. Keinen zweiten Aufguß der kaiserlichen Armee. Sind wir eine Revolution oder nicht? Wenn wir das nicht sind, gehen wir vor die Hunde. Da muß etwas Neues her... Ich soll mich mit dieser Hammelherde von alten Kriegsvereinlern herumschleppen... Ich bin der Scharnhorst der neuen Armee.«

Röhm organisierte große Aufmärsche seiner Truppen und rüstete sie mit schweren Infanteriewaffen aus. Die Spannungen zwischen Reichswehr und SA nahmen zu; es kam zu Übergriffen gegen Offiziere. Der Wehrminister warnte Hitler, daß die Armee ihr Waffenmonopol verteidigen würde; er müsse mit einem Bürgerkrieg rechnen, wenn er Röhm gewähren ließe. Hindenburg würde dann den Ausnahmezustand verhängen und die Exekutive der Reichswehr übertragen. Das hätte die Entmachtung Hitlers bedeutet. Zudem gab es Gerüchte, denen zufolge Röhm mit dem General von Schleicher konspiriere, der den Verlust seiner Position nie verschmerzt habe. Daran war freilich kein wahres Wort.

Vom 30. Juni bis zum 2. Juli ließ Hitler Röhm und fast die gesamte Führung der SA durch Einheiten der SS umbringen. Die genaue Zahl der Opfer ist bis heute nicht bekannt; in drei Tagen sollen aber mindestens zweihundert Menschen getötet worden sein.

Die Reaktionen im Ausland waren verheerend. Auch vielen Deutschen hat dieses Massaker die Augen geöffnet, nicht jedoch dem Reichsfachgruppenleiter Dr. Carl Schmitt; sein Aufsatz in der *Deutschen Juristen-Zeitung* trug den Titel »Der Führer schützt das Recht«. Er schrieb: »In Wahrheit war die Tat des Führers echte Gerichtsbarkeit. Sie untersteht nicht der Justiz, sondern war selbst höchste Justiz.«

Eine Abrechnung ganz anderer Art

Hitler und Himmler nutzten den sogenannten Röhm-Putsch aber auch, um alte Rechnungen zu begleichen. Sie ließen am 30. Juni den letzten Reichskanzler der Weimarer Republik,

Kurt von Schleicher, und dessen Ehefrau Elisabeth durch ein SS-Kommando erschießen; zwei Tage später folgte ihm Schleichers Abwehrchef und Stellvertreter, der Generalmajor Ferdinand von Bredow, der von Leuten der Leibstandarte Adolf Hitler in Lichterfelde ermordet wurde. Papen wurde nur auf ausdrücklichen Wunsch von Hindenburg verschont und in den Auswärtigen Dienst abgeschoben. Was Erwin Planck angeht, so hat man ihn später wissen lassen, er sei »nur vergessen worden«.

Nach der Machtergreifung hatten sich die Schleichers aus der Hauptstadt zurückgezogen. Noch im Februar 1934 versuchte Eugen Ott von Tokio aus, ihn zur Flucht nach Japan zu bewegen. Das lehnte Schleicher ab; er wollte nicht freiwillig emigrieren. Er zog in eine Villa am Griebnitzsee, die ihm Otto Wolff, ein Freund aus der Schwerindustrie, eingerichtet hatte, ein Haus, das übrigens in unmittelbarer Nachbarschaft des Wohnsitzes von Konrad Adenauer lag. »Schleicher«, erzählt Ludwig von Hammerstein, »war auch nach der Machtübernahme Hitlers noch oft bei uns zu Hause, und wir haben ihn in Babelsberg besucht. Er machte Witze über Hitler und hielt mit seiner Meinung nicht zurück. Er verkehrte auch noch mit ausländischen Botschaftern, vor allem mit François-Poncet.« Auch in einem Agentenbericht aus dem Reichswehrministerium, der für Moskau bestimmt war, heißt es, Schleicher, besonders aber seine Frau, habe bei Gesellschaften in Babelsberg immer in sehr unvorsichtiger Form gegen das Regime gesprochen; sie seien oft gewarnt worden, jedoch ohne Erfolg. Man habe besonders einen Diener, der noch nicht lange im Hause war, als Nazispitzel im Verdacht gehabt.

Was dort am 30. Juni geschah, schildert Schleichers Haushälterin Marie Güntel so: »Im Zimmer waren anwesend Herr

General, der am Schreibtisch saß, und Frau v. Schleicher, die mit einer Handarbeit neben dem Schreibtisch im Sessel saß. Die Klingel der Gartentür läutete in diesem Augenblick auffallend laut und stürmisch. Es erschienen 5 Männer, von denen einer auch fragte, wo Herr General sei. Dieser Mann war schätzungsweise 30 Jahre alt und trug einen dunklen Anzug. Die anderen Männer erschienen mir erheblich jünger, sie trugen sämtlich hellere Zivilanzüge. Ich antwortete erst, Herr General sei nicht zu Hause, dann, er sei spazierengegangen. Darauf drang der Mann im dunklen Anzug an mir vorbei und fuhr mich mit derber Stimme an, ich solle ihn nicht belügen, sondern sofort die Wahrheit sagen, wo Herr General sei. In diesem Augenblick hielten alle 5 Männer die eine Hand auf dem Rücken, daß sie hierbei bereits Revolver in der Hand hielten, konnte ich wenige Sekunden später feststellen. Als ich nun merkte, daß ich das weitere Eindringen der Männer ins Innere des Hauses doch nicht verhindern konnte, sagte ich: ›Ich werde mal nachsehen.‹

Bevor ich noch etwas sagen konnte, hörte ich unmittelbar hinter mir eine Stimme: ›Sind Sie der General?‹ Herr General drehte sich, immer noch am Schreibtisch sitzend, halb rechts nach hinten um und sagte: ›Jawohl.‹ In diesem Bruchteil der Sekunde fielen fast gleichzeitig 3 Schüsse. Ich weiß mit größter Bestimmtheit, daß Herr General, bevor die Schüsse fielen, außer der Halbdrehung mit dem Oberkörper keinerlei weitere Bewegung gemacht hat, insbesondere auch nicht etwa mit einer Hand nach der Tasche, nach dem Schreibtisch oder sonstwohin gegriffen hat. Von einer irgendwie gearteten Abwehr des Generals war nie die Rede. Bei allem stand ich mitten im Zimmer. Im Augenblick der Schüsse saß Frau v. Schleicher noch ebenso ruhig wie ihr Mann neben dem Schreibtisch.

Während ich zu Tode entsetzt schreiend aus dem Zimmer stürzte, hörte ich auch Frau v. Schleicher schreien und hörte weitere Schüsse fallen.«

Marie Güntel hat ihre Aussage zwei Tage danach vor einem Notar gemacht. Den Tod ihres Herrn konnte sie, wie sie sagte, nicht verwinden. Im Juli 1935 nahm sie sich im Heiligen See bei Potsdam das Leben.

Die neue Führung der Reichswehr sah Hitlers offenen Bruch mit der Legalität zunächst nicht ungern, weil sie Röhm und seine Bande als plebejische Konkurrenz betrachtete. Es ist jedoch bemerkenswert, daß die meisten Generäle auch die Ermordung ihres früheren Wehrministers widerspruchslos hinnahmen. Damit machten sie sich zu Komplizen des Massakers. Sie begriffen nicht, daß ihnen in der eigentlichen Gewinnerin dieser Junitage, der SS, eine weit gefährlichere Rivalin erwachsen war. Erwin Planck sagte damals zu Hammersteins Nachfolger als Chef der Heeresleitung, Werner von Fritsch: »Wenn Sie tatenlos zusehen, werden Sie früher oder später das gleiche Schicksal erleiden.«

In dem bereits zitierten Agentenbericht heißt es: »Herren aus dem Wehrministerium sagen, daß der Zeitpunkt zum Eingreifen der Reichswehr wieder einmal verpaßt sei. Am Montag, dem 2. Juli hätte der Ausnahmezustand ausgerufen werden müssen. Gleichzeitig oder spätestens am Dienstag bei der Kabinettsitzung hätten die Minister Neurath, Blomberg, Papen, Seldte Widerstand leisten *müssen.* Sie hätten die Vorgänge *nicht* gutheißen *dürfen,* anstatt dessen seien alle in Todesangst um ihr Leben zu Kreuze gekrochen. In der Bourgeoisie herrscht allgemein ein Zustand der Lähmung, des fatalistischen Abwartens, jeder flüstert voller Angst, sich zu exponieren, dem andern ins Ohr, alle fühlen, daß ›noch etwas nachkommt‹.«

In der Wirtschaft mache man sich Sorgen wegen der zunehmenden Verschuldung und der Rohstoffkrise. Was werde geschehen, wenn keine Arbeit mehr vorhanden sei, aber dennoch niemand entlassen werden dürfe? »Dann kommt Mord und Totschlag.« Man ziehe Parallelen zu Rußland: der Nationalsozialismus entwickle sich zum deutschen Bolschewismus. Was geschehe in diesem Falle mit der Reichswehr? Ein anderer Ausweg sei der Krieg, aber dieser bedeute ein Aufhören der Existenz Deutschlands. Soviel zu den Sorgenfalten des Kapitals.

Auch über Kurt von Hammersteins Rolle hat sich der anonyme Berichterstatter geäußert. Er sei in diesen Tagen Mittelpunkt der Berliner Offizierskreise gewesen; Kameraden aus dem Ministerium hätten ihn beschützt, da man jeden Augenblick seine Verhaftung befürchtet habe.

Fest steht, daß in einer Denkschrift, die oppositionelle Kreise des Militärs im Juli 1934 an Hindenburg gerichtet haben, vorgeschlagen wurde, die Regierung Hitler durch ein von Hindenburg geführtes Direktorium zu ersetzen. Auch in diesem Dokument taucht der Name Kurt von Hammerstein auf; er war angeblich als Reichswehrminister vorgesehen.

Gedruckt wurde das sogenannte Blaubuch, das nur wenige Seiten umfaßt, im Herbst 1934 unter dem Titel *Englische Grammatik* mit der fiktiven Verlagsangabe Leipzig. Diese Tarnschrift enthielt auch, in verkleinerter Form und auf speziellem Papier, ein *Weißbuch über die Erschießungen des 30. Juni*. Ungenannter Herausgeber war die illegale KPD. Das Original war zuvor in Münzenbergs Pariser Verlag erschienen.

Für Hammerstein war die Erschießung seines alten Freundes, dem er ungeachtet aller politischen Differenzen stets die Treue gehalten hatte, und seines Mitarbeiters Ferdinand von

Bredow mehr, als er ertragen konnte. »Mich alten Soldaten«, sagte er, »haben diese Leute zum Antimilitaristen gemacht.« Als einziger General ging er – entgegen einem ausdrücklichen Befehl von seiten seines nominellen Vorgesetzten Werner von Blomberg – zu Schleichers Beerdigung auf den Parkfriedhof in Berlin-Lichterfelde, begleitet von seiner Frau und seiner Tochter Maria Therese, die ein Patenkind Schleichers und ihm sehr zugetan war. Angesichts des Terrors war dies eine überaus riskante Geste. Auch Erwin Planck war erschienen, mit dem Hammerstein bis zu seinem Tod eng verbunden geblieben ist.

Allerdings warteten die wenigen Trauergäste vergeblich auf die Särge. Die Gestapo hatte, um alle Mordspuren zu verwischen, die Leichen verbrennen lassen. Erst nach dem Scheinbegräbnis wurden den Angehörigen die Urnen mit der Asche der Toten übergeben.

Im Abseits (I)

Nach seinem Abschied lebte Hammerstein scheinbar völlig zurückgezogen und enthielt sich nach außen hin jeder politischen Stellungnahme. Jacob Wuest, der amerikanische Militärattaché, berichtet im April 1934, kurz vor der Ermordung Schleichers, nach Washington, daß der General mit seiner Familie eine bescheidene Wohnung in Dahlem bezogen habe.

»Er führt jedoch ein sehr aktives Leben und ist vielleicht tätiger als zuvor in der Reichswehr, wo er dafür bekannt war, daß er den Dienst eher auf die leichte Schulter nahm. Er steht nach wie vor Schleicher und von Alvensleben nahe, der früher als Vorsitzender des Herrenclubs in der deutschen Politik die

Fäden zog. Wie Schleicher hegt Hammerstein eine gewisse Vorliebe für Rußland, das er gut kennt; er stand auf gutem Fuß mit Chintschuk, dem sowjetischen Botschafter in Berlin, der soeben seines Postens enthoben wurde.

Die Treffen im Hause Hammerstein setzen sich aus verschiedenen Kreisen zusammen. Derzeit ist ein Abend geplant, der Industrielle und andere Experten zusammenführen soll, um, wie es heißt, ›die politische Situation zu erörtern‹. Vor drei Tagen fand eine private Begegnung mit drei englischen Generälen statt, von denen nur einer deutsch sprach, und Mitte April stattete der deutsche Militärattaché in Paris, General von Kühlenthal, Hammerstein einen verschwiegenen Besuch ab.

In den letzten Wochen hatte ich den Vorzug, ihn und seine Familie öfter aufzusuchen, aus ganz informellen Anlässen: einer Autotour, einem Picknick, einem Badeausflug, einer Einladung zum Tee oder einem Abendessen mit der Familie.

Unter den in Deutschland vorherrschenden Umständen scheint es mir, daß der General von Hammerstein sich auf ein riskantes, um nicht zu sagen gefährliches Spiel eingelassen hat, von dem ich glaube, daß es mit der Möglichkeit einer politischen Krise in der labilen Lage des Landes zu tun hat.«

Eine postume Unterhaltung mit Ruth von Mayenburg (II)

E: Störe ich?

M: Aber nein. Sie amüsieren mich mit Ihrem Eifer. Offenbar haben Sie Gefallen an meinem Tee gefunden.

E: Gewiß, aber das führt mich nicht her. Ich habe mich, wenn Sie so wollen, auf Ihren Freund Hammerstein kapriziert.

Sie haben ihn doch nach seinem Ausscheiden aus dem Amt mehrmals getroffen. Damals waren Sie, glaube ich, schon eine überzeugte Kommunistin.

M: Natürlich.

E: Immerhin eine ziemlich ungewöhnliche Wahl für jemanden, der wie Sie aus einer adligen Familie stammt.

M: Da war ich nicht die einzige. Denken Sie doch nur an die beiden Töchter des Generals! Übrigens fällt es unsereinem vielleicht leichter als der Bourgeoisie, sich mit der Arbeiterschaft zu verständigen. Ich lebte damals in Wien. Dort habe ich meinen Mann Ernst Fischer kennengelernt; wir haben 1932 geheiratet. Sie wissen wahrscheinlich nicht, daß es zwei Jahre später einen Arbeiteraufstand gab.

E: Doch. Dollfuß, Schutzbund gegen Heimwehr, Militär und Polizei.

M: 1600 Tote und Verletzte. Ich habe mit Ernst zusammen daran teilgenommen.

E: Eine gefährliche Sache.

M: Ja. Unser Freund Elias Canetti hat uns nach der Niederschlagung des Aufstandes Unterschlupf gewährt.

E: Damals haben Sie sich der Kommunistischen Partei Österreichs angeschlossen.

M: Was denn sonst!

E: Und Ihre Familie, was hat die zu alldem gesagt?

M: Ach, die Familie! Sie hatte natürlich Angst. Ich war in ihren Augen eine Geächtete. Wir mußten ins Ausland fliehen. Ich ging mit meinem Mann zuerst nach Prag und dann nach Moskau.

E: Sie sollen unter den Decknamen Lena und Ruth Wieden als Kurier und als Agentin für die Komintern gearbeitet haben.

Ruth von Mayenburg.
Portrait von Rudolf Hausner, 1951

M: O nein. Ich habe eine viel spannendere Wahl getroffen. Ich gehörte der Vierten Abteilung im Generalstab der Roten Armee an.

E: Spionage also.

M: Dieses häßliche Wort existierte nicht in unserem Vokabular. Ich sah mich als Botschafterin, meinetwegen auch als Kundschafterin. Als verlängerten Arm der Roten Armee, in der ich es bis zum Major gebracht habe.

E: Aber gnädige Frau, wie haben Sie das nur mit Ihrem Lebensstil vereinbaren können? Immer die besten Hotels, das Champagnerfrühstück, die Wagon-Lits, die Jagdpartien, das Jeu, die guten Adressen im Berliner Westen, das elegante gelbe Frühlingskostüm im Koffer... Hier ein Rout in der ungarischen Botschaft, dort ein Ausflug mit dem silbernen Steyr-Kabriolett oder mit der Tatra-Limousine; und dann der Wappenring...

M: ... mit der Zyankali-Kapsel unter dem Golddeckel. Lassen Sie es gut sein!

E: Und gleichzeitig die Arbeiterkneipen, die verräucherten Hinterzimmer in konspirativen Wohnungen.

M (lacht): Diese Doppelexistenz war bitter nötig, und außerdem hat sie mir großen Spaß gemacht. Sie glauben gar nicht, wie mir das mondäne Auftreten, über das Sie sich lustig machen, bei meiner Arbeit geholfen hat. Es verschaffte mir Zugang zu Kreisen, die für die Genossen gänzlich unerreichbar waren. Außerdem wirkte dieses Air wie eine Tarnkappe! Die Nazis und ihre Helfershelfer waren doch meist sehr, sehr kleine Leute, voller Minderwertigkeitskomplexe.

E: Und in Ihrer Eigenschaft als Majorin des Nachrichtendienstes haben Sie dann Hammerstein wieder aufgesucht.

M: Gleich bei meinem ersten Besuch in Berlin.

E: Dachten Sie im Ernst, er wäre bereit, Beziehungen zur Roten Armee aufzunehmen?

M: Warum nicht? Das wäre für ihn ja wahrhaftig nichts Neues gewesen. Oft genug hat er mir von seinen sowjetischen Expeditionen erzählt. Er hatte nichts gegen die Russen. Das Problem war nur, daß solche Kontakte ihn jetzt den Kopf kosten konnten. Ohnehin grenzte es an ein Wunder, daß Hammerstein das Gemetzel vom 30. Juni überlebt hatte. In Moskau, als wir die ersten Nachrichten darüber erhielten, habe ich sofort an ihn gedacht. Ja, ich habe mir wirklich große Sorgen um ihn gemacht, das können Sie mir glauben.

E: Sie nannten ihn Hako?

M: Ein unauffälliger Rufname, der auch beim Siezen in der Öffentlichkeit verwendbar war.

E: Ihre Gespräche mit ihm haben Sie fünfunddreißig Jahre später in Ihrem Buch *Blaues Blut und rote Fahnen* minutiös aufgezeichnet. Ich bewundere Ihr Gedächtnis!

M: Ja, damals ging das noch. Heute ist nicht mehr viel davon übrig. Ich weiß nicht, woher das kam, aber ich konnte lange Unterhaltungen, aufgeschnappte Bemerkungen, irgendwelche Hinweise, die mir wichtig erschienen – und damals kam mir alles wichtig vor –, mit der Präzision einer Grammophonplatte wiedergeben. Lesen Sie selbst! Sie werden sich wundern, wozu ich fähig war.

Eine postume Unterhaltung
mit Leo Roth

R: Ich kann Ihnen leider nicht einmal einen Stuhl anbieten. Sie können sich ja aufs Bett setzen, wenn Sie möchten. Also?

E: Was ich Sie immer fragen wollte, Herr Roth: Haben Sie es kommen sehen?

R: Was?

E: Die stalinistischen Säuberungen. Sie kannten die Partei und ihren Apparat doch aus eigener Erfahrung.

R: Den Herrn Roth können Sie weglassen. Nennen Sie mich einfach Viktor. Wir waren ja nicht heikel, weder in Deutschland noch in Moskau. Jeder, der sich den Kommunisten anschloß, wußte genau, daß es dabei nicht ohne Rückschläge, ohne Fehler und ohne Opfer abging. Ich selbst wurde schon 1926 aus dem Verband ausgeschlossen. Linksabweichung, Trotzkismus-Verdacht und so weiter. Und daß es seit 1917 ungezählte Tote gab, wußten wir auch. Im Oktober, im Bürgerkrieg, in Kronstadt, bei der Kampagne gegen die Kulaken, bei den ersten Prozessen gegen die Saboteure... Sie wissen ja, oder Sie wissen es nicht, was passiert, wenn gehobelt wird.

E: Haben Sie sich nie bedroht gefühlt von den eigenen Genossen?

R: Es gab genügend andere Feinde.

E: Es wundert mich, daß Sie so ahnungslos waren. Hans Kippenberger, Ihr Chef, hat schon 1934 gemerkt, wohin die Reise ging. Ihr Kollege Franz Feuchtwanger – Sie erinnern sich doch an ihn? – fand ihn damals »niedergeschlagen wie nie zuvor. Die Emigration schien ihm nicht zu bekommen«, hat er gesagt, »vor allem aber war er tief verbittert über die Entwicklung in der Parteispitze, wo Ulbricht sich immer

Leo Roth.

den 17. 1. 35.

Lebenslauf.

Ich bin am 18. 3. 1911 in Arezov -(Polen) geb. Im Januar 1913 zogen meine Eltern nach Berlin, seit dieser Zeit blieben wir ununterbrochen in Berlin.

Von 1917 bis 1921 besuchte ich in Berlin die Volksschule, dann ein Semester ein Berliner Realgymnasium; da mein Vater sehr religiös ist musste ich die höhere Hochschule der jüdischen Gemeinde besuchen. Diese verließ ich 1925.

Mit 10 Jahren wurde ich Mitglied einer jüdisch-bürgerlichen Jugendbewegung - Esrah -, hier war ich bis 13 Jahre Mitglied, wurde dann Mitglied der Jugendorganisation der Poale-Zion-List angeschlossen der II Internationale). In dieser Zeit begann ich mich mit marxistischer Literatur zu befassen, seit dieser Zeit begannen ebenfalls starke Konflikte mit meinen Eltern.

In der Poale Zion gab es 2 Strömungen die damals über die Entwicklung der Histadruth (palästinensische Gewerkschaft) in Arbeitsgemeinschaft mit der Unternehmerorganisation, und über Massenverschleppungen am 1. Mai diskutierten fühlten. Ferner Stellung zur III Internationale u. ä. m. Herbst 1924 bzw. Frühjahr 1925 kam es zur Spaltung und zur Vereinigung des rechten Flügels mit einigen Splittogruppen. - Die Jugendorg. vereinigte sich als ganzes mit dem J. W. B. (jüd. Wanderbund) in dieser Organisation bildeten wir einen linken Flügel, und wurden 1925 ausgeschlossen.

Auf Wunsch meines Vaters sollte ich einen kaufmännischen Beruf

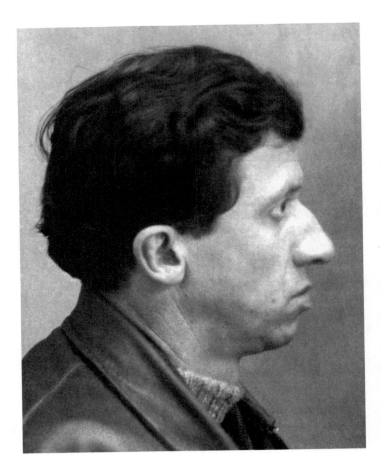

Hans Kippenberger, nach seiner Verhaftung
in der Lubjanka, November 1936

nachdrücklicher als der starke Mann abzeichnete. Nicht zu Unrecht betrachtete er den M-Apparat als ein Hindernis, das sich nur mittels politischer Verleumdung und finanzieller Aushungerung zerschlagen lasse.«

R: Ja, Alex kannte sich aus. Er hatte natürlich recht. Aber auch er mußte dran glauben, genau wie ich.

E: Herbert Wehner erzählt, daß Sie sich 1935 mit ihm getroffen haben. Sie sollten Instruktionen für Ihre Reise nach Prag entgegennehmen.

R: Ach, Wehner. Der wußte alles besser. Haben Sie ihn gekannt?

E: Nein.

R: Schade. Ich wüßte gern, was aus ihm geworden ist. Ich wette, daß er seinen Hals gerettet hat.

E: Sie haben recht. Er behauptet, Sie hätten ihm, kurz bevor Sie in die Sowjetunion gingen, etwas anvertraut.

R: So? Das wundert mich.

E: Sie sollen im Auftrag des Apparates Verbindungen zu den englischen, französischen und tschechischen Militärattachés, Generalstäben und Geheimdiensten unterhalten haben. Auch mit André François-Poncet, der als französischer Botschafter in Berlin eine wichtige Rolle spielte, haben Sie angeblich gesprochen.

R: Selbstverständlich. Das gehörte nun einmal zu diesem Geschäft. Ohne meine Verbindungen zu den Botschaften und zu den ausländischen Journalisten hätte ich der Partei niemals von Nutzen sein können. So konnte ich über den Reichstagsbrand, die Anklageschrift gegen Dimitrow, die Planspiele des deutschen Generalstabs und den Stand der deutschen Aufrüstung berichten.

E: Wehner behauptet, Sie hätten ihn damals, im Mai '36, um

Rat gefragt, was besser sei: über diese Kontakte zu sprechen oder sie zu verschweigen. Ihm sei klar gewesen, daß diese Angelegenheit Ihre persönliche Lage wesentlich erschweren würde. So hat er sich ausgedrückt.

R: Ah! Er hat sich also Sorgen wegen mir gemacht! Wie rücksichtsvoll von ihm! Und was will er mir geraten haben?

E: Auszupacken. Er meinte, Sie sollten den Genossen Pieck und Ulbricht, aber auch der Komintern reinen Wein einschenken.

R: Sieht ihm ähnlich.

E: Wurde Ihnen dabei nicht mulmig zumute?

R: Bei der Arbeit, mit der ich zu tun hatte, war einem dauernd mulmig zumute.

E: Aber Sie kannten doch Ihren Lenin.

R: Ich weiß, worauf Sie hinauswollen. Aber vor die Wahl gestellt, habe ich es damals vorgezogen, ein nützlicher statt ein unnützer Idiot zu sein. Man ist nicht ungestraft Kommunist. Mehr ist dazu nicht zu sagen. Und jetzt entschuldigen Sie mich bitte. Ich bin müde, sehr müde.

Sondierungen

Ruth von Mayenburg, bereits in sowjetischen Diensten, baute 1935 ihre Verbindungen zur Partei ab, vor allem die zu deutschen Emigrantenkreisen, weil dort Einbruchstellen für Gestapo-Spitzel vermutet wurden, und kehrte mit gefälschten Papieren nach Deutschland zurück.

»Mein erster Besuch in Berlin galt dem Generaloberst Kurt Freiherr von Hammerstein-Equord. Der General in Zivil war etwas erstaunt, die kleine Person nach Jahren wiederzusehen.

›Will die was hier?‹ glaubte ich einem Seitenblick abzulesen. Ja, ich wollte etwas. Vorerst aber sollte er Klarheit über meine politische Einstellung erhalten, und ich darüber, ob seine Hitler-Gegnerschaft jetzt Grenzen kannte, die er nicht überschreiten würde. Ich sagte ihm: ›Wir in Österreich sind gegen Dollfuß auf die Barrikaden gestiegen. Ich war dabei. Warum hat hier in Deutschland nicht wenigstens die Reichswehr etwas gegen den Kerl unternommen?‹

›Das hätte zum Bürgerkrieg geführt.‹

›Na und?‹

›Ich bin gegen Bürgerkrieg. Putschen? Nee! Aber Sie scheinen mir ja 'ne ganz Tolle zu sein.‹

Was Hammerstein über die Nazidiktatur dachte, über ihre Taten und Untaten, und was davon für Unheil noch für Deutschland und Europa herauskommen würde, ›wenn die Kerle sich nicht beizeiten gegenseitig abmurksen, was ja zu hoffen wäre…‹, in solchen und ähnlichen, mit lakonischer Kürze vorgebrachten Bemerkungen blieb nichts ungesagt von dem, was er dachte. Aber – das wurde die Frage für mich (und sicherlich auch für die Gestapo) – arbeitet dieser bedeutendste Kopf der alten Reichswehr an einem militärischen und politischen Generalstabsplan gegen das Regime? Hat er Verbündete? Oder begnügt er sich mit der Rolle des Resignierten, der nur noch als feindlicher Beobachter an allen Vorgängen teilnimmt und im übrigen auf die Jagd geht?

Jener Antrittsvisite folgten – anfangs spärlich, zwischen Fahrten durch halb Deutschland hineingeschoben, dann immer häufiger – Besuche in dem Haus draußen in Dahlem, unweit der Bekenntniskirche von Pastor Niemöller. Wenn ich aus dem Ausland zurückkam, meldete ich mich sogleich zur Stelle. Ich studierte ihn auf ein Ziel hin.

›Was halten Sie von der Dolchstoßlegende, Herr von Hammerstein?‹

›Nichts.‹

›Andere denken aber anders. Sogar reichlich viele Millionen.‹

›Millionen denken nicht – denen wird's nur eingeredet.‹

›Und der Schmachfriede von Versailles? Das beste Zugpferd im Nazistall?‹

›Det lahmt!‹

›Na, es hat ganz schön gezogen.‹

›In die Jauche.‹

Wenn's um die Nazis ging, nahm er kein Blatt vor den Mund. Ansonsten ruhte er – ›wie in einer Hängematte‹, spottete ich – gelassen und schweigsam in seiner Intelligenz. Kein noch so stürmisches Ereignis warf ihn heraus, ließ ihn nach einem Halt suchen. Seine Fähigkeit, mit wenigen Worten Menschen zu charakterisieren, den Kern der Sache zu treffen, reduzierte inhaltsreiche Gespräche auf ein Zeitminimum. Wie ein Luchs mußte man aufpassen, um die Tragweite von Randbemerkungen zu erkennen.«

Im Sommer 1935 »versuchte ich ruhig und klar zu überlegen, mit wem ich in letzter Zeit beisammengewesen war und was dabei gesprochen wurde. Da waren einmal die beiden Töchter von Hako, Esi [Maria Therese] und Helga Hammerstein-Equord. Helga arbeitete im Kaiser-Wilhelm-Institut, in einer Art Geheimabteilung. Aus Holz wollen sie Zucker herstellen, das wäre eine kriegswichtige Entdeckung. Dort arbeiten auch Japaner. Mit einem ist sie sehr befreundet. Ich habe Helga zwei-, dreimal im Institut abgeholt. Esi lernt doch auch Japanisch? Wir sind zusammen mit Helga, Esi, zwei Japanern und einem Deutschen zuerst ins *Esplanade*, später in eine obskure Privatwohnung gegangen. Haben die halbe Nacht politische

Gespräche geführt – alle als Nazigegner. Alle? Waren die Japaner nicht etwas zurückhaltend gewesen? Die Mädchen sollen Kommunistinnen sein. Haben sie noch eine, jetzt angestochene Parteiverbindung? Die Wohnung und der Deutsche sahen mir danach aus. Aber Esi hatte mein Mißtrauen beschwichtigt. Das Hammersteinsche Haus? Zweifellos wird es bespitzelt. Dort ist immerhin eine Einbruchstelle gegeben.«
Es kam zu weiteren Treffen. Einmal, so erzählt Mayenburg, »fuhren wir im gleichen Zug, Hammerstein, der alte Zigarrenpaffer, im Nichtraucherabteil, ich Raucher. Er hatte überempfindliche Augen und ständig Lidentzündungen, die die hellen Wimpernstummel verpickten. Wir schalteten auf illegale Fahrt, kannten uns nicht, stiegen in verschiedenen Hotels in einem Kurort ab. Ich glaube, es war Bad Homburg. Eine durchaus unpolitische Atmosphäre. Kein Jauchegestank.
›Gib mal acht, ob sie mich beschatten. Ich treffe hier jemand, dem könnt's unangenehm sein, wenn sie's erführen.‹ Es war das einzige Mal, daß ich an ihm eine Art konspiratives Verhalten bemerkte. Ich vermutete damals, daß er Verbindungen zu den Engländern habe. Hammerstein, der sich wohl auch auf interne Informationen stützen konnte, die ihm nach wie vor zuflossen, durchschaute die Täuschungsmanöver der obersten Naziführung, glaubte weder an deren ›Friedenswillen‹ noch an die Beteuerungen von ›Nichteinmischung und Gleichberechtigung der Völker‹. Mehrmals äußerte er sein Mißfallen über die Toleranzpolitik der britischen Regierung. Hammerstein meinte dazu: ›Die Gentlemen sollen umstecken, bevor's zu spät ist.‹ Es erschien mir daher naheliegend, daß er seine Warnungen über bestimmte Kanäle beim Foreign Office anbrachte. Höchste Zeit, ihn wissen zu lassen, wo seine wahren Freunde sind.

Wie und wann – das bedurfte genauester Überlegung. Auch der Absprache mit Moskau. Die Gelegenheit, mit Hammerstein unter vier Augen und nicht nur im Familienkreis zu sprechen oder bei Anwesenheit von Gästen, fand sich auch in Berlin. Trotz der Proteste seiner Frau, die ihn ungern nachts allein auf der Straße sah und befürchtete, SS-Banditen könnten ihm auflauern, ließ er es sich niemals nehmen, mich zur letzten U-Bahn oder zum Omnibus zu begleiten. Den Revolver in der Manteltasche, höhnte er: ›Auf der Flucht erschossen – det jibt's bei mir nicht!‹ Bei diesem Gang über das menschenleere, kaum beleuchtete Terrain, das hinter dem Garten begann, feldein bis zum Verkehrsdamm hin, führten wir unsere vortastenden und schließlich sehr offenen Gespräche.«

Eine postume Unterhaltung
mit Helga von Hammerstein (I)

E: Frau von Hammerstein…

H: Ich heiße Helga Rossow.

E: Verzeihen Sie, ich rede von der Zeit vor Ihrer Eheschließung. Mußten Sie damals nicht befürchten, durch Ihre Handlungsweise Ihre Eltern und Ihre Geschwister zu gefährden?

H: Ich sehe nicht ein, warum ich mit Ihnen sprechen sollte. Ich möchte, daß Sie mich in Ruhe lassen. Das ist alles ewig her.

E: Eben deshalb. Die Vergeßlichkeit ist keine Tugend. Im übrigen bewundere ich die Bravour und die Entschlossenheit, mit der Sie damals vorgegangen sind.

H: Das ist mir egal. Wenn Sie es unbedingt wissen wollen: Ich sah keinen Grund, auf meinen Vater Rücksicht zu nehmen. Ich fand sein Zaudern damals, als Hitler vor der Tür stand, einfach unerträglich. Meine Geschwister werfen mir wahrscheinlich heute noch vor, daß ich mich so und nicht anders verhalten habe. Sie sagen: Er hat doch immer zu dir gehalten, er hat dich in all den Jahren beschützt. Das ist wahr. Aber was geht Sie das alles an? Davon verstehen Sie nichts.

E: Ich möchte es aber versuchen.

H: Sie haben doch keine Ahnung. Das meine ich nicht als Vorwurf. Es ist nicht Ihre Schuld, daß Sie in komfortableren Zeiten leben. Vielleicht sollte ich Ihnen sogar dazu gratulieren, daß Sie nichts Besonderes erlebt haben. Aber freuen Sie sich nicht zu früh! Wer weiß, was Ihnen und Ihren Leuten noch alles bevorsteht. Dann wird man ja sehen, ob Sie ungeschoren davonkommen.

E: Ein Grund mehr, Ihre Geschichte zu studieren. Obwohl ich kaum glaube, daß wir uns an Ihnen ein Beispiel nehmen können.

H: Sie werden Ihre eigenen Fehler machen.

E: Das ist sicher.

H: Also. Warum sagen Sie mir nicht endlich, worauf Sie hinauswollen?

E: Ihre Begegnung mit Leo Roth war kein Zufall. Er wurde auf Sie angesetzt, um Zugang zu den Papieren Ihres Vaters zu erlangen. Ich habe hier ein Dokument aus Moskau, aus dem das hervorgeht. Es trägt das Datum des 16. Dezember 1936.

H: Damals stand Leo vor Gericht.

E: Ja. Es ging um die Strafsache Nr. 6222. Wollen Sie hören, was in den Akten des Untersuchungsrichters steht? Es handelt sich um die Aussage eines gewissen Gustav Burg.

H: Das war ein Parteiname. In Wirklichkeit hieß er Gustav König. Ja, den kannte Leo. Wahrscheinlich haben sie ihn erpreßt. Er wollte wohl, wie die meisten, seine Haut retten.

Leo Roth, Kaderakte des Exekutivkomitees
der Komintern, Moskau 1936/37

E: Wenn das seine Absicht war, so hat es ihm nichts genützt. 1937 ist auch er zum Tode verurteilt worden.

H: Und diese Aussage ist Ihnen bekannt? Woher denn?

E: Die Moskauer Archive waren nach 1989 ein paar Jahre lang zugänglich, jedenfalls für Leute, die sich darauf verstanden, mit den diensthabenden Beamten zu verhandeln.

H: Ach so? Das ist ja kaum zu glauben. Aber wenn es stimmen sollte – was hat dann dieser Burg über Leo und mich behauptet?

Zur Strafsache Nr. 6222

Am 16. Dezember 1936 machte Burg, ein früherer Mitarbeiter des M-Apparates, vor dem Moskauer Untersuchungsrichter die folgende Aussage:

»Es war im Jahre 1929, als mir der Genosse Hess [also Leo Roth], der damals im Nachrichtenapparat der Bezirksleitung des Deutschen Kommunistischen Jugendverbandes arbeitete, mitteilte, daß er eine Bekanntschaft hat mit der Tochter des Generals von Hammerstein. Diese studierte an der Berliner Universität und war die älteste Tochter mit Namen Marie-Luise. Er machte mir den Vorschlag, dieses Mädchen für unsere Arbeit auszunutzen, und ich war damit einverstanden und gab dem Gen. Leo sofort konkrete Aufträge, die er der Tochter geben sollte.

Nach ein paar Tagen teilte mir der Gen. Leo verschiedene Mitteilungen mit, wenn ich mich noch richtig erinnere, waren diese Mitteilungen über die damalige politische Lage, Hammerstein sprach darüber mit seinem Schwiegervater, dem

General von Lüttwitz. Diese Mitteilungen waren ganz interessant.

Über den Gen. Leo gab ich der Tochter den Auftrag, in dem Schreibtisch ihres Vaters nachzusehen, was sich dort befindet. Das Mädchen teilte uns mit, daß sich in dem Schreibtisch des Vaters sehr viele Papiere befanden. Sie konnte uns aber über den Inhalt der Papiere nicht viel mitteilen, sondern machte uns den Vorschlag am nächsten Tag selbst nach ihrem Hause, es lag in der Hardenbergstraße neben dem Bahnhof Zoo, zu kommen, denn ihre Eltern sind an diesem Tage nicht zu Hause.

Der Gen. Leo und ich gingen unter allen Vorsichtsmaßregeln in die Wohnung, es war niemand weiter anwesend als die Tochter. Wir sahen alle Papiere durch und nahmen verschiedene mit, um diese zu photographieren, wir hatten 2 Tage Zeit, denn der Vater war auf einer Inspektionsreise. Wir photographierten alles Material, ich gab davon dem Gen. Alex [Kippenberger] eine Kopie, Gen. Thälmann bekam eine Kopie und der Gen. Seelmann.

Hammerstein wurde dann Chef der Reichswehr. Wir bemerkten, als wir die Arbeit wieder aufnahmen, daß das Mädchen nur noch wenig und uninteressante Mitteilungen uns übergab, es hatte den Anschein, daß sie nicht mehr für uns arbeiten wollte, der Gen. Leo sprach mit ihr darüber, sie sagte ihm, daß sie sich jetzt ihrem Studium widmen muß und machte uns den Vorschlag, mit der jüngeren Schwester zusammen zu arbeiten, die auch mehr Zeit hat und auch arbeiten wollte. Es war noch eine Schwester dort, die war aber nicht zuverlässig [Maria Therese]. Der Gen. Leo arbeitete dann mit der jüngeren Schwester [Helga]. Ihr Name ist mir heute nicht mehr bekannt. Diese brachte uns interessante Mitteilungen, denn

188

in dieser Zeit fuhr der General Hammerstein in die Sowjet-Union.

Kurz bevor Hammerstein nach der U.d.S.S.R. fuhr, machten wir von dem Geldschrankschlüßel einen Abdruck, um auch bei passender Gelegenheit in dem Geldschrank nachzusehen, welche Dokumente sich dort befinden. Wir verlangten vom Berliner Nachrichtenapparat einen guten Geldschrankschloßer, der einen guten Abdruck vom Schlüßel machen konnte und nach diesem Abdruck einen zweiten Schlüßel anfertigen konnte.

Eines Tages kam der Gen. Leo und teilte mir mit, daß die jüngere Schwester beim Probieren den Bart des Schlüßels abgebrochen habe. Wir besprachen die Angelegenheit, und kamen zu dem Entschluß, unter allen Umständen zu versuchen, den abgebrochenen Bart aus dem Schloß zu entfernen. Hammerstein selbst war in Berlin nicht anwesend. In einer Nacht ging dann der Gen. Adolf mit der jüngeren Tochter in die Wohnung, ich glaube, die Mutter war damals nicht im Hause. Der Gen. Adolf arbeitete sehr lang, es gelang ihm den Bart innerhalb des Schloßes aus einander zu brechen.

Nach einer gewißen Zeit kam dann Hammerstein zurück. Am nächsten Tag wollte er den Geldschrank aufschließen, aber der Originalschlüßel paßte nicht mehr, er ging nur noch bis zur Hälfte in das Schloß hinein. Hammerstein machte einen großen Krach und benachrichtigte dann die Spionage-Abwehrstelle beim Reichswehrministerium, die darauf bald ein paar Beamte entsandte.

Die jüngere Tochter erzählte uns dann später folgendes: Alle Familienmitglieder wurden gefragt, ob sie an dem Schrank waren, alle verneinten es.

Wir brachen dann die Verbindung vollständig ab, um zu verhindern, daß die Töchter eventuell in irgendeinen Verdacht gerieten.«

Eine postume Unterhaltung mit Helga von Hammerstein (II)

E: Was sagen Sie dazu, Helga? Verzeihen Sie, wenn ich insistiere.

H: Wozu?

E: Zu den Moskauer Quellen aus den Jahren 1936 und 1937.

H: Sicher haben damals alle dichtgehalten, auch Leo.

E: Alle? Das glaube ich kaum. Eines geht aus diesem Dokument auf jeden Fall hervor, nämlich, daß man Sie instrumentalisiert hat. Zuerst hat Leo Roth versucht, Ihre Schwester Marie Luise, wie es wörtlich heißt, »auszunutzen«. Erst als sie sich geweigert hat, wurde er auf Sie angesetzt.

H: Ich war bereits überzeugte Kommunistin, als ich Leo kennenlernte, und ich habe nichts getan, wofür ich, damals wenigstens, nicht einstehen konnte.

E: Seit 1930 lebten Sie mit Roth zusammen, seit 1931 in der Illegalität.

H: Sie werden wohl kaum erwarten, daß ich Ihnen über mein Liebesleben Auskunft gebe.

E: Er hat in Moskau stets behauptet, Sie seien seine Ehefrau.

H: Von Standesämtern haben wir nichts gehalten. Leo war mein Mann, das ist alles.

E: Sie haben dann unter dem Decknamen Grete Pelgert dem Ressort für spezielle Verbindungen bei der militärpolitischen Abteilung der KPD zugearbeitet. Weisungsberechtigt war dort Hans Kippenberger.

H: Sie sind gut informiert. Womöglich arbeiten Sie selbst für irgendwelche Auftraggeber.

E: Ich fürchte, jetzt überschätzen Sie das Interesse der heutigen Geheimdienste für diese alten Geschichten.

H: Warum spionieren Sie mir dann nach?

E: Hören Sie! Die Geschichte Ihrer Familie beschäftigt mich, weil sie viel darüber sagt, wie man Hitlers Herrschaft überstehen konnte, ohne vor ihm zu kapitulieren. Wenn Sie das Spionage nennen, tun Sie mir Unrecht. Ich habe mit Ihren Geschwistern Franz und Hildur gesprochen. Auch sie fragen sich, wie es dazu gekommen ist, daß Sie für die Komintern gearbeitet haben, wie lange Sie Ihren kommunistischen Überzeugungen treu geblieben sind und wann Sie mit der Partei gebrochen haben.

H: Was geht das meine Familie an? Sagen Sie ihr, sie soll mich verschonen. Ich habe es schwer genug gehabt. Und jetzt verschwinden Sie endlich! Ich will nicht darüber reden.

Ein Geburtstag und seine Folgen

Am 26. September 1936 wurde Kurt von Hammerstein 58 Jahre alt. Ruth von Mayenburg hat in seinem Hause mitgefeiert.

»Ich brachte ein paar Dutzend Krebse mit, frisch gefangen mit eigenen Händen [aus der Havel]. Rote Krebse brachten Eleganz in das echt preußische Festmahl der Hammerstein: Kaßler Rippenspeer, zerkochte Kartoffelklöße und süße Backpflaumensoße dazu. Mir wird noch heute übel, wenn ich daran denke. Lauter fremde Leute. Viel Geschirr im Abwasch. Hako lotste mich an seine Seite, ohne sein auffallend intensives, halblaut geführtes Gespräch mit einem Gast zu unterbrechen. Seit langem hatte ich ihn nicht so animiert gesehen. Der Gast, ein höherer aktiver Offizier [Eugen Ott] im zivilen Abendanzug, mußte eben nach langer Abwesenheit aus Japan zurückgekehrt sein. Anscheinend war er deutscher Militärattaché in Tokio. Er schien beunruhigt von dem, was Hammerstein ihm hinwarf an politischen Analysen der Weltsituation, der innerdeutschen Vorgänge aus Sicht des Hitler-Gegners. Der Gast hingegen erläuterte sichtlich erregt den notwendigen Abwehrkampf gegen den Weltbolschewismus, und im Zusammenhang damit die japanisch-deutsche Interessengemeinschaft: ›Wir arbeiten drüben an einem engen Bündnis zwischen uns und den Japanern…‹ Hako: ›Pakt gegen die Russen?‹ Nach einem schnellen Blick zu mir hin wich der Gast aus, sie könnten ja später einmal unter vier Augen weitersprechen.

Da drang das Wort ›schwere Artillerie‹ an mein Ohr. Hako sprach es so erstaunt aus, daß ich meine Skrupel zum Teufel schickte. ›Sie müssen sich irren – *schwere* Artillerie, det haben wir noch nicht!‹ – ›Doch, doch…‹ Der Gast kramte in seiner Brieftasche und las von einem Zettel den Namen des Ortes vor, irgendwo im Schleswig-Holsteinischen, ein Nest, das er nicht auf der Karte habe finden können. Hako wiederholte den Namen, dachte kurz nach: ›Kenn ich nicht! Muß 'ne ganz neue Anlage sein…‹ Er schien ehrlich verwundert.«
Mayenburgs Verbindungsmann zur Roten Armee war es auch.

»Vier Wochen später übergab dieser Kurier mir höchst bedeutungsvoll einen geschlossenen Brief. Darin lag – zu meiner fast schreckhaften Verblüffung – ein schmeichelhaftes persönliches Schreiben von Marschall Woroschilow.«

Auch über seine Einschätzung der Lage hat Hammerstein damals mit Mayenburg gesprochen: »Den Gedanken an eine putschartige Übernahme der Macht durch Teile der Wehrmachtsführung hielt Hammerstein für hirnrissig. Den eventuell richtigen Zeitpunkt hätten General von Schleicher und er selbst bewußt verpaßt, als die Regierungskrise vor der Ernennung Hitlers zum Reichskanzler auf ihrem Höhepunkt war. Er habe sich seither oft innerlich gefragt, ob man nicht damals hätte handeln müssen. Aber er habe Hitler unter- und Schleicher überschätzt. Ihm selbst wäre es darum gegangen, die Reichswehr aus den politischen Machtkämpfen, aus dem parteipolitischen Intrigenspiel herauszuhalten.

In diesem Zusammenhang erzählte er mir einige aufregende Details aus jenen Tagen um den 30. Januar 1933, von dem Verhalten Hindenburgs und dessen Sohn Oscar, von Franz von Papen und anderen, die er allesamt als ›Halunken‹ und ›Gauner‹ bezeichnete. Ich redete ihm zu, das schriftlich festzuhalten, und erbot mich, einen Bericht von solcher politischer, ja historischer Bedeutung sicher aus dem Land zu bringen. ›Damit ihr so was veröffentlicht, wenn's euch paßt – nee!‹ Natürlich protestierte ich. Hako klopfte auf meine Hand: ›Sei beruhigt, Kleine. Wenn ich schon was schriftlich niederlege – das geht nicht verloren. Das liegt sicher!‹ [Hammerstein hatte dafür gesorgt, daß sein Bericht aus dem Jahr 1935 über die letzten Tage vor der Machtergreifung durch Hitler unverzüglich in einen englischen Tresor gelangte; nach dem Krieg hat sein Sohn Kunrat ihn dort aufgespürt und veröffentlicht.] ›Sollte es allerdings wieder zu einer Krisensituation wie der des 30. Juni 1934 kommen und die Wehrmacht darin verwickelt werden, dann wäre es durchaus möglich‹ – räumte Hammerstein ein –, ›daß gewisse Leute der Generalität die Machtübernahme des Militärs befürworten, ja vielleicht sogar versuchen würden.‹ Viel wahrscheinlicher wäre jedoch, daß die paar, die politisch dächten, eher ihren Abschied nehmen würden, als dann für den ›Sauladen‹ verantwortlich sein zu wollen. ›Nimm doch mich‹, sagte Hammerstein wörtlich. ›Wenn die deutsche Hammelherde sich schon so 'nen Führer wählte – dann soll sie's auch ausbaden.‹ Diese bittere Erfahrung dürfe man den Deutschen nicht ersparen, sonst würden sie niemals klüger. ›Du kneifst, du ziehst dich auf die Position eines Aristokraten zurück!‹ sagte ich ihm auf den Kopf zu. Hammerstein lächelte: ›Das ist das einzig Kluge, was ein Gentleman jetzt tun kann. Ich bin kein ›Held‹ – du irrst dich in mir. Ich stehe meinen Mann, wenn's nottut. Aber ich drängle mich nicht zum Rad der Geschichte wie ihr!‹ Und dann kam etwas völlig Entwaffnendes: ›Dazu bin ich zu faul!‹

Die nachfolgende Erläuterung, welch gute Eigenschaft die Faulheit wäre, daß sie den Menschen zur Ausbildung seiner Vernunft, zu bedachtem Handeln befähige, kulminierte in dem Ausspruch: ›Man hat Zeit zu denken. Fleiß ist da nur störend.‹«

Ein ganz anderes Agentenleben

Über Leo Roths Bewegungen nach der Machtübernahme Hitlers ist folgendes bekannt:

1933 war er mehrmals in Paris. Dort übergab er die Anklageschrift im Reichstagsbrand-Prozeß an Münzenberg.

Im Dezember desselben Jahres fuhr er in die Schweiz, weil der Berliner Apparat von der Gestapo zerschlagen worden war. An Weihnachten begegnete er Wehner bei einem Treff in Spindlermühle im tschechischen Grenzland.

Im Januar 1934 kehrte er nach Berlin zurück, wo er bis Mai in einem konspirativen Quartier untertauchte.

Er reiste dann nach Moskau, wo er als Referent an der militär-politischen Schule der Komintern tätig war. Die Partei ordne-te an, daß er nicht nach Deutschland zurückkehren durfte, wo er zu gefährdet schien.

Im Juni bis zum August 1934 war er mit »Planarbeit« in Paris beauftragt. Sie bestand aus bombastischen Überlegungen, wie man Aufstände im Saarland und in Hitler-Deutschland orga-nisieren könnte.

Im September nahm er Verbindung mit Mitarbeitern in Genf, Wien, Prag und Zürich auf.

Ende September wurde er nach Saarbrücken abkommandiert, um im Vorfeld der Saarabstimmung die Agitation der Partei zu leiten. Er beschaffte dort einen Journalistenausweis für Herbert Wehner und sorgte für dessen Unterbringung. Mit Unterstützung französischer Kommunisten begann er auch, eigene bewaffnete Gruppen aufzubauen, die jedoch nie zum Einsatz kamen.

Nach dem Sieg der Anschluß-Befürworter mußte er Ende Ja-nuar 1935 nach Amsterdam fliehen, von wo aus er ein Jahr lang als Abwehrleiter und verantwortlicher Instrukteur für Westdeutschland tätig war.

Die konspirative Arbeit machte zahlreiche Reisen mit gefälsch-ten Pässen nötig. Er hielt sich illegal in Düsseldorf auf, fuhr nach Paris und nach Prag, wo er Pieck und Ulbricht traf.

Ende Juli war er, zusammen mit Helga von Hammerstein, wieder in Amsterdam, wo er in einem »vornehmen Wohnvier-tel« residierte; dort nahm auch Herbert Wehner eine Zeitlang Quartier.

Im Oktober 1935 kam es zu den ersten Auseinandersetzungen mit der Parteiführung. Auf der sogenannten Brüsseler Konferenz beschloß das Politbüro, Hans Kippenberger, Leo Roth und andere abzulösen. Das war der Anfang vom Ende des geheimen M-Apparates, der später im Zuge der Moskauer Säuberungen vollständig liquidiert wurde.

Herbert Wehner mußte dem Genossen Viktor mitteilen, daß er seiner Funktion enthoben und nach Moskau beordert war. Zuvor leistete Roth sich noch einen zwölftägigen Winterurlaub in Tirol, in Helgas Begleitung, der die Partei ebenfalls einen falschen Paß zur Verfügung stellte. Vor ihrem Abschied am Züricher Hauptbahnhof vereinbarten die beiden, daß Helga versuchen sollte, in die Sowjetunion zu emigrieren, wo Leo Roth zu bleiben gedachte. Im Januar 1936 traf er in Moskau ein.

Während sie auf Nachricht von ihm wartete, reiste Helga von Hammerstein nach Prag, wo sie einem Funktionär der KPD, wahrscheinlich Herbert Wehner, noch einmal Dokumente aus dem Reichswehrministerium übergab.

Der Maulwurf im Bendlerblock

Im Juni 1936 mußte Leo Roth seinen Auftraggebern jedoch eine Enttäuschung bereiten:

»*Betr. Generalstabsspiel 1936*

Anfang April bekam ich einen Brief in dem mir mitgeteilt wurde, daß v. Hammerstein am diesjährigen Generalstabsspiel *führend* beteiligt sein sollte.

Auf Anfrage meinerseits bekam ich am 23. April die Nachricht, daß v. H. am Spiel beteiligt sein wird und die Möglichkeit besteht eventuell das Spiel zu bekommen.

196

betr. Generalstabsspiel 1936.

Anfang April bekam ich einen Brief in dem mir mitgeteilt wurde, daß v. Hammerstein am diesjährigen Generalstabsspiel führend beteiligt sein sollte.

auf Anfrage meinerseits bekam ich am 23. April die
Nachricht, daß v.H. am Spiel beteiligt sein wird
und die Möglichkeit besteht eventuell das Spiel zu
bekommen.

Anfang Mai (6.5.) bekam ich Mitteilung daß v.H. das
Spiel nicht leitet und es Differenzen gibt, es ist fraglich
das Spiel zu bekommen.

am 6. Juni bekam ich einen Brief:

„ die Prospekte für die Reise habe ich nun doch bekommen! Ich glaube, daß ich Deine Gründe verstehe
und werde sie vorläufig also
liegen lassen. (dies bezieht sich auf meinen ablehnenden Brief auf Grund der Aussprache hier)
Aber schreibe mir doch bitte umgehend ob Du es wirklich
für richtig hältst. Ich weiß nämlich nicht recht ob
ich das Verantworten kann. "

Leo Roth, handschriftliche Aufzeichnung
für die Kaderabteilung

Anfang Mai (6.5.) bekam ich Mitteilung daß v. H. das Spiel *nicht leitet* und es Differenzen gibt, es ist fraglich das Spiel zu bekommen.

Am 6. Juni bekam ich einen Brief [von Helga]:

›Die Prospekte für die Reise habe ich nun doch bekommen! Ich glaube, daß ich Deine Gründe verstehe und werde sie *vorläufig* also liegen lassen. (Dies bezieht sich auf meinen ablehnenden Brief auf Grund der Aussprache *hier*.) Aber schreibe mir doch bitte *umgehend* ob Du es wirklich für richtig hältst. Ich weiß nämlich nicht recht ob ich das verantworten kann.‹«

Die verklausulierten Wendungen erklären sich aus dem langjährigen konspirativen Training des Verfassers. Mit »Reiseprospekten« sind vermutlich geheime Unterlagen über das sogenannte Generalstabsspiel gemeint. Sie hatte jedoch offenbar Skrupel, ob es richtig wäre, sie weiterzugeben. Es ist jedoch möglich, daß sie als Kurierin tätig war. Wenn das zutrifft, so war dies sicherlich der letzte Dienst, den sie der Partei geleistet hat.

Bei dem »Spiel«, von dem Roth spricht, handelt es sich um die sogenannte Führerreise der kommandierenden Generäle der Reichswehr, die alljährlich im Mai stattfand. Dabei wurden die Planungen der Armee für den Mobilisierungsfall jedes Jahr neu aufgestellt und durchgespielt. Es ist klar, daß genaue Informationen über diesen Vorgang für die sowjetische Seite von höchstem Interesse waren.

Allerdings war zu diesem Zeitpunkt die Moskauer Führung auf Helga von Hammersteins Mitwirkung längst nicht mehr allein angewiesen. Sie verfügte auch über andere Quellen. Derselbe Maulwurf im Reichswehrministerium, der bereits 1934 über die Ermordung Schleichers berichtet und eingehende Stimmungsberichte über die Interna der Armee geliefert hatte, legte im Juli 1936 eine erstaunlich gründliche Analyse des geheimen Kriegsspiels vor. Wie alle seine Rapporte lag sie dem »Mitteleuropäischen Ländersekretariat« vor, einem Büro, das beim Exekutivkomitee der Komintern angesiedelt war und von Palmiro Togliatti unter dem Decknamen Ercoli geleitet wurde. Sein späterer Referent Kurt Funk war ein alter Bekannter: Herbert Wehner. Wahrscheinlich hatten auch die Auslandsabteilung des NKWD und die Vierte Abteilung der Roten Armee Zugriff auf diese Berichte.

Offensichtlich hatte dieser Unbekannte Zugang zu allen Unterlagen nicht nur der operativen Führung, sondern auch der zugrunde liegenden politischen Überlegungen. Es ist daher anzunehmen, daß er über gute Kontakte im Ministerium, vielleicht auch zur Abwehr und zum Stab des Admirals Canaris verfügte.

Die strategische Planung sah einen Überfall auf die Tschechoslowakei ohne vorherige Kriegserklärung vor, der in wenigen Tagen zur Kapitulation des Gegners führen sollte; danach einen Zangenangriff im Westen auf die französische Armee. Das umfangreiche Dossier enthält nicht nur eine detaillierte Aufstellung der Truppen bis hinunter zur Bataillonsebene, sondern auch eine Liste sämtlicher Teilnehmer, unter denen überraschenderweise auch Kurt von Hammerstein auftaucht, obwohl er damals längst verabschiedet war. Wie er sich Zugang zu dem geheimen Kriegsspiel verschaffen konnte, ist unklar; Fritsch, sein Nachfolger als Chef der Heeresleitung, begegnete ihm ebenso wie Blomberg, Hitlers Wehrminister, mit Mißtrauen. Ältere Loyalitäten, mit denen jeder Amtschef zu rechnen hat, mögen eine Rolle gespielt haben. Vielleicht wollte man sich auch nur seiner Expertise versichern. Jedenfalls reichte sein Einfluß immer noch aus, um sich Einblick in die Pläne des Regimes zu verschaffen. Daß es einzig und allein seine Tochter Helga war, die sie kopierte und sie über Mittelsmänner nach Moskau brachte, erscheint, wie aus ihrem Brief hervorgeht, zweifelhaft.

Ergänzt wird der Agentenbericht durch Auskünfte über den Stand der Rüstung, der Rohstoffversorgung und der Logistik. Auch die außenpolitischen Implikationen werden ausführlich erörtert. Dazu kommen Informationen über die Rivalitäten zwischen Heeresleitung und Luftwaffe und über die Korruption in der Rüstungsindustrie.

Schließlich äußert sich der Maulwurf über die politische Einstellung des höheren Offizierskorps zu den Nazis. Er schreibt: »Es gibt fast keinen der jüngeren Offiziere, der nicht Hitler bedingungslos als Führer und den Nationalsozialismus als Weltanschauung anerkennt. Das Reichsheer hört mehr und mehr auf, ein selbständiger politischer Faktor zu sein. Die alte Schleicher-Clique ist zersprengt.« Über das höhere Offizierskorps heißt es: »Sie meckern, kritisieren und sind im Sinne der Nazis ›Reaktionäre‹. Doch ist von einer irgendwie gearteten *aktiven* politischen Strömung unter den maßgebenden Offizieren nichts zu merken. Sie sind auch in ihrer Einstellung zu dem Regime vollkommen passiv. Nirgends hört man irgend etwas darüber, was anstelle der Nazis oder im Speziellen Hitlers zu setzen sei. Eine irgendwie geartete Insubordination gegen den Oberbefehlshaber ist bei der Psychologie des deutschen Offiziers sehr unwahrscheinlich. Über das, was nach Hitler kommen könnte, wird in diesen Kreisen überhaupt nicht diskutiert. Man versucht, möglichst nicht so weit zu denken, weil dann alles unvorstellbar wird.«

Solche Auskünfte gehen weit über das hinaus, was Helga von Hammerstein aus dem Tresor ihres Vaters beschaffen konnte.

Gleichwohl ist der sowjetische Auslandgeheimdienst noch im Jahre 1941 auf sie zurückgekommen. Er erkundigte sich bei Dimitrow nach ihr, der die Anfrage an Ulbricht weiterleitete. Hier ist dessen Antwort:

>> *Vertraulich!*

12. 5. 41/2Ex/Bi

Zur Anfrage über die Tochter des Generals *Hammerstein:* Eine Tochter des Generals Hammerstein – ihr Vorname ist mir nicht bekannt – war die Frau von Viktor, des Leiters des Nachrichtendienstes der KPD, zur Zeit Kippenbergers. Viktor wurde abgesetzt, er fuhr nach der Sowjetunion und wurde hier verhaftet. Viktor hatte Verbindungen zum englischen Spionagedienst. Seine Frau wünschte etwa Ende 1936 oder Anfang 1937 eine Aussprache mit dem Leiter unseres Abwehrapparates. Diese Aussprache fand im tschechischen Grenzgebiet mit Genossen Nuding statt. Soweit ich mich auf die damalige Information entsinnen kann, erklärte sich die Frau bereit, auch nach der Absetzung ihres Mannes Viktor die Verbindung mit einem Genossen von uns aufrecht zu erhalten. Sie stellte die Frage nach der evtl. Emigration nach der Sowjetunion. Wir haben das abgelehnt und gaben dem Leiter des Apparates die Anweisung, die Verbindung abzubrechen. Seitdem ist nichts mehr über die Frau bekannt.

Ulbricht.<<

Der Geheimdienst ließ sich durch diese magere Auskunft nicht entmutigen. Er fragte noch im Jahre 1941 bei Herbert Wehner in Schweden an, ob er eine Möglichkeit sehe, sie für die ›Rote Kapelle‹ zu rekrutieren. Diese Mühe hätte er sich sparen können.

Noch ein Doppelleben

Wie hieß der Maulwurf, der darüber, was zwischen 1933 und 1936 in der Bendlerstraße vorfiel, so vorzüglich unterrichtet war? Das ist nach wie vor unklar. Vieles spricht jedoch dafür, daß bei dieser Kundschaftertätigkeit ein Mann die Hand im Spiel hatte, der lange nach dem Zweiten Weltkrieg, im Jahre 1990, als verdienter Künstler des Volkes in Dresden verstorben ist.

Sein Lebenslauf ist, wie der vieler seiner Zeitgenossen, mehrdeutig, fiebrig, vom Malstrom der Geschichte zerrissen. Gerd Kaden, 1891 in Berlin geboren, war der Sohn eines sächsischen Offiziers, der es später, in der Wehrmacht, bis zum Generalleutnant brachte. Auch er trat schon als Fünfzehnjähriger in die Armee ein, absolvierte die Kadettenanstalt und wurde im Ersten Weltkrieg an die Front geschickt. Doch mißfiel ihm der Drill, ebenso wie die Haltung seiner »stockkonservativen und strenggläubigen Familie«, und er beschloß nach 1918, sich der Malerei zu widmen. In den zwanziger Jahren wählte er den Künstlernamen Caden, wohl um sich von seiner Familie zu distanzieren, und feierte große Erfolge als Bühnenbildner. In seinen autobiographischen Notizen erwähnt er die beiden wichtigsten Berliner Revuetheater, den Admiralspalast und das Große Schauspielhaus: »Der Admirals-Palast bringt im Sommer 1925 die erste große Neger-Revue *Chocolate Kiddies* mit einer Neger-Truppe aus New York heraus«, und das Schauspielhaus zeigt im selben Jahr eine Ausstattungs-Revue, »ein epochemachendes, für damalige Zeiten ganz neues Programm im amerikanischen Broadway-Stil.«

Aber das war nur der erste Schritt in ein anderes Leben, das bald abenteuerliche und radikale Formen annahm. Caden geriet in eine Vorstellung des ›Roten Sprachrohrs‹, einer linken Agitprop-Truppe, und war so beeindruckt, daß er sich in die Schriften von Marx, Engels, Mehring und Stalin vertiefte und im November 1930 Mitglied der KPD wurde.

Ein Jahr später gewann ihn Hans Kippenberger für die Mitarbeit im illegalen Apparat der Partei. Er führte fortan den Decknamen »Cello« oder »Schellow«. »Wir sahen uns zunächst nur selten«, berichtet er, »da die Verbindung mit mir streng konspirativ nur durch den Genossen Leo Roth aufrechterhalten wurde. Er war der engste Mitarbeiter von ›Alex‹. Als ich ihn kennenlernte, war er mir gegenüber sehr kühl, sehr distanziert, was sich sofort änderte, als er erfuhr, daß meine Frau Jüdin war, mit der ich sehr gut zusammenlebte. Wir wurden sehr bald Freunde. Er war auf die Sekunde pünktlich, sehr vorsichtig, sehr schlau, sehr gut informiert. ›Rudi‹ war es auch, der mir triumphierend erzählte, daß er mit der Tochter des Generals von Hammerstein eng befreundet war.«

Cadens Aufgabe bestand darin, deutschnationale Kreise, besonders aber den ›Stahlhelm‹ und die Reichswehr zu infiltrieren. Er hat sie mit Bravour gemeistert. Im Sommer 1930 nistete er sich als Untermieter in die Wohnung des damaligen Oberstleutnants und späteren Generals Rinck von Baldenstein in der Pariser Straße ein. Der Hausherr »fragte mich, ob ich der Sohn des Generals Kaden in Dresden sei, was ich bejahte. Dadurch wurden sofort gesellschaftliche, ja verwandtschaftliche Beziehungen um drei Ecken hergestellt. Mein Dasein als Maler wurde freundlich lächelnd akzeptiert, etwas verrückt, aber nun ja…« Diese Rolle erwies sich sogar als günstig, da es in den Kreisen, in denen er verkehrte, »als schick galt, sich mit Kunst zu befassen, und Künstler, noch dazu solche, die einen Schlips trugen, saubere Fingernägel hatten und über gepflegte

Manieren verfügten, zu seinen Bekannten und Freunden zu zählen.«

Übrigens kannte Frau von Rinck, eine geborene von der Dekken, Caden schon seit seiner Dresdener Kadettenzeit. »Diese Frau«, schreibt Caden, »hat meine Arbeit (ob bewußt oder unbewußt habe ich nie erfahren) außerordentlich hilfreich unterstützt. Meine engen gesellschaftlichen Beziehungen zur Familie v. Rinck dienten mir als ausgezeichnete Tarnung meiner gesamten Arbeit von 1931 bis Juni 1938.

Der Oberstleutnant v. Rinck arbeitete in der Personalabteilung des Wehrministeriums und wußte über viele Interna der Reichswehr Bescheid. Er führte ein sehr gastfreies Haus und war alter Kriegsakademie-Kamerad von General von Hammerstein, von Herrn von Papen und Major Pabst.« [Dieser Waldemar Pabst, ein Freikorps-Führer, der 1919 Rosa Luxemburg und Karl Liebknecht ermorden ließ und ein Jahr danach am Kapp-Putsch beteiligt war, kam ungeschoren davon und starb 1970 als wohlhabender Waffenhändler in Düsseldorf.]

Aber damit nicht genug: Caden erklärte sich bereit, in Absprache mit der KPD Mitglied des ›Stahlhelm‹ zu werden. »Ich mußte mit erhobener Hand eine Art ›Schwur‹ leisten, dem Stahlhelm immer unbedingte Treue zu halten und die ›Kommune‹ wütend zu bekämpfen.« Als nächstes trat er der ›Gesellschaft zum Studium des Faschismus‹ bei, die von Pabst geleitet wurde. Sie tagte im Hotel *Kaiserhof* und diente einflußreichen Leuten aus der Wirtschaft und dem Militär, Professoren und Bankiers, die mit Hitler sympathisierten, als Treffpunkt. Eine weitere Quelle erschloß sich Caden dadurch, daß der General von Cochenhausen ihn in seine ›Deutsche Gesellschaft für Wehrpolitik und Wehrwissenschaften‹ aufnahm, einen Zirkel, dem hohe Offiziere und Großindustrielle angehörten und der Zugang zu den Planungen des Wehrministeriums hatte.

Sieben Jahre lang führte Caden auf diese Weise ein höchst prekäres Doppel-, wenn nicht gar Tripel-Leben. Das ist eine staunenswerte Leistung, die für sein Talent, seine Ausdauer und seine guten Nerven spricht. Auf der einen Seite setzte er seine Karriere als Maler und Bildhauer fort und verkehrte in den Berliner Künstler- und Theaterkreisen. Beim Herrn von Rinck lebte er »fast als Glied der Familie« und schöpfte die Gäste ab. Den Casinoton beherrschte er als ehemaliger Offizier mühelos und gewann so das Vertrauen der Herren aus der »Kiste«. »Bei diesen Zusammenkünften wurden bei einem Glase Wein und Cigarren äußerst aufschlußreiche Besprechungen geführt, die bis in die ersten Morgenstunden dauerten. Ich erhielt einen sehr genauen Einblick in die Widersprüche zwischen der damaligen Heeresleitung (General v. Fritsch) und der fortschreitenden Machterweiterung der SS (Himmler). Als Mitglied der Wehrwissenschaftlichen Gesellschaft erhielt ich die Genehmigung, an Versuchs-Schießen der Artillerie, am Exerzieren der neuen Flak-Batterien und Sturzflieger teilzunehmen.«

Und drittens bewegte Caden sich mit der größten Selbstverständlichkeit im Geheimdienst-Apparat der KPD. In den Nächten nach dem Reichstagsbrand beherbergte er Kippenberger in seinem Atelier, ebenso im Herbst darauf, als gegen seinen Agentenführer ein Steckbrief erlassen wurde und er fliehen mußte. Vom Jahre 1935 an war sein »Verbindungsmann« Helga von Hammerstein, »die damals sehr aktiv und mutig für die Sache des antifaschistischen Kampfes tätig war«.

Leo Roth bemerkt an einer Stelle, daß Caden wahrscheinlich schon 1936 »abgehängt« war, also einen Teil seiner Verbindungen verlor; auch das ist ein Indiz dafür, daß er der namenlose Maulwurf war. Dennoch führte er seine Tripel-Existenz weiter bis zum Frühjahr 1938, als er bei einem unfreiwilligen Informanten erste Anzeichen von Argwohn bemerkte, so daß er den Zeitpunkt für gekommen hielt, unauffällig zu emigrieren. Das gelang ihm auf legale Weise, da er ohnehin öfters zu Ausstellungen nach Brüssel und Paris gefahren war und daher einen gültigen Paß besaß.

Bis zum Ausbruch des Krieges lebte er in Frankreich, zuerst in Paris und dann in Sanary-sur-Mer, wo auch Franz Werfel und die Familie Mann eine Weile Zuflucht gefunden hatten. 1939/40 war er als feindlicher Ausländer im Lager von Les Milles interniert. Im Jahre 1942 konnte er sich ein englisches Transitvisum verschaffen und erreichte ein Schiff nach Cuba, wo man ihn aufnahm. Auch dort war er nicht nur als Maler, sondern auch politisch tätig; er begründete das ›Comité Antifacista de Cuba‹ und war für die Gruppe ›Freies Deutschland‹ aktiv. 1948 ist er nach Deutschland zurückgekehrt und sofort der SED beigetreten.

Schade, daß der alte Konspirateur 1954 sich noch einmal anwerben ließ, diesmal vom Ministerium für Staatssicherheit der DDR. Im »operativen Vorlauf zur Anwerbung« heißt es: »Der Kandidat äußerte keinerlei Bedenken und schrieb die handschriftliche Verpflichtung. Er wurde mit dem Kennwort vertraut gemacht, ebenso der Kontrolltreff festgelegt und er über die Schweigeverpflichtung eingehend belehrt.«

Aus Leos Kaderakte

»An die Kaderabteilung.
Betr. Die Einreise der Frau des Genossen Viktor.   20. April 1936

Viktor hat Antrag auf Einreise seiner Frau gestellt, da er in der nächsten Zeit zur Arbeit in der SU verwandt wird.

Dazu folgendes:

Die Frau ist die jüngste [*recte* die dritte] Tochter des Generals von Hammerstein, – des engsten Mitarbeiters Hitlers. [!]

Sie ist über den sozialistischen Schülerbund und über die Studentenorganisation im Jahre 1929 dem Kommunistischen Jugendverband unter anderem Namen beigetreten und aktiv zu dieser Zeit im Schülerbund tätig gewesen.

1930 [*recte* 1928] lernte sie erst Genossen Viktor kennen, der sie mit Zustimmung des Apparates zu andern Arbeiten vertraulicher Natur heranzog. Sie hat alle Aufträge gewissenhaft durchgeführt und wird von Genossen (nicht nur von Viktor) die sie aus der Arbeit kennen, als vertrauenswürdig und der Partei ergeben geschildert.

Ihre Einreise ist von verschiedenen Gesichtspunkten aus zu befürworten:

Die ›Angelegenheit Hammerstein‹ wurde wahrscheinlich von Hitler selbst niedergeschlagen, da es sich um seinen Vertrauten handelte [!], obwohl die Gestapo schon ziemlich viel Material hatte, was auf die Spuren der Töchter von Hammerstein geführt hat. Sie wissen wahrscheinlich nur noch nicht, um welche der drei Töchter es sich bei der damaligen Angelegenheit gehandelt hat. – Dadurch selbst ist sie stark gefährdet.

Es ist nicht zweckmäßig, Mitwisser der ›Angelegenheit‹ selbst im Lande zu belassen. Sie wohnt momentan zwar in Berlin bei ihren Eltern, arbeitet als Chemikerin am Kaiser-Wilhelm-Institut, ist aber ständig gefährdet.

Ihre Einreise auf anderen Dokumenten ist möglich, da sie im Besitz eines anderen Passes, von der Partei zur Verfügung gestellt, ist, mit dem sie ins Ausland und hierher fahren kann.

In Moskau selbst hat sie keine Bekannte, trotz alledem müßte man sie in eine Provinzstadt zusammen schicken, um evtl. Zusammentreffen mit Gestapoagenten und Botschaftsleuten zu vermeiden. Sie ist in Deutschland nur ausgesprochenen Reichswehrkreisen bekannt.

Mertens.

(Gen. Pieck ist mit der Einreise einverstanden.)«

Ohne Helga

In Moskau wohnt Roth zunächst im Hotel Sojusnaja. In seinem Einreiseantrag für Helga behauptet er, mit ihr seit 1930 verheiratet zu sein. Die Antwort läßt auf sich warten. Zunächst reist er in ein Erholungsheim in Suuksu auf der Krim. Dann, im Juli, schreibt die deutsche Vertretung bei der Komintern an den Direktor des Metallbetriebes Nati in Moskau: »Auf Beschluß des Zentralkomitees der Deutschen Partei soll der Genosse [Roth] Arbeit in einem Sowjetbetrieb aufnehmen.« Das ist kein gutes Zeichen. Der erfahrene Nachrichtenmann deutet diese Anweisung zu Recht als Degradierung.

Im September entscheidet die deutsche Parteiführung, daß Roths Eintritt in die KPdSU »nicht als zweckmäßig« erscheint. Zugleich teilt Leo mit, daß Helga sich »noch in Deutschland« aufhalte. Ihre Einreise in die Sowjetunion ist also nicht geneh-

migt geworden. Das war ihr Glück. Sie hätte das Moskauer
Exil ebensowenig überlebt wie ihr Freund.

Von den Gründen, die zur Ablehnung seines Antrags führten, konnte Roth nichts ahnen. Im Grunde war sein Schicksal
schon im Juni 1936 besiegelt. Damals ging bei Dimitrow und
anderen Kadern der Komintern die folgende Denunziation
ein:

»Streng vertraulich, 5 Ex.
Me/Lüch   8. Juni 1936

Werte Genossen!

Es ist zweckmäßig, in folgender Frage einen prinzipiellen Beschluß zu fassen:

Viktor [Leo Roth]: Hat seit Mitte 1933 bis Ausgang 1935 laufend die Verbindung zur englischen und französischen Botschaft unterhalten, die dazu führte, daß ständig an beide Stellen wichtiges Material geliefert wurde und dafür gezahlt wurde. Ferner bestand eine Verbindung zur Agent Service [!].
Die Entscheidung dieser Frage ist eine prinzipielle, hängt aber
unmittelbar mit der weiteren Verwendung des Genossen zusammen.«

Unterzeichnet war diese Mitteilung von Grete Wilde, Deckname Erna Mertens, die bereits 1935 damit beauftragt worden
war, den M-Apparat der KPD zu überprüfen und diejenigen
»aufzudecken« und zu »entlarven«, in deren Akten sich irgend
etwas fand, was bei einer solchen Säuberung gegen sie verwendet werden könnte. Mit dieser Denunziation begannen
die Verhöre, die zur Verhaftung und Verurteilung Leo Roths
führten.

Grete Wilde alias Mertens, Denunziantin.
Moskau ca. 1934

Sein jüdischer Freund Nathan Steinberger, der seit 1932 in Moskau lebte, war schon als Sechzehnjähriger Mitglied des Kommunistischen Jugendverbandes in Berlin geworden. Er lernte dort alle drei Hammerstein-Töchter kennen: zuerst Maria Therese, dann Marie Luise und schließlich Helga. Erst 1929, als er KPD-Mitglied wurde, erfuhr er von deren Spionagetätigkeit für die Komintern. 1936 taucht sein Name in einer Liste der Kaderabteilung über »Trotzkistische und feindliche Elemente im Bestand der Emigration in der KPD« auf, die an das NKWD weitergereicht wurde. Im Mai 1937 wurde Steinberger verhaftet, aus der KPD ausgeschlossen und zu fünf Jahren Lagerhaft verurteilt, später zu »ewiger Verbannung«.

»Im Verlauf der Verhöre wurde ich auch nach anderen Personen gefragt, von denen ich wenig oder gar keine Kenntnisse hatte. Doch ein Name tauchte zu meiner Verwunderung niemals auf: Leo Roth, mit dem ich tatsächlich seit meiner Kindheit persönlich eng verbunden war. Roth war einige Monate vor mir verhaftet worden, und es lag nahe, daß man mich über meine Beziehungen zu ihm ausfragen würde. Am 4. November 1936 wurde Leo verhaftet, am 20. November in der Lubjanka erschossen. Ich fragte mich damals: Wie wird mein U[ntersuchungs]-Richter angesichts dieses Vorganges meine Beziehung zu Leo Roth bewerten? Denn sie war dem NKWD wie der KPD-Zentrale bekannt. Und man wußte auch, daß die Korrespondenz von Leo, als er nach Moskau gerufen wurde, über meine Adresse ging. Schlimme Beispiele der Gleichsetzung persönlicher und krimineller Beziehungen gab es ja in Hülle und Fülle. Weshalb man in meinem Fall nicht nach diesem Muster verfuhr, dafür gibt es meiner Meinung nach folgenden Grund: Roth hatte als Verbindungsmann zwischen dem militärischen Apparat der KPD und hohen Offizieren der Reichswehr fungiert. Seine Lebensgefährtin war die Tochter eines der höchsten Offiziere der Reichswehr, des Generals von Hammerstein. Eine so heikle Angelegenheit durfte dem Untersuchungsrichter nicht bekannt werden.«

Aus dem Dickicht der Abweichungen

In ihrer Geschichte haben alle kommunistischen Parteien auf virtuose Weise daran gearbeitet, wirkliche oder fiktive Fehler ihrer Mitglieder zu entdecken und zu bestrafen. Hier folgt eine Liste möglicher Abweichungen, aus der hervorgeht, daß es schon aus Gründen der Logik niemanden geben konnte, der gegen ideologische Verdächtigungen gefeit gewesen wäre:

Abenteurertum
Anarchismus
    (kleinbürgerlicher)
Antibolschewismus
Avantgardismus
Blanquismus
Blockbildung
Bonapartismus
Defaitismus
Entrismus
Formalismus
Fraktionismus
Gleichmacherei
Handwerkelei
Individualismus
    (bürgerlicher)

Kapitulantentum
Kosmopolitismus
Liberalismus (fauler)
Linksabweichung
Linksopportunismus
Liquidatorentum
Ökonomismus
Personenkult
Prinzipienlosigkeit
Putschismus
Rechtsabweichung
Rechtsopportunismus
Rechtstrotzkismus
Renegatentum
Revisionismus
Sektierertum

Sozialdemokratismus
Sozialfaschismus
Sozialpatriotismus
Trotzkismus
Versöhnlertum
Zentrismus
Zionismus
Zirkelwesen

Brandlerianer
Bundist
Diversant

Doppelzüngler
Element (feindliches)
Klassenfeind
Konterrevolutionär
Menschewik
Parteischädling
Provokateur
Saboteur
Spitzel
Ultralinker
Volksfeind
Volksschädling

Eine Botschaft aus Moskau

Im Spätherbst 1936 wurde Ruth von Mayenburg von ihrer
Dienststelle, der Vierten Abteilung des Generalstabs der Roten Armee, nach Paris beordert und von dort aus durch einen
Codebefehl nach Moskau gerufen. Mit täglich wechselnden
Pässen reiste sie über Wien mit dem Orientexpreß nach Istanbul, wo sie tagelang im Hotel *Pera Palace* warten mußte, weil sie
keine Anlaufadresse hatte und ihr jeder Kontakt mit der sowjetischen Botschaft verboten war. Endlich wurde sie nachts
abgeholt und zu einem Frachter gebracht, der nach Odessa
fuhr. Von dort aus nahm sie den Zug nach Moskau.
Bei ihrer Ankunft erschien ihr Mann, Ernst Fischer, Mitglied
des Politbüros der KPÖ im Exil, nicht am Bahnhof. Der Offizier in Zivil, der sie erwartete, erklärte ihr: »Das liegt nicht
an uns… Er hat eine andere Frau. Sie erwartet sogar ein Kind
von ihm.«

»Der Schlag saß«, erzählt Mayenburg in ihren Memoiren. Sie versuchte sich einen Reim auf die Klemme zu machen, in die sie geraten war, und zum ersten Mal wurde ihr klar, daß das politische Klima in Moskau sich entscheidend verändert hatte:

»Immer schon wollten sie mich von Ernst trennen. Der Apparat sollte meine einzige Bindung sein. Die Zeiten der großen politischen Prozesse und Verfolgungen waren angebrochen. Dem Führungskader der Roten Armee erwuchs in der GPU ein Gegner. Eine scheußliche Sache! […]

Die Berichte waren anscheinend aufschlußreich genug, daß Woroschilow, der Volkskommissar für Verteidigung, mich persönlich zu sprechen verlangte. Die Zusammenkunft fand im kleinsten Kreis in einer Privatwohnung statt, wie sie höheren Funktionären zugewiesen wurde, im »Haus am Ufer« jenseits der Moskwa.

Im Mittelpunkt des Gesprächs stand Hammerstein. Woroschilow sprach von ihm mit großer Wertschätzung, ja, mit Wärme. Er erzählte Manöveranekdoten und erkundigte sich eingehend nach seinem Befinden, auch in materieller Hinsicht. Als vage Möglichkeit wurde vorweggenommen, wozu es schließlich, nach der Verwüstung Europas und Millionen Toten, mit fatalem Ausgang kam – der Aufstand der Generäle am 20. Juli 1944. Hammerstein war dabei eine führende Rolle zugedacht. Ich sollte nach meiner Rückkehr zur Apparatarbeit in Hitler-Deutschland Hammerstein gegenüber mein Inkognito lüften, ihm die persönlichen Grüße Woroschilows übermitteln und in Erfahrung bringen, wie er sich dazu stellte. Es wurde auch eine andere Alternative erwogen: Hammerstein aufzufordern, mit seiner gesamten Familie in die Sowjetunion zu emigrieren. ›Er kann hier auch auf die Jagd gehen‹, meinte

214

Woroschilow. Einem preußischen Offizier von dem Format Hammersteins zuzumuten, er könnte, bei aller Ablehnung des Naziregimes, sein Vaterland verlassen, sich in Sicherheit bringen oder gar der Roten Armee mit Rat und Tat beistehen, das erschien mir, gelinde gesagt, dumm. ›Eher ließe er sich von den Nazis umlegen, als daß er so etwas täte.‹ – ›Dann ist der General doch kein solcher Hitler-Gegner, wie Sie behaupten?‹ Eine Logik, die ich nicht begriff. Schließlich wurde der Vorschlag fallengelassen.«

Es blieb bei dem Versuch, Hammerstein für einen Aufstand derjenigen Generäle aus der Wehrmacht zu gewinnen, die bereit wären, gegen Hitler vorzugehen. Mit diesem Auftrag fuhr Mayenburg, in Gesellschaft von Lion Feuchtwanger, der damals in der Sowjetunion gefeiert wurde, von Moskau über Polen nach Prag, und von dort aus weiter nach Berlin.

Die Inquisition

Am 1. September 1936 unterzeichnete Dimitrow ein streng geheimes Memorandum der Kaderabteilung »Über Trotzkisten und andere feindliche Elemente« in der Exil-KPD. Im März 1938 waren 70% der deutschen Kommunisten in der Sowjetunion verhaftet. Hunderte wurden zum Tode verurteilt, Tausende zu Haftstrafen im GULAG.

Am 4. November 1936 wurde Leo Roth verhaftet. Aber auch sein früherer Chef, Hans Kippenberger, geriet in die »Menschenfalle Moskau« (Reinhard Müller). Wie seine Lebensgefährtin »Lore« berichtet, kam er »eines Abends völlig aufgelöst nach Hause [ins Hotel *Sojusnaja*] und sagte, daß man die Verbindungen, die Rudi [Leo Roth] unterhalten hatte, als reine

Spionageverbindungen hinstelle und es scheinbar auf seine, Alex', restlose Vernichtung abgesehen hätte«. Man schickte ihn zunächst in eine Moskauer Fabrik, die Setz- oder Druckmaschinen herstellte. »Er konnte das unnütze Herumsitzen nicht mehr ertragen. Nach einem Monat war er Stachanow-Arbeiter und verdiente 300 Rubel. Er war sehr abgemagert und sagte: ›Es ist schwer, den ganzen Tag mit der Hand Eisen zu feilen.‹« Einen Tag nach Roth wurden er und seine Frau festgenommen.

Doch auch die Denunziantin Mertens alias Grete Wilde stand schon bald auf einer Liste von Genossen mit »trotzkistischen und rechten Abweichungen«; sie kam ein Jahr nach ihrem Opfer Leo Roth ins Gefängnis. Acht Jahre Lagerhaft, die sie nicht überlebte, waren ihr Lohn. Walter Ulbricht, Wilhelm Pieck, Franz Dahlem, Paul Merker und Herbert Wehner gehören zu den wenigen, die den Terror unbeschadet überlebt haben.

Wie die Inquisition im einzelnen vorging, läßt sich am Beispiel Kippenbergers zeigen. Er war bereits 1935 durch Herbert Wehner abgesetzt worden, einen Kenner des Milieus, der über das interne Spitzelsystem der Partei folgendes berichtet hat: »Die Überwachung, die von den Funktionären gegenseitig ausgeübt wurde, war der ›Ersatz‹ für die erstickte Demokratie in den Parteiorganisationen. Mit Hilfe dieser Überwachung sammelte der sogenannte Nachrichtendienst (der sich als die Seele der Organisation fühlte) Material, das teils zur Bildung und Vervollständigung eines Archivs, teils zur laufenden Information der höchsten Leiter in den Bezirken und im Politbüro diente.«

In den russischen Archiven hat sich eine wahre Flut von Verhörprotokollen über seinen Fall erhalten; eine quälende Lektüre. Wer die planmäßige Paranoia, von der solche Ver-

216

fahren geleitet worden sind, verstehen will, kommt um ein paar Proben aus diesen Texten nicht herum. Ihre Prosa ist auf Zermürbung angelegt, sie wimmelt von Wiederholungen, weshalb Kürzungen unvermeidlich sind; auch war die russische Dolmetscherin der deutschen Grammatik nicht durchaus mächtig. Aus diesen Gründen bleibt dem Leser im folgenden eine diplomatisch exakte Wiedergabe erspart.

Am 25. März 1937, nach sechzehn Monaten Untersuchungshaft und zahllosen Folterverhören, gab Kippenberger zu Protokoll: In den Jahren 1932-33 »ist während der Schleicher-Regierung der Parteileitung bekannt geworden, daß die Abwehrstelle der Reichswehr gut informiert ist über die Beschlüsse und Absichten der Parteileitung, und zwar durch ihren Agenten, der der Parteileitung sehr nahe steht. Mit der Untersuchung dieser Tatsachen wurde ich beauftragt. Mein Verdacht fiel sofort auf Werner Hirsch, der durch seine Mutter Verwandte in den aristokratischen und Reichswehr-Kreisen hatte.«

Dieser Hirsch, ehemals Chefredakteur der *Roten Fahne,* Redenschreiber Thälmanns und Ghostwriter Piecks, 1933 in Berlin verhaftet, gefoltert und ins Konzentrationslager gebracht, ein Jahr später entlassen, konnte über Prag nach Moskau fliehen. Noch vor seiner Ankunft wurde eine Untersuchung gegen ihn eingeleitet. Herbert Wehner, Grete Wilde und Kippenberger haben ihn belastet. Umgekehrt verdächtigte Hirsch Hans Kippenberger als »Reichswehrspitzel«. Wie es bei Hannah Arendt heißt, entstand in Moskau »eine Atmosphäre, in der wissentlich oder unwissentlich jeder jeden bespitzelt, jeder sich als Agent herausstellen kann, jeder sich ständig bedroht fühlen muß«.

»Mitte Februar 1933«, so Kippenberger weiter, »bekam ich das Protokoll der Rede Hitlers, die Hitler auf der Besprechung

Protokoll des Verhörs
des Angeklagten Kippenberger Hans.
vom 11/I 36.
Frage: Uns ist es bekannt dass Ihr Apparat
schon seit Mitte 1932 Verbindungen
zu ausländischen Journalisten hatte
Bestätigen Sie das?
Antwort: Ja, ich bestätige das.
Frage: Wer waren diese Journalisten?
Antwort: Einer dieser Journalisten
war Friedrich Kuh ein amerikanischer
Journalist, an andere Namen kann
ich mich nicht erinnern.
Frage: Als Sie das Protokoll der Rede
Hitlers in der Wohnung Hammerstein
bekamen, und es beschlossen wurde
die Inhalt dieser Rede an die
ausländische Presse herauszubringen,
haben Sie vorgeschlagen zu diesem
Zweck ihre journalistischen Verbindung
auszunützen?
Antwort: Ja ich habe es vorgeschlagen.
Frage: Haben Sie es auch diese
geführt?
Antwort: Nein, das würde gestört durch
die Bekanntmachung, dass Werner
Hirsch, den wir als Reichswehrspion
verdächtigten, den Inhalt dieser
Rede kannte und auch wusste
dass die Partei in Besitze des
Protokolles dieser Rede Hitlers ist.

Hans Kippenberger

Protokoll eines NKWD-Verhörs
von Hans Kippenberger, 1936

der Reichswehr-Generale hielt. Nach einigen Tagen teilte mir mein Gehilfe Hess [Leo Roth] mit, daß der Abwehrstelle der Reichswehr bekannt ist, daß die Partei im Besitze dieser Rede ist. Mein Verdacht fiel wieder auf Werner Hirsch.«
Daraufhin kam es zu einer Gegenüberstellung von Kippenberger und Hirsch.

»Frage an Werner Hirsch: Bestätigen Sie diese Aussagen von Kippenberger?

Antwort: Nein, ich verneine sie kategorisch. Kippenberger erzählte mir ganz ausführlich über das Entnehmen der Dokumente aus der Wohnung des Generals Hammerstein. Er erzählte mir über die Mitarbeit der Töchter des Generals Hammerstein im Apparat des Partei-Nachrichtendienstes.

Frage an Kippenberger: Warum führen Sie fortwährend bewußt die Untersuchung irre? Welche Ziele verfolgen Sie?

Antwort: Auf diese Frage kann ich keine Antwort geben.

Die Gegenüberstellung wird unterbrochen.«

Das Verhör wurde am 25. April fortgesetzt. Die Äußerungen Kippenbergers lassen nur einen Schluß zu, nämlich, daß er in der Zwischenzeit gefoltert worden ist. Er wagt nun keinen Widerspruch mehr und gesteht alles, was der Untersuchungsrichter von ihm hören will, und zwar nach einem genau ausgearbeiteten Drehbuch.

»Frage: Auf alle Fragen, Hauptfragen, die die Untersuchung Ihnen stellte, waren Sie gezwungen zuzugeben, daß Ihre Antworten unrichtig waren.

Antwort: Mein Benehmen ist dadurch zu erklären, daß ich seit 1929 in den Diensten der Abwehrstelle der Reichswehr stehe. Ich stand in direkter Verbindung mit [Ferdinand] von Bredow, dem Leiter der Abwehrstelle der Reichswehr und nahestem Vertrauensmann des Generals Schleicher. Nachrichten darüber, daß in den der Parteileitung nahestehenden Kreisen sich ein maßgebender Provokateur befand, drangen in die Partei zum ersten Mal 1931 ein. Diese Mitteilung beunruhigte mich sehr, weil ich verstand, daß meine Arbeit zu Gunsten der Abwehrstelle der Reichswehr entlarvt werden kann, wenn ich [nicht] den Verdacht auf eine andere Person lenken werde. Ich erhob allmählich gegen Werner Hirsch eine Reihe bewußt lügenhafter, aber schwer kontrollierbarer Beschuldigungen.

Frage: Aus welchen Motiven arbeiteten Sie für den deutschen Nachrichtendienst?

Antwort: Ich führte diese Arbeit durch, ausgehend von meinen nationalistischen Überzeugungen.

Frage: Der verhaftete Hess hat angegeben, daß Sie mit dem englischen Nachrichtendienst im Sommer 1933 in Verbindung getreten sind, auf Grund Ihrer Sanktionierung und auf Grund Ihres direkten Auftrages. Bestätigen Sie das?

Antwort: Ja, mit dem englischen Nachrichtendienst trat Hess in Verbindung laut meiner Direktive.

Frage: Zu welchem Ziel haben Sie den von Ihnen geleiteten Parteinachrichtenapparat zur Militär-Spionage zu Gunsten der Engländer herangezogen?

Antwort: Ich bekam dazu den Auftrag von dem Leiter der deutschen Abwehr – Bredow. Bredow erklärte, daß er zu denjenigen Reichswehr-Kreisen gehört, welche das Hitler-Regime als unzulässig betrachteten und die Rettung Deutschlands in der Herstellung einer Militär-Diktatur sehen. Darum, sagte Bredow, rechtfertigt das Ziel die Mittel.

Das Verhör wird unterbrochen.

Ich habe dieses Protokoll gelesen, es wurde aus meinen Worten dargestellt.

Hans Kippenberger.«

220

Werner Hirsch, der schon lange vor der Gegenüberstellung verhaftet worden war, starb 1941 an den Folgen seiner jahrelangen Haft im Moskauer Butyrski-Gefängnis. Hans Kippenberger wurde am 3. Oktober 1937 zum Tode verurteilt und erschossen. Fünf Wochen später, am 10. November, folgte ihm sein ehemaliger Freund und Genosse Leo Roth auf dem Weg in die Hinrichtungskeller der Lubjanka.

Auch »Lore«, Kippenbergers Lebensgefährtin, blieb nicht verschont. Sie wurde dem Untersuchungsrichter vorgeführt, der ihr ein langes Verhörprotokoll vorlegte. Kippenberger schilderte darin, wie er mit Ferdinand von Bredow, Hammersteins Abwehrchef, in Verbindung gekommen war. Als er eines Tages im Sommer 1932 im Reichstagsrestaurant zu Mittag aß, habe sich ihm ein Diener genähert und ihm gesagt, daß Herr von Bredow ihn zu sprechen wünsche. Er sei hingegangen, und Bredow habe ihn gefragt, warum er, der doch selbst Offizier im Ersten Weltkrieg gewesen sei, sich stets in abfälliger Weise über die Reichswehr äußere. Es sei doch viel vernünftiger, sich ab und zu zu treffen und einen sachlichen Meinungsaustausch anzustreben.

Lore kommentiert diese Aussage in ihren Erinnerungen: »Ich war damals sehr verblüfft über dieses ›Geständnis‹ und böse auf Kippenberger, daß er so etwas zu Protokoll gegeben hatte, denn das reichte zu jener Zeit vollkommen aus, um einen Genossen an die Wand zu stellen. Er hätte diese Verbindung einfach verschweigen können.«

Bei einer anderen Vernehmung fragte sie der Untersuchungsrichter, was sie gegen Leo Roth einzuwenden hätte.

»Ich antwortete, daß ich ihn in politischer Beziehung für unreif, aber nicht für einen Verräter halte. Da sagte er: ›Wie konnte Kippenberger nur einen solchen Menschen zur vertraulichen

Arbeit heranziehen? Wissen Sie, was Ihr Rudi ist? Ein Kragenverkäufer in einem kleinen, schmutzigen jüdischen Laden. Wie ein Schuljunge hebt er den Finger und sagt: Ich weiß noch was! Er kramt alles aus, was irgendwie gegen Kippenberger spricht.‹ Ich fragte den Untersuchungsrichter, warum er denn auf die jüdische Herkunft von Rudi anspiele; er sei doch selber Jude, und bat ihn, mir doch einen klaren Fall von Verrat mitzuteilen, damit ich glauben könne, daß Kippenberger ein Verräter sei. Er schwieg auf meine Frage, es gab also offenkundig nichts Derartiges. Ich sagte noch: ›Dann werden Sie ihn wohl erschießen lassen!‹ – ›Nein‹, sagte er, ›erschossen wird er nicht.‹ Er sagte es aus Mitleid mit mir, denn er fragte: ›Haben Sie ihn immer geliebt?‹ Ich nickte nur mit dem Kopfe. Plötzlich überfiel mich eine solche Müdigkeit, daß ich die Arme auf den Tisch und meinen Kopf auf die Arme legte.

Nach einigen Tagen führte man mich zu einem Beamten in ein kleines Zimmer. Er legte mir ein Zettelchen mit den Worten vor: ›Unterschreiben Sie das!‹ Auf dem Zettelchen stand zu lesen: ›Wegen konterrevolutionärer Tätigkeit wird Christina Brunner zu acht Jahren Besserungs- und Arbeitslager verurteilt.‹ Das war alles: Anklageschrift, Gerichtsverhandlung und Urteilsspruch. Ich war tagelang wie betäubt. Wie konnte so etwas möglich sein?«

Anna Kerff, auch Lore oder Christina Brunner genannt, kam erst 1946 wieder frei. Sie ging in die DDR und emigrierte schließlich nach Bulgarien. Ihre Erinnerungen hat sie 1972 aufgeschrieben.

Die dritte Tochter
im Spinnennetz der Spionage

Leo Roth wurde am 23. Februar, über drei Monate nach seiner Verhaftung, dem Untersuchungsrichter vorgeführt. Bei diesem Verhör hat er nicht nur seinen Chef Kippenberger schwer belastet; er äußerte sich auch über seine Beziehungen zu den Hammerstein-Töchtern:

» Verhörprotokoll des Angeklagten HESS Ernst
Die Fehler Kippenbergers sah ich schon lange, ich hielt ihn zur Leitung des Parteinachrichtendienstes für unfähig, benachrichtigte aber die Komintern nicht davon, um nicht seine politische und persönliche Vernichtung zu veranlassen. Ich werde aber jetzt vollständige Aussagen darüber machen.
1. Ende 1931 oder Anfang 1932 fragte ein Kommandeur der Roten Armee, der in der bevollmächtigten Vertretung der UdSSR in Berlin offiziell als Chauffeur des Militärattachés arbeitete, Maria Therese von Hammerstein, eine Tochter des Generals, die eine Informantin unseres Nachrichtenapparates war, nach den Auskünften über die Reichswehr, die sie uns gelegentlich zukommen ließ. Er sprach darüber nur in Andeutungen und in zu nichts verpflichtender Form.
Nach diesem Gespräch forderte das Wehrministerium unsere Berliner Vertretung auf, den betreffenden Kommandeur abzuberufen. Kippenberger wußte von dieser Unterredung mit Maria Therese. Wie ich von meiner Frau Helga von Hammerstein später erfuhr, hat der Leiter der Abwehrabteilung der Reichswehr, Generalmajor von Bredow, ihren Vater von dem Vorfall unterrichtet. Kippenberger, den ich fragte, wie die Abwehr von der Sache Wind bekam, antwortete, die Reichswehr

habe wahrscheinlich einen Agenten in der sowjetischen Vertretung.

2. Im Januar 1931 und im Februar 1932 arbeitete Maria Therese im Büro Rolland. Rolland ist seit 1914 einer der wichtigsten Agenten des deutschen Nachrichtendienstes und der Abwehr. Er arbeitete eng mit dem General von Bredow zusammen und unterhielt zu Tarnzwecken ein Büro am Lützowplatz, das offiziell als Vertretung einer spanischen Firma auftrat, die mit Apfelsinen handelte. Wie ich von meiner Frau erfuhr, sollte Rolland um diese Zeit auch Spionage gegen die Sowjetunion betreiben.

Anfang 1932 übergab mir meine Frau Helga, die wußte, daß ich im Nachrichtenapparat arbeitete, Material aus dem Büro Rolland. Sie hatte es von ihrer Schwester Maria Therese, die dort als Sekretärin arbeitete. Es handelte sich um mindestens 200 Seiten. Etwa zwei Wochen später bekam ich von Kippenberger dasselbe Material noch einmal, aber in entstellter Form und mit nichtssagendem Gesamtinhalt. Kippenberger wußte nicht, daß ich durch meine Frau die Originale bereits kannte.

3. Im Februar 1933 [recte Januar 1934] hat der General Reichenau Maria Therese von Hammerstein eine Sekretärinnenstelle beim deutschen Militärattaché in Paris angeboten. Zu dieser Zeit war Maria Therese, wenn auch nicht ständig, mit unserem Nachrichtenapparat verbunden. Ich benachrichtigte Kippenberger, der damals in Paris war, von diesem Vorgang und schlug ihm vor, die lose Verbindung mit ihr aufrechtzuerhalten. Sie fuhr nach Paris, bekam aber noch am selben Tag ein Telegramm mit der Aufforderung, sofort nach Berlin zurückzukehren. Ihre Abberufung erfolgte, wie wir bald darauf erfuhren, auf Veranlassung der Abwehr, und zwar von Canaris persönlich. Von der Absicht, Maria Therese in Paris

zu unseren Zwecken zu benutzen, wußten nur Kippenberger und ich.

Auch Bredow befand sich zu dieser Zeit in Paris. Wir wußten auch, daß der deutsche Militärattaché, General Kühlenthal, ein enger Freund Bredows, über die Tätigkeit führender deutscher Kommunisten in Frankreich, über ihre Verbindungen und ihre illegalen Reisen genau informiert war.

Das Verhör wird unterbrochen.

Wurde nach meinen Worten aufgeschrieben, von mir gelesen.

Ernst Hess.«

Diese Aussagen Leo Roths werfen allerhand Fragen auf, vor allem nach seinen Motiven. Es ist äußerst unwahrscheinlich, daß Maria Therese jemals absichtlich für die Kommunisten gearbeitet hat. Dagegen spricht nicht nur die Tatsache, daß sie bei den Genossen ihrer Schwester als »nicht zuverlässig« galt, sondern vor allem ihre vielfach bezeugte Abneigung gegen alle materialistischen Doktrinen. Ihre Beschäftigung im sogenannten Büro Rolland ging vermutlich über einfache Sekretariatsarbeiten nicht hinaus. Möglicherweise hat Maria Therese mit ihren Schwestern Marie Luise und Helga über Fragen der Reichswehr gesprochen und wurde von ihnen als Quelle genutzt. Denkbar ist auch, daß Roth versucht hat, mögliche Verdachtsmomente von seiner Frau ab- und auf deren Schwester hinzulenken, von der er wußte, daß sie längst emigriert und weder von deutscher noch von russischer Seite zur Rechenschaft zu ziehen war. Noch im Mai 1941 fragte der sowjetische Geheimdienst bei Dimitrow, dem Generalsekretär der Komintern, an, ob dort etwas über ihren Verbleib bekannt sei. Auch das spricht dafür, daß man in Moskau die ea-3.

| 27 | ВХОД. № 45 /е 10 · V 19 /г. |

СОВ. СЕКРЕТНО.
ЛИЧНО.

И К К И

тов. ДИМИТРОВУ

    По имеющимся у нас данным ГАММЕРШТЕЙН Мария-Тереза, дочь германского генерала ГАММЕРШТЕЙНА-ЭКУОРД Курта, якобы в прошлом стояла очень близко к коммунистической партии Германии.

    В 1933 году ГАММЕРШТЕЙН Мария-Тереза выехала в Париж на работу в немецкое посольство.

    Просим сообщить известна ли Вам ГАММЕРШТЕЙН Мария-Тереза и не располагаете ли Вы данными, указывающими ее местонахождение в настоящее время и характеризующими ее.

(Ф И Т И Н)

" " мая 1941 года.-
№ 2/1/4529.

Anfrage an Dimitrow über
Maria Therese von Hammerstein, 1941

Töchter des Generals nie recht voneinander zu unterscheiden wußte. Auch die stalinistische Bürokratie war nicht unfehlbar.

Vierte Glosse.
Die russische Wippe

Obwohl es noch nicht lange her ist, nämlich kaum ein paar Jahrzehnte, daß sie zum Stillstand gekommen ist, haben »wir«, die Deutschen, das Schwindelgefühl, das die russische Wippe über viele Generationen hinweg in unsern Köpfen verursacht hat, schon beinah vergessen. Sonderbar!

Denn das schwankende Verhältnis zu unserem riesigen, bald fernen, bald nahen Nachbarn im Osten war für beide Seiten verheißungs- und verhängnisvoll. Noch am ehesten zu begreifen ist der Anfang dieser obsessiven Beziehung im Zeitalter der Französischen Revolution. Der Keim einer deutsch-russischen Waffenbrüderschaft wurde schon 1793 durch einen russisch-preußischen Geheimvertrag gesät, der gegen Polen gerichtet war, »um den Geist der Rebellion und der gefährlichen Neuerung zu bekämpfen«. Doch dann kam der »Erzfeind« aus dem Westen. So sahen es die alten Monarchien und angesichts der napoleonischen Okkupation auch die meisten Deutschen. Gezwungenermaßen zogen die Preußen mit Napoleon gegen die Russen. Nach dessen verheerender Niederlage folgte 1812 die Umkehr dieser labilen Allianz. Mit einem Oberstleutnant namens Clausewitz, der in russischen Diensten stand, und einem preußischen Generalmajor namens Yorck wurde in Tauroggen ein erstes Stillhalteabkommen geschlossen. Die Folgen zeigten sich bald: Napoleon besiegt,

Preußen gerettet, Befreiungskriege, Völkerschlacht bei Leipzig, Wiener Kongreß, »Heilige Allianz« mit dem Zaren, Polen geteilt, Ruhe im Karton.

Das alles geschah noch im Zeichen der klassischen Kabinettspolitik. Doch die Völker wollten sich ihr nicht mehr ohne weiteres unterwerfen. Als Störenfriede taten sich besonders die Polen hervor, aber auch in Westeuropa gab es Ärger für die Herrscher von Gottes Gnaden. Trotz aller Aufstände und Revolutionen hat die preußisch-russische Freundschaft jedoch fast achtzig Jahre lang gehalten. Sie beruhte, von Metternich bis zu Bismarck, auf einem durchaus rationalen politischen Kalkül. Die Balance galt als Richtschnur der Außenpolitik.

Unter der machtpolitischen Oberfläche wucherten jedoch längst ganz andere, sehr tief sitzende Ambivalenzen, Rivalitäten, Hoffnungen und Ressentiments. Die gebildeten Stände lasen Tolstoi und Dostojewski, Rilke pilgerte nach Rußland. Das Dritte Rom sahen viele Deutsche als Allheilmittel gegen die Anfechtungen des kalten, seelenlosen, kapitalistischen Westens, eine Prise Antisemitismus eingeschlossen. Aber auch der Linken diente Rußland als Projektionsfläche für ihre Utopien; sie sympathisierte mit den Narodniki und mit der Revolution von 1905.

Als die deutsche Regierung 1890 den Rückversicherungsvertrag, den Bismarck ausgehandelt hatte, kündigte, setzte sich die Wippe erneut in Bewegung. 1914 verwandelte sich Rußland wieder in einen gefährlichen Feind, und auf den Feldpostkarten stand: »Jeder Schuß ein Ruß!« Der Untermensch im Osten ist nicht erst von den Nationalsozialisten erfunden worden.

Schon 1915 wendete sich das Blatt von neuem. Die kaiserliche Regierung unterstützte, um ihre Kriegsgegner zu schwächen, die Bolschewiki mit Millionenbeträgen und ermöglichte auf Vorschlag des Generalstabs die Reise Lenins nach Petrograd. Er revanchierte sich damit, daß er die Sowjetregierung Ende 1917 veranlaßte, einen Waffenstillstand mit Deutschland zu vereinbaren. Kaum drei Monate danach kippte die scheinbare Eintracht; die deutsche Armee griff die Sowjetmacht an und stieß bis auf die Krim, in den Kaukasus und nach Finnland vor. Daraufhin sah sich Lenin gezwungen, einen Separatfrieden mit Deutschland zu schließen.

Die Niederlage des Deutschen Reichs und der Vertrag von Versailles schufen eine neue Situation. Beide Mächte, die Deutschen wie die Russen, sahen sich nun, wenn auch aus verschiedenen Gründen, außenpolitisch isoliert. Zumindest in taktischer Hinsicht verbindet Pariastaaten stets ein gemeinsames Interesse. Ein neues Zweckbündnis bahnte sich spätestens 1922 in Rapallo an. Dabei spielte auch ein antipolnischer Affekt eine Rolle; die Deutschen hatten ihre territorialen Ansprüche auf die in Versailles verlorenen Gebiete nicht aufgegeben, und die Polen ihrerseits reagierten mit einer Mischung aus Angst und Erbitterung auf jeden Versuch einer Annäherung zwischen ihren beiden Nachbarn.

Die Wippe hielt auch auf ideologischem Gebiet nicht still. In den *Betrachtungen eines Unpolitischen* fand 1918 der antiwestliche Affekt seine klassische Formulierung, und elf Jahre später veröffentlichte jemand ein dickes Buch mit dem Titel *Der Geist als Widersacher der Seele*. Die deutsche »Kultur« wurde gegen die angelsächsische und französische »Zivilisation« in Stellung gebracht – eine Auseinandersetzung, bei der die berühmte russische Seele als Helferin hochwillkommen war. Oswald Spengler sah im Russentum »das Versprechen einer kommenden Kultur, während die Abendschatten über dem

Westen länger und länger werden«, und trat für ein Bündnis mit der Sowjetunion ein.

Für die deutsche Linke, die weniger von geschichtsphilosophischen Spekulationen schwärmte als von der Diktatur des Proletariats, war der Stern der Revolution im Osten aufgegangen. Ohne das Vorbild des Oktoberputsches hätten Spartakus und KPD in der Weimarer Republik keine Zukunftsperspektive gesehen. »Hände weg von Sowjetrußland«, das war eine Losung, auf die sich alle Linken einigen konnten. Eine besonders merkwürdige Rolle spielten dabei in den zwanziger Jahren die »linken Leute von rechts«. Obwohl diese Nationalbolschewiken unabhängig von Moskau agieren wollten, teilten sie den Haß der KPD auf die westliche Zivilisation. Ernst Niekisch, ihr wichtigster Ideologe, schrieb 1926: »Westlerisch sein heißt: mit der Phrase der Freiheit auf Betrug ausgehen, mit dem Bekenntnis zur Menschlichkeit Verbrechen in die Wege leiten, mit dem Aufruf zur Völkerversöhnung Völker zugrunde richten.«

Was den »deutschen Geist« betrifft, so wußte der ohnehin nie recht, wo er in jenen Jahren stehen sollte. Hin- und hergerissen zwischen Faszination und Angst, Mißtrauen und Hoffnung, taumelte er zwischen Ost und West, rechts und links. Während die einen den bolschewistischen Teufel an die Wand malten, sahen die andern in der Sowjetunion ihren Erlöser. Künstler, Theaterleute, Schriftsteller begeisterten sich nicht nur für die russische Avantgarde, sie glaubten auch an eine neue Neue Welt im Osten. Selbst die Nazis waren nicht immun gegen die russische Versuchung. Goebbels schrieb 1924 in sein Tagebuch: »Rußland, wann wirst du erwachen? Die alte Welt sehnt sich nach deiner erlösenden Tat! Rußland, du Hoffnung einer sterbenden Welt! *Ex oriente lux!* Im Geiste, im Staate, im Geschäft und in der großen Politik. Russische Männer, jagt das Judenpack zum Teufel und reicht Deutschland eure Hand.«

Ein paar Tage nach der Machtergreifung verkündete Hitler seine Pläne, die wesentlich ernster gemeint waren und auf das Gegenteil hinausliefen. Der Marxismus müsse ausgemerzt, den Deutschen durch Unterwerfung der Slawen Lebensraum im Osten verschafft werden; der Angriffskrieg sei nur eine Frage der Zeit.

Die nächste Wendung ließ nicht lange auf sich warten: 1939 folgten der Hitler-Stalin-Pakt und die neue Teilung Polens. Die Wippe schlug immer heftiger, immer besinnungsloser aus; zwei Jahre später überfiel die deutsche Wehrmacht die Sowjetunion, und der Vernichtungskrieg im Osten machte »den Russen« wieder zum Untermenschen.

»Im Verhältnis zwischen Russen und Deutschen«, sagt der Historiker Karl Schlögel, »ist der Krieg die wichtigste gemeinsame Erfahrung – eine Art negatives Gemeinschaftskapital.« Das galt zumindest für die Militärs auf beiden Seiten. »Aber hier kommt noch etwas hinzu, was dem allgemeinen Unglück, das der Krieg darstellt, einen Zug zum Makabren und Tragischen verleiht. Es ist die Tatsache, daß im Krieg Führungsgruppen aufeinandergetroffen waren, die sich gut kannten und die nun im Ernstfall das praktizieren sollten, was sie sich vor dem Krieg in gemeinsamen Manövern beigebracht hatten.« Allerdings besiegelte Hitlers Krieg gegen die Sowjetunion auch das Ende dieser Gemeinsamkeit. In der Barbarei des Ausrottungskrieges ist die alte militärische Klasse untergegangen, die einst die deutsch-russische Zusammenarbeit getragen hatte.

Nach dem Sieg der Roten Armee, nach der Vertreibung der

Deutschen aus dem östlichen Mitteleuropa, nahm die alte, neurotisch aufgeladene Ambivalenz in der deutschen Teilung und im Kalten Krieg zum ersten Mal staatlich verfestigte Gestalt an. Was gut und böse war, unterlag nun klar definierten Maßgaben. Die Wippe wurde gewissermaßen völkerrechtlich festgeschraubt, auch wenn die alten Affekte im stillen weiter rumorten. Die neue Ostpolitik versetzte ihr einen ersten Dämpfer, doch erst 1989 ist Deutschlands »langer Weg in den Westen« an ein irreversibles Ende gekommen. Daran können auch die chimärischen Versuche, dieses Resultat in Frage zu stellen, nichts ändern, die eine deutsche Regierung aus Anlaß des Zweiten Irak-Krieges unternommen hat. Die »Achse Paris-Berlin-Moskau« war nur eine gespenstische Erinnerung an einen Jahrhundert-Taumel, aus dem die Deutschen sich endlich befreit haben. Sie haben sich mit dem Verlust ihrer alten Siedlungsgebiete in Schlesien und Ostpreußen abgefunden, und auch wenn der Verzicht auf ihre alte Gegnerschaft den Polen schwerfällt, werden sie auf die Dauer ohne einen Erzfeind im Westen auskommen müssen.

Zugegeben: Eine derart skizzenhafte Rekapitulation hat keinem historisch einigermaßen Bewanderten etwas Neues zu bieten. Vielleicht kann sie dem, der Hammerstein und seine Zeitgenossen verstehen möchte, dennoch dienlich sein.

Die Grüße des Marschalls

Ruth von Mayenburg erinnert sich: »Des wichtigsten Auftrags, den ich wochenlang wie eine Zeitbombe mit mir herumtrug, ohne ihn loswerden zu können, entledigte ich mich nicht im faschistischen Deutschland, sondern im faschistischen Italien.

232

In Berlin bot sich keine Gelegenheit, Hammerstein in Ruhe zu sprechen. Daß es zur entscheidenden Unterredung in der Gegend Südtirols kommen würde, wo einst meine Vorfahren beheimatet waren, nahm ich als gutes Omen; Hammerstein fuhr nach Bozen-Meran. Zur Erholung, wie er sagte, was ich ihm nicht recht glaubte. Auf einem Spaziergang durch die blühende Landschaft ließ ich leicht und wie nebenbei, wie ein Taschentuch, die Bombe fallen: ›Marschall Woroschilow läßt dich herzlich grüßen. Ein Major der Roten Armee hat die Ehre, dem Generaloberst von Hammerstein die Grüße des Volkskommissars für Verteidigung persönlich zu überbringen.‹

Eine Weile gingen wir schweigend nebeneinander her. Das preußische Offiziersgesicht, von der Seite gesehen, zeigte keine Bewegung. Alles daran war mir vertraut: die breite, helle Stirn, an den Schläfen abgeflacht im rechten Winkel; der schmale, von dem kurz und energisch vorspringenden Kinn zurückgedrängte Mund; die feine kleine Nase zwischen den rotgesprenkelten Wangen; und dann die merkwürdige Geschwulst vor dem linken Ohr, die sich zum Hals hinunterzog. Nach Zeiten längerer Abwesenheit fand ich sie von Mal zu Mal größer geworden. Wenn ich ihn aber triezte, das ›Ding‹ doch ernsthaft untersuchen zu lassen, wurde er ungeduldig: ›Laß doch! Ne harmlose Sache – Drüsenschwellung.‹ [1943 starb Hammerstein an dem Krebsgeschwür, das sein Arzt, Ferdinand Sauerbruch, für nicht mehr operabel hielt; den homöopathischen Hausarzt, dem Hammerstein vertraute, hatten die Nazis ins Gefängnis gesperrt.]

Hammerstein brach zuerst das Schweigen: ›Warst du drüben?‹

›Ja.‹

›Die Russen denken, ich könnte was tun, stimmt's?‹

›Ja.‹

›Fährst du wieder rüber?‹

›Ja.‹

›Was ich mit dir spreche, geht nicht über die Berliner Botschaft hinüber?‹

›Nein.‹

Für die Russen hatte sich Hammerstein einige handfeste Ratschläge zurechtgelegt: Sie sollten alles daransetzen, ihre Beziehung zu den Engländern zu verbessern – der Pakt mit Frankreich werde ihnen nichts eintragen; die gründlichere Ausbildung der unteren und mittleren Kader der Roten Armee wäre jeder Mühe wert; ›alles auf Räder stellen‹ – ohne maximale Motorisierung hülfe ihnen ›der ganze Clausewitz wenig‹.

Im übrigen müßte er seine alten Freunde enttäuschen. (Hako las mehr als Enttäuschung von meinem Gesicht ab.) ›Was soll ich dir noch sagen…? Sag ihnen: Hammerstein-Equord erwidert die Grüße von Marschall Woroschilow. Ich dächte nicht anders als zu der Zeit, da wir uns gut standen und zusammengearbeitet haben. An einem Krieg gegen sie würde ich nicht teilnehmen.‹

Ich wartete, ob er noch etwas zu sagen habe, weil eine Überlegungspause darauf hindeutete. ›Sag ihnen – nein, das ist alles. Mehr kann ich nicht versprechen.‹

Beim Abschied umarmte er mich und fragte: ›Kommst du zurück nach Berlin?‹ Ich spürte sein Herz klopfen, die ungeschickt streichelnde Hand auf meinem Haar. Aus dem Abgrund von Traurigkeit, in den alles versank, was da rundherum vorging – der Bahnhofslärm, die hastenden Menschen, selbst der Mann, der mir so nahestand –, holte mich seine Stimme herauf. Begleitet von ein paar heftigen Herzschlägen, eine Warnung: ›Hüte dich vor Tuchatschewski!‹«

Die geköpfte Armee

Für diesen ominösen Satz gibt es nur eine Erklärung: Hammerstein, der nach wie vor gute Verbindungen hatte, muß von Gerüchten erfahren haben, die im Herbst 1936 in Kreisen der deutschen Abwehr kursierten und Michail Tuchatschewski, den Marschall der Roten Armee, betrafen.

Tuchatschewski stammte aus einer russischen Adelsfamilie. Im Ersten Weltkrieg hatte er als Leutnant gegen die Deutschen gekämpft, wurde gefangengenommen und verbrachte 1916 einige Monate in einem Ingolstädter Lager. (Dort ist er übrigens Charles de Gaulle begegnet, mit dessen Hilfe ihm die Flucht nach Frankreich gelang.) Über London erreichte er 1917 Sankt Petersburg, schloß sich der Roten Armee an und stand bald im Krieg gegen Polen als Kommandierender General an der Front. Schon damals geriet er in eine Auseinandersetzung mit Stalin, den er für die Niederlage im polnischen Krieg verantwortlich machte.

Seine weitere Karriere verlief steil. Er wurde Stellvertreter Woroschilows, des Volkskommissars für Verteidigung. Von Anfang an trat er für die Modernisierung der Armee ein und forderte ihre Vorbereitung auf den Luftkrieg und die Entwicklung der Panzerwaffe. Um diese Ziele zu erreichen, nahm er Kontakte zur Führung der Reichswehr auf. Dabei lernte er auch Hammerstein kennen, mit dem er sich auf deutsch unterhielt und den er bei mehreren Manövern begleitete.

Wie weit es mit seiner kommunistischen Überzeugung her war, ist nicht ganz klar. Der erste (illegale) Fliegergeneral der Weimarer Republik, Generalmajor Hilmar von Mittelberger, der ihn 1928 kennenlernte, behauptete damals: »Allgemein wisse man, daß er nur aus Opportunitätsgründen Kommunist

Tuchatschewski als junger Soldat

geworden sei. Man traue ihm auch den persönlichen Mut zu, den Absprung vom Kommunismus zu wagen, falls es ihm im Verlauf der weiteren Entwicklung angezeigt erscheinen sollte«, eine Einschätzung, an deren Stichhaltigkeit Zweifel erlaubt sind. Fest steht allerdings, daß er bis zuletzt und sicherlich zu lange an der Kooperation mit den Deutschen festhielt. Noch im Oktober 1933 erklärte er: »Die deutsche Reichswehr war der Lehrmeister der Roten Armee. Vergessen Sie nicht, es ist die Politik, die uns trennt, nicht unsere Gefühle, die Gefühle der Freundschaft der Roten Armee zur Reichswehr.«

Im Spätherbst 1936 kam es zu einer großangelegten Geheimdienst-Intrige gegen Tuchatschewski. Zwielichtige Pariser Emigrantenkreise hatten das Gerücht gestreut, daß eine Gruppe von Verschwörern in der Roten Armee einen Putsch plante. Ihr Ziel sei ein Attentat auf Stalin und eine Militärdiktatur. Der deutsche Sicherheitsdienst unter Führung von Heydrich nahm diese aus der Luft gegriffenen Behauptungen auf und stellte gefälschte Dokumente her, die sie zu erhärten schienen. Dabei verwendete er Schriftstücke aus der Zusammenarbeit mit der Reichswehr, die die Originalunterschrift von Tuchatschewski trugen. Dabei waren auch Briefe an Hammerstein aus den zwanziger Jahren, die reine Routinesachen behandelten. Nur die Signatur wurde für die Fälschungen verwendet. Dieses Material wurde dann über einen tschechischen Agenten in Berlin dem Prager Präsidenten Beneš zugespielt. Hammerstein muß von diesen Papieren erfahren und sie für authentisch gehalten haben; er ahnte, was bevorstand, und wollte Ruth von Mayenburg vor den Folgen warnen, die es für sie haben konnte.

Heydrichs brillante Provokation sollte sich tatsächlich als wirksam erweisen. Beneš, der die gefälschten Dokumente für

237

Michail Tuchatschewski,
kurz vor seiner Hinrichtung, 1937

glaubhaft hielt, übergab sie am 7. Mai 1937 dem sowjetischen Gesandten in Prag, der sie unverzüglich an Stalin weiterleitete. Das Politbüro schloß aus den gefälschten Papieren, daß die angeblichen Verschwörer eine enge Zusammenarbeit mit Hitler-Deutschland planten. Kurz darauf kam es in Moskau zu den ersten Verhaftungen. Tuchatschewski war am 26. Mai an der Reihe. Der Prozeß vor dem Militärgericht endete mit Todesurteilen für den Marschall und seine Mitangeklagten; sie wurden am 11. Juni im Hof der Lubjanka erschossen.

Der anschließenden Säuberung fielen drei von fünf Marschällen und dreizehn von fünfzehn Generälen zum Opfer. Allein 6000 Offiziere vom Oberst aufwärts wurden verhaftet und 1500 von ihnen hingerichtet. Insgesamt sollen über 30000 Kader der Roten Armee ermordet worden sein. Übrigens überlebten auch die meisten von Tuchatschewskis Richtern den Prozeß nicht lange; sie wurden ebenfalls liquidiert.

Bis zum Ausbruch des Zweiten Weltkrieges hat die Rote Armee sich von dieser »Enthauptung« nicht erholt.

Helga oder die Einsamkeit

Leo Roths Tod muß Helga von Hammerstein schwer getroffen haben. Sie hat nie ein Wort über diese Zeit gesprochen. Auch hat sie sich später strikt geweigert, Herbert Wehner, dem sie zuletzt 1936 in Prag begegnet war, nach 1945 wiederzusehen; und als Nathan Steinberger, der mit Leo Roth befreundet war, ihr von dessen Tod berichten wollte, hat sie es abgelehnt, ihn anzuhören. »Wir haben von all dem nichts gewußt«, sagen ihre Geschwister. Ihr Vater, von dem man das nicht sagen kann, hat sie bis zu seinem Tod beschützt und ihre russische Passion mit Stillschweigen übergangen.

Untätig war sie nie. Schon nach dem Schulabbruch hatte sie eine private Chemieschule besucht und ein halbes Jahr in einem Laboratorium gearbeitet. Als sie einsah, daß sie auf diese Weise keine ausreichende Qualifikation erwerben konnte, ging sie als Gasthörerin an die Technische Hochschule und suchte sich eine Schule in Neukölln, einem Arbeiterquartier, um das Abitur nachzuholen; schon 1934 und 1935 konnte sie ihre beiden Abschlußexamen ablegen. Dann arbeitete sie zuerst, wie Ruth von Mayenburg berichtet, ein Jahr lang am Kaiser-Wilhelm-Institut für Chemie, dann bis 1938 in der Industrie und wurde 1939 mit *Beiträgen zur Kenntnis von Kunstharzen als Zusatz zu Viskosespinnlösungen* am Technisch-Chemischen Institut der TH Berlin promoviert.

Erst in diesem Jahr ging sie eine neue Bindung ein; sie hatte über einen gemeinsamen Freund, den Berliner Maler Oskar Huth, einen jungen Mann kennengelernt, der sie um zwei Haupteslängen überragte und ihr gefiel. Politisch stimmten sie überein. Vor 1933 waren sie im Milieu der militanten Linken zu Hause, doch vom Kommunismus hatten sie sich, jeder auf seine Weise, spätestens nach 1936 entschieden abgewandt; sie hingen eher einem anthroposophisch angehauchten Sozialismus an. Die Gegnerschaft zum Regime der Nationalsozialisten verstand sich für beide von selbst.

Walter Rossow kam aus einer kleinbürgerlichen Familie und hatte Gärtner gelernt. Sie heirateten 1939, kurz vor dem Krieg. Zum *Quatorze Juillet* sagte Helga sich in Paris zu einem Besuch bei Hubert von Ranke an. »Ich ging noch mit ihr bis zur großen Parade, und wir hatten sehr ernste politische Gespräche, verabredeten auch, wie wir weiter in Verbindung

Helga von Hammerstein, etwa 1932/33

bleiben könnten, was auch immer geschehen möge. Ihr Vater, Generaloberst Kurt von Hammerstein-Equord, war bald nach der nationalsozialistischen Machtübernahme aus seiner hohen aktiven Stellung entfernt worden, hielt aber mit seinen Generalskameraden das Geschehen genau im Auge und war von tiefstem Mißtrauen gegen Hitlers Kriegspläne erfüllt. Das waren aufregende Aspekte. Als Grete [Helga] sich von mir verabschiedete, ahnten wir beide, daß dies für lange Zeit sein werde, wenn wir überhaupt die kommende Epoche überleben würden.«

Helgas Mann galt wegen eines Lungenleidens als kriegsuntauglich; er entging der Einberufung. Das erlaubte ihm, während des Zweiten Weltkriegs in Stahnsdorf im Südwesten von Berlin eine Gärtnerei auf biodynamischer Basis zu gründen. Das war eine Nische, in der sie überleben konnten und die sich für die ganze Hammerstein-Familie und ihren Freundeskreis als segensreich erwies. Die Rossows konnten sie mit Obst und Gemüse versorgen.

Fünfte Glosse.
Über den Skandal der Gleichzeitigkeit

»Zu den schockierendsten und zugleich wichtigsten Erfahrungen bei dem Sichhineinarbeiten in eine uns, den Nachgeborenen, fremde Zeit, gehört die von der Gleichzeitigkeit der Ungleichzeitigkeit, die vom Nebeneinander von Terror und Normalität, von Gewöhnlichem und Sensationellem, von Schlagzeile und Kleingedrucktem, von politischem Leitartikel und Anzeigenprosa, von retuschiertem Propagandafoto und belangloser Reklame, wie sie einem bei der Lektüre von Zeitungen entgegentreten.«

Soweit der Historiker Karl Schlögel, und er fährt fort: »Hier stehen neben der Verkündung der Todesurteile die Ankündigung eines Klavierwettbewerbs; Berichte über die Ausweitung des Netzes von Friseursalons und chemischen Reinigungen neben den Meldungen über wachsende Kriegsgefahr. Im Kinotheater laufen Kinokomödien à la Hollywood, während sich die Wohnungen im benachbarten ›Haus der Regierung‹ infolge der Verhaftungen leeren. Die Gefängnisse sind in Sichtweite neu errichteter Schulen und jeder weiß, was die schwarzen Lieferwagen transportieren.«

Schlögel zitiert aus der *Prawda* und aus der Moskauer Abendzeitung *Wjetschernaja Moskwa* des Jahres 1936. Aber was er beschreibt, gilt auch für die *Münchener Abendzeitung* des Jahrgangs 1938. In ein und derselben Nummer des Blattes kann man folgendes lesen: »Bonbonniere: Der Erfolg steigert sich! Täglich 8 Uhr *Die Humorspritze*... Die alte Synagoge und der letzte Betsaal der Juden in München ist beseitigt... Man wälzt Probleme und übersieht dabei die nächstliegenden Dinge. Versuchen Sie einmal *Schwarz Weiß*, dann wird Ihnen urplötzlich klar, wie unwahrscheinlich gut und vorteilhaft man rauchen kann... Alle Angebote mit diesem Stern sind mit der gut bekannten Immerglatt-Einlage verarbeitet... Für den Vertrieb meiner erstklassigen Korselett-Hüftformer u.s.w. suche ich tüchtige Vertreterinnen. Korsetten Kleeberg seit 1933 rein arisches Geschäft... Gauleiter Wagner rechnet mit dem Judentum ab... Letzte Wiederholung: *Das Weib bei fernen Völkern*. Spätvorstellung *Diskretion Ehrensache*... Die Judengeschäfte sind nicht bloß zeitweilig, sondern dauernd geschlossen... Welche ältere Frau, sich einsam fühlend, möchte mit mir son-

Straßenbild. Moskau 1935/36

nigen Lebensabend verbringen. Habe Frohsinn und suche Glück… Große Hubertusfeier des Jagdgaues Oberbayern… Mit dem kürzlich erfolgten Übergang der Firma Felsenthal & Co, Zigarren- und Tabakfabriken, in deutschen Besitz kann der Arisierungsprozeß in der deutschen Zigarrenindustrie im großen und ganzen als abgeschlossen angesehen werden… Sekt ist billig, Haus Trimborn Cabinet mit Zusatz von Kohlensäure ½ Fl. 1.50… Bis jetzt sind in München etwa 1000 Juden verhaftet worden und zwar deshalb, um für alle Fälle Faustpfänder in der Hand zu haben. Dabei hat sich gezeigt, daß jeder von ihnen irgend etwas bereits auf dem Kerbholz hat.«

Allerdings stellen die weithin sichtbaren Pogrome vom November 1938 eher die Ausnahme als die Regel dar. Im Gegensatz zu den Stalinisten haben die Nazis ihre Verbrechen gewöhnlich nicht offen zur Schau gestellt, sondern als »Geheime Reichssache« getarnt. Gemeinsam sind beiden Regimes jedoch die Ungleichzeitigkeiten, von denen Schlögel spricht. Sie haben mit der unbesiegbaren Zähigkeit des Alltags zu tun. Wenn es um Wohnungsnot, Liebschaften, Geldsorgen, um das tägliche Mittagessen und um das Waschen der Windeln geht, stoßen Ideologie und Propaganda irgendwann an ihre Grenzen. In diesem Sinn kann nur von totalitären, nicht aber von totalen Gesellschaften die Rede sein. Selbst unter den extremen Bedingungen der Konzentrationslager ist es den Bewachern nie gelungen, die Alltäglichkeit vollständig auszulöschen; selbst dort wurde noch getauscht, geflüstert, gestritten und geholfen.

Um so mehr gilt das für die Überreste der Zivilgesellschaft im Reiche Hitlers. Zahlreiche Nischen haben dort bis in die letzten Jahre des Krieges überlebt. In den Sommern waren die

Badestrände überfüllt, man widmete sich der Bienenzucht, spielte Fußball, sammelte Briefmarken oder ging segeln. Die Volksgemeinschaft blieb Fiktion. Während die einen nach Feierabend ihren Schrebergarten kultivierten, gingen andere zum Tanztee ins *Adlon* oder trafen sich im Jockeyclub.

Trotzdem hat es natürlich nicht an Versuchen gefehlt, auch die residuale Lebenswelt zu kontrollieren und nutzbar zu machen. Die Massenunterhaltung genoß hohe Priorität. Während die Nürnberger Gesetze verkündet wurden, produzierte die UFA Filme wie *Immer wenn ich glücklich bin* und *Zwei mal zwei im Himmelbett*. Auf dem Höhepunkt der Aufrüstung wurden unter dem Motto »Kraft durch Freude«, das jede heutige Werbeagentur vor Neid erblassen ließe, Urlaubsreisen und Kreuzfahrten für die »Arbeiter der Stirn und der Faust« organisiert. Im übrigen stieß die totale Herrschaft in den dreißiger und vierziger Jahren auch auf technische Grenzen. An Überwachungsmöglichkeiten, wie sie heute auch in demokratisch verfaßten Gesellschaften zum Alltag gehören, war damals noch nicht zu denken. Das erklärt vielleicht, wie erstaunlich offenherzig und unvorsichtig viele Tagebücher und Briefe aus jenen Jahren anmuten und wie folgenlos das allgegenwärtige »Meckern« gewöhnlich blieb. Die Hauptquelle der Gestapo war nicht ein allgegenwärtiger Abhör- und Überwachungsapparat, sondern die grassierende Denunziation.

Daß es unter den Bedingungen eines solchen Regimes Zonen scheinbarer Normalität gegeben hat, ist allerdings kein Trost; im Gegenteil, es mutet eher unheimlich an. Den Nachgeborenen muß es schwerfallen zu verstehen, wie ungerührt »unpolitische« Lebenswelten im Angesicht des Terrors überwintern konnten. Dem Skandal der Gleichzeitigkeit ist jedoch mit rasch gefällten moralischen Urteilen nicht beizukommen;

246

denn er läßt sich nicht einfach auf die Vergangenheit zurück-
datieren. Seine Virulenz ist auch unter heutigen, weit komfortableren historischen Bedingungen nicht erloschen.

Besuche auf dem Lande

Seine Kontakte mit Gleichgesinnten hat Hammerstein, mit
der gebotenen Vorsicht, immer aufrechterhalten. Zu ihnen
gehörte die Familie der Grafen zu Lynar, die ein Gut im Spree-
wald besaßen. (Der Graf war in den vierziger Jahren der Adjutant des Generalfeldmarschalls Erwin von Witzleben, der
nach dem 20. Juli 1944 hingerichtet wurde.)
In seinem Tagebuch notiert Ulrich von Hassell, was ihm bei
einem Besuch im Dezember 1937 auffiel: »Bei Kurt Hammerstein. Er ist so ungefähr das Negativste gegenüber dem
Regime der ›Verbrecher und Narren‹, das man sich vorstellen
kann, hat auch wenig Hoffnung auf die geköpfte und ent-
mannte Armee.«
Bei Carl-Hans Graf von Hardenberg kann man in einem Er-
lebnisbericht, den er zu Silvester 1945 niederschrieb, ebenfalls
einiges über die Ansichten seines Freundes nachlesen:
»Der sehr kluge Generaloberst Freiherr von Hammerstein,
der trotz seiner schweren Erkrankung – er starb noch vor dem
20. Juli 44 – eng mit Generaloberst Beck zusammenarbeite-
te, vertrat die Auffassung, daß unbedingt von einem Attentat
abgesehen werden müßte, da der Deutsche politisch derart
wenig begabt sei, daß er die Notwendigkeit *nie* einsehen werde, wenn er nicht den bitteren Kelch bis zur Neige tränke. Er
würde vielmehr immer behaupten, daß der Ehrgeiz das Genie

247

Carl-Hans Graf von Hardenberg

Hitler umgebracht hätte. Wir haben diese Auffassung ernst erwogen und ihre Richtigkeit nicht leugnen können. Wenn wir ihr schließlich nicht gefolgt sind, so aus der Überlegung heraus, daß es Pflicht derer sei, die klar sehen, die deutsche Jugend nicht weiter sinnlos sterben zu lassen.«

Reinhild Gräfin von Hardenberg erinnert sich an viele Begegnungen in jenen Jahren. Schon während Hammersteins Amtszeit als Chef der Heeresleitung waren er und seine Familie oft zur Sommerfrische oder über das Wochenende in Neuhardenberg zu Gast, wo man ihnen das Komturhaus zur Verfügung stellte. Man fuhr mit dem Dienstwagen hin, ging zur Jagd und erfreute sich der idyllischen Umgebung.

»Die Hochachtung, die mein Vater [Carl-Hans Graf von Hardenberg] für Kurt Hammerstein empfand, beruhte auf der auffallenden Zivilcourage, mit der er den Anordnungen des nationalsozialistischen Regimes begegnete. Hammerstein war den Menschen zeit seines Lebens ebenso treu wie seinen Grundsätzen.

Die Freundschaft zwischen Kurt und Maria Hammerstein und meinen Eltern übertrug sich auch auf mich und deren Kinder. Vor allem galt dies für Hildur und Ludwig Hammerstein. Groß und schlaksig mit einer starken Brille vor den kurzsichtigen Augen wirkte Ludwig immer ein bißchen unterernährt. Er war oft zu Gast in Neuhardenberg und trug mit seiner liebenswürdigen Frechheit viel zur Unterhaltung bei. Zeit seines Lebens zeichnete Ludwig große Toleranz Andersdenkenden gegenüber aus. Manchmal beschlich mich jedoch das Gefühl, daß diese Toleranz eher aus Konfliktscheu resultierte, denn er wich Auseinandersetzungen eigentlich nach Möglichkeit aus. Um so bemerkenswerter ist es, daß er sich ohne Wenn und Aber dem Widerstand zur Verfügung gestellt hat.«

Auf Schloß Neuhardenberg gaben sich in jenen Jahren die Besucher die Klinke in die Hand. Es waren vor allem Freunde des Grafen, die mit ihm die politische und militärische Situation besprachen: neben Hammerstein vor allem Kurt von Plettenberg, Ulrich von Hassell, die Grafen von der Schulenburg, General Ludwig Beck, Heinrich Graf von Lehndorff, Fabian von Schlabrendorff und Nikolaus von Halem.

Als Anlaß dienten die Jagdgesellschaften, die zu den Ritualen der Adelsgesellschaft gehörten. Auch Hammersteins Sohn Ludwig, mit dem er sich gut verstand, war meistens mit von der Partie.

»An Jagdtagen blies ein Förster schon im Morgengrauen mit seinem Jagdhorn an jeder Hausecke den Fürstengruß zum Wecken. Nach einem gemeinsamen Frühstück fuhr mein Vater mit den Jagdgästen in den Wald. Dort wies Forstmeister Ristow den Schützen ihre Plätze zu, und die Jagdhörner bliesen das erste Treiben an. Jetzt begannen postierte Treiber das Wild in Richtung der Schützen zu ›drücken‹, bis ein weiteres Hornsignal das Treiben beendete. Mittags gab es im Wald eine dicke Suppe und Glühwein. Im Herbst wurden Enten und im Winter Sauen, Hasen, Rotwild und Rehe geschossen. Im Tempelberg gab es auch Trappen, große, scheue Steppenvögel, die sich allerdings selten zeigten.

Mit einsetzender Dämmerung endete die Jagd, und die ganze Meute kehrte ins Schloß zurück. Vor der Treppe des Hauses wurde das erlegte Wild je nach Gattung auf einem Brett aus Tannenzweigen am Boden aufgereiht, als ›Strecke gelegt‹. Wieder erklangen die Jagdhörner, die Strecke wurde von den Förstern ›verblasen‹. Für jede Wildgattung erklang ein eigenes kurzes Signal, zum Schluß ›Jagd vorbei‹. Dann verschwanden die Gäste in ihren Zimmern, um sich für das feierliche Diner umzuziehen, zu dem die Jäger und die Damen wieder im Gartensaal erschienen.«

Ein Abschied

Im Oktober 1937 kam Ruth von Mayenburg, wie immer mit hervorragend gefälschten Papieren, noch einmal nach Berlin. Ihre Agententräume waren zu dieser Zeit, ohne daß sie es ahnte, bereits ausgeträumt.

»Erster Anruf bei Hammerstein. Maria Hammerstein war am Apparat, ein wenig kühl und abweisend: ›Mein Mann ist auf der Jagd. Wann er zurückkommt, weiß ich nicht. Bleiben Sie wieder länger im Land?‹ Nein, ich bleibe nicht länger, aber ich hätte gern Ihren Mann, die ganze Familie wiedergesehen. ›Man weiß ja nie, was kommt…‹ Da sie mich nicht aufforderte, sie zu besuchen, habe ich das Haus in Dahlem und niemanden von den Hammersteins je wieder aufgesucht – außer in meinem Kopf und Herzen. Nur Hakos Stimme erreichte mich noch einmal in der Lietzenburger Straße, von einem Telephonautomaten aus: ›Hörst du mich, Kleine?‹ – ›Du bist so weit – schrecklich weit!‹ ›Ich rufe nicht von zu Hause aus – sei vorsichtig, Kleine!‹ Er wollte sich gleich melden, wenn er wieder von seinen Jagdbesuchen zurück sei. ›Hals- und Beinbruch, Hako! Ich geh' auch auf die Jagd…‹ Es war ein kurzes jägerisches Gespräch, für fremde Ohren unverständlich, und zum Abschluß das gegenseitige Versprechen: ›Auf bald!‹ Wir haben es nicht gehalten.«

Eine postume Unterhaltung
mit Ruth von Mayenburg (III)

E: Ich fürchte, Ihnen auf die Nerven zu gehen mit meiner ewigen Fragerei.

M: Unsinn. Ich habe Sie schon erwartet. Tun Sie sich nur keinen Zwang an.

E: Ich habe in Ihrem Buch gelesen, das 1969 unter dem schönen Titel *Blaues Blut und rote Fahnen* erschienen ist, und da ist mir aufgefallen, wie begeistert Sie sich über die Sowjetunion äußern.

M: So?

E: Zum Beispiel, wo sie von Ihren Begegnungen mit Marschall Woroschilow erzählen, der ja, wie Sie selber sagen, einer der engsten Gefährten Stalins war: »Seinen Händedruck spüren, in seine hellen Augen blicken, das war, als schautest du geradewegs ins Antlitz der großen bolschewistischen Partei Lenins, die die Revolution zum Sieg führte, die Rote Armee schuf und den Sozialismus aufbaute.« Und so weiter.

M: Ach ja, das stimmt. Das habe ich ganz vergessen.

E: Von der großen *tschiska* und vom Terror ist nur ganz am Rande die Rede, als ginge es um bedauerliche Ausrutscher.

M: Das ist aber gar nicht charmant, mein Lieber, daß Sie mir solche Zitate vorhalten. Sie dürfen übrigens gerne rauchen, wenn Sie möchten. Ich habe längst damit aufgehört, aber ich liebe den Geruch des Tabaks. Eine Erinnerung an alte Zeiten. Habe ich Ihnen erzählt, daß Hammerstein immer eine gute Zigarre in der Tasche hatte?

E: Sie lenken ab, gnädige Frau!

M: Natürlich tue ich das, wenn Sie mir so unangenehme Fra-

Wjatscheslaw Michailowitsch Molotow,
Jossif Wissarionowitsch Dschugaschwili (Stalin),
Kliment Jefremowitsch Woroschilow, 1938

gen stellen. Aber ich will Ihnen gerne antworten, solange Sie nicht auf die Idee kommen, mich zu verhören.

E: Das würde ich mir nie erlauben.

M: Also gut. Direkt betroffen war ich nur von den Säuberungen an der Spitze der Roten Armee. Es begann mit dem geheimen Kriegsgerichtsverfahren gegen Marschall Tuchatschewski und seine Mitangeklagten. Die Armee wurde damals gewissermaßen enthauptet, und dabei fielen auch die Köpfe meiner Vorgesetzten.

E: Man hat sie alle des Verrats bezichtigt.

M: Das war eine gezielte und sehr erfolgreiche Desinformationskampagne der deutschen Seite. Man hat sogar meinen Freund Hammerstein ins Spiel gebracht, und zwar mit gefälschten Dokumenten, die er nie zu Gesicht bekommen, geschweige denn unterschrieben hat. Natürlich war ich an diesen Vorgängen nicht beteiligt. Ich wußte mir keine Erklärung für die Zerschlagung der Armeeführung.

E: Sie sind unbehelligt geblieben?

M: Mehr oder weniger. Nach den Verhaftungen herrschte zunächst einfach Funkstille. Meine Dienststelle gab kein Lebenszeichen mehr von sich. Dimitrow hat sich persönlich dafür eingesetzt, daß ich von meinen Verpflichtungen dem Militärapparat gegenüber befreit wurde, so daß ich mit meinem Mann in Moskau zusammenleben konnte.

E: Ernst Fischer, nicht wahr?

M: Ja. Er war ein führender Mann der österreichischen KP im Exil.

E: Und da waren Sie beide Gast in dem wohlbekannten und berüchtigten Hotel *Lux*…

M: … das ich zuvor nie betreten hatte. Denn solange ich konspirativ tätig war, hatte ich mit der Komintern nichts zu tun.

Ruth von Mayenburg, etwa 1955

Das war schon aus Sicherheitsgründen ausgeschlossen. Ich habe ja für die Rote Armee gearbeitet. Das war etwas ganz anderes.

E: Etwas Besseres?

M: Jedenfalls waren das keine Stubenhocker.

E: Vielleicht findet sich deshalb in den Moskauer Archiven auch keine der üblichen Kaderakten über Sie.

M: Die Rote Armee hat ihre eigenen Geheimnisse gehütet.

E: Mir ist aufgefallen, daß Sie in Ihrem zweiten Buch, das 1978 erschienen ist, einen ganz anderen Ton anschlagen als in Ihren Memoiren. Von Begeisterung ist da nicht mehr viel zu spüren. Sie bezeichnen die Mitarbeiter der sowjetischen ›Organe‹ deutlich genug als Bluthunde. Auch Ihr Urteil über Woroschilow klingt merklich abgekühlt. Sie nennen ihn jetzt »einfältig, daher ungefährlich«.

M: Man lernt eben nicht aus.

E: In einem Film über das Hotel *Lux*, den Heinrich Breloer Anfang der neunziger Jahre gedreht hat, sind Sie als Zeitzeugin aufgetreten. Sehr eindrucksvoll, wie genau Sie sich an den Albtraum der Säuberungen erinnern, an die gegenseitigen Denunziationen, an denen, wie Sie sagen, auch Herbert Wehner beteiligt war…

M: Wir hausten Tür an Tür mit ihm. Wir waren jede Nacht darauf gefaßt, daß das NKWD anklopfte, um uns abzuholen. »Fahrt lieber nach Deutschland zurück«, habe ich damals den Emigranten gesagt. »Es ist besser, unter den Feinden zu sterben als unter den Freunden.«

E: Aber Sie sind geblieben, bis zuletzt.

M: Ja, bis zum Sieg über Hitler.

E: Und danach. Bis zu Ihrer Rückkehr nach Wien.

M: Wenn Sie es ganz genau wissen wollen: Ich habe die Partei

04225-3 IV.

Форма „А"

(71)

ПРИМЕЧАНИЕ. Ответы на все вопросы анкеты должны даваться точные и подробные.
Подчеркивания не допускаются.

АНКЕТНЫЙ ЛИСТ

1. Наименование учреждения ....
2. Занимаемая должность ....
3. Время зачисления на работу и № приказа ....
4. Время ухода с работы, № приказа, причины ухода ....

ВОПРОСЫ:	ОТВЕТЫ:	
1. Фамилия, имя, отчество (псевдоним литературный, либо другой). При перемене фамилии указывать старую (замужним указывать и девичью фамилию).	Wehner, Richard Herbert. Kurt Funke (Parteiname)	
2. Время и место рождения. Для родившихся в СССР указать место рождения по старому (губ., уезд, волость и деревня) и новому (обл., край, район и село) районированию	11.7.06 ; Dresden	
3. Точно указать сословие или происхожд. до революции (из крестьян, мещан, дворян, купцов, дух. зван., воен. сословия).	Arbeiter.	
4. Родители:	ОТЕЦ	МАТЬ
а) Фамилия, имя и отчество (указать девичью фамилию матери).	Wehner, Richard Robert	Alma Antonie, geb. Dien...
б) Сословие и происхождение.	Arbeiter	Arbeiter
в) Владели ли недвижимым имуществом, каким именно и где.	nein	nein
г) Чем занимались до революции (указать конкретно).	Arbeiter	Arbeiterin
д) Чем занимаются и где находятся (точный адрес) в настоящее время.	Arbeiter in Dresden (z.Zt. Erwerbslos)	Arbeiterin in Dresden.
5. Ваша профессия или специальность.	ungelernter Arbeiter	
6. Национальность.	deutsche	
7. Подданство (гражданство).	deutsche	
8. Семейное положение (холост, женат, вдов). Перечислить всех членов семьи.	verheiratet	
а) Фамилия, имя и отчество жены (девичью), мужа.	Charlotte Henriette Treuber	
Где и на какой должности работала (работает) жена (муж).	technische Parteiarbeiterin	
9. Родители жены (мужа):	ОТЕЦ	МАТЬ
а) Фамилия, имя. отчество.	Julius Treuber	
б) Чем занимались до революции.	Arbeiter	Hausfrau
в) Чем занимаются и где находятся (точный адрес) в настоящее время.	erwerbslos, Berlin	Hausfrau

Herbert Wehner, Personalbogen, Moskau 1937

1966 verlassen. Und Ernst Fischer, meinen Mann, haben sie ein Jahr nach dem Prager Frühling ausgeschlossen. Für ihn war das sehr schwer, aber ich hatte schon lange zuvor die Lust verloren.

E: Die Lust?

M: Sagen Sie, mein lieber Freund, haben Sie nie mit Drogen zu tun gehabt? Ich spreche nicht von Ihren Zigaretten, sondern von feineren, stärkeren und viel gefährlicheren Dingen. Mittel, von denen Sie sich versprechen, daß sie Ihrem ziemlich nutzlosen Dasein einen Sinn verleihen. Die Verheißung eines Spiels mit hohem Einsatz. Eine riskante Droge, die Ihnen zu Kopfe steigt und Sie von der Langeweile befreit. Das war für mich der Kommunismus. Sie merken schon, daß ich nicht wie eine gute Genossin spreche. Aber wir sind beide nicht mehr die Jüngsten, und wir brauchen einander nichts vorzumachen.

E: Und wie haben Sie den Entzug geschafft?

M: Dafür gibt es keine Klinik. Manche haben sich sehr schwer damit getan. Aber in meinen Fall war es kein Drama. Für Bekehrungen habe ich nichts übrig. Es war eine ganz allmähliche Abkehr, fast möchte ich sagen: sie hat gewissermaßen hinter meinem Rücken stattgefunden. Nach dem Tod meines Mannes war der Kommunismus eines Tages ganz einfach aus meinem Leben verschwunden.

E: Und Sie haben ihn nicht vermißt?

M: Ich bin ohne ihn ausgekommen. Das sehen Sie doch. Trinken Sie noch eine Tasse Tee mit mir, mein Lieber, bevor es zu spät wird.

Krieg

Schon im September 1938, während der sogenannten »Sudetenkrise«, wollte das Oberkommando der Wehrmacht wieder auf Hammerstein zurückgreifen. Im Rahmen eines Operationsplans mit der Codebezeichnung »Fall Rot-Grün« gegen Frankreich und die Tschechoslowakei war er als Oberbefehlshaber des Armeeoberkommandos 4 vorgesehen.

Am 26. desselben Monats feierte er in Berlin seinen 60. Geburtstag. Unter den Gratulanten erschien auch der Generalstabschef des Heeres, Franz Halder, der Nachfolger Ludwig Becks. Dieser war aus Protest gegen die Entmachtung der Wehrmachtsführung durch Hitler im August zurückgetreten; er hatte erkannt, daß er sich weder auf die Generalität stützen noch Hitler überzeugen konnte, der schon 1934 den Oberbefehl über die Reichswehr übernommen und sie auf sich vereidigt hatte; fortan übernahm er nur noch Generäle in die militärische Führung, die ihm nicht widersprachen.

Halder versicherte Hammerstein, daß er und seine Freunde Beck und Adam handeln würden, falls Hitler es zum Krieg kommen ließe. Sowohl Halder als auch sein Vorgänger Beck waren Mitglieder einer Gruppe von Verschwörern, die im Falle einer militärischen Reaktion Englands auf die Sudetenkrise die Absetzung Hitlers geplant hatten. Unter dem Befehl General Erwin von Witzlebens wurde eine Truppe zusammengestellt, die Hitler im Augenblick der Kriegserklärung festsetzen sollte. Das Münchner Abkommen mit den Zugeständnissen Chamberlains, Daladiers und Mussolinis an Hitler entzog ihnen jedoch, wie sie glaubten, ihre moralische und politische Rechtfertigung.

Übrigens war auch Hitler über seinen Triumph keineswegs

erfreut, sondern verärgert. Er empfand das Abkommen als Niederlage; die Sudetenkrise hatte er als Gelegenheit gesehen, den Krieg im Osten, den er seit 1933 plante, ohne Intervention der Westmächte zu beginnen. Bis zu seinen letzten Bunkermonologen vertrat er die Ansicht, 1938 wäre der richtige Moment für den Kriegsbeginn gewesen. Noch im Vorfeld des Polenkriegs verfolgte ihn der Schatten von München: »Meine größte Sorge ist, daß in letzter Minute wieder ein Schweinehund mit einem Vermittlungsplan kommt«, sagte er zu seinen Generälen. Wen er damit meinte, ließ er offen – wahrscheinlich spielte er auf das Verhalten Mussolinis an, der sich für einen friedlichen Ausweg aus der Sudentenkrise starkgemacht hatte.

Die Generäle Beck und Adam schieden daraufhin aus dem aktiven Dienst aus, weil sie nicht mehr bereit waren, die Politik Hitlers hinzunehmen. Adam sagte nach dem Krieg: »Hammerstein war ein Mann von größtem Weitblick, ja von einer gewissen politischen Sehergabe. Er war kühl bis ans Herz hinan und ohne sichtbare Leidenschaft. Er machte nie ein Hehl daraus, daß ihn das rein Militärische weniger interessierte. Eigentlich war er Pazifist und Weltbürger. Als ich im Dezember 1939 von Berlin nach Garmisch umzog, hat er mir bei unserer Verabschiedung das schreckliche Ende des Krieges vorausgesagt.«

Hammersteins Frau Maria schrieb zur selben Zeit an ihren Sohn Ludwig: »Papus hält den Krieg für gänzlich aussichtslos, er müßte sofort abgebrochen werden. Näheres kann ich nicht schreiben, zerreiße dies sowieso.«

Nach dem Abitur hatte Ludwig noch mit dem Gedanken gespielt, Berufsoffizier zu werden. Das scheiterte an seiner Kurzsichtigkeit, und er begann ein Bergbaustudium. Als der

Krieg ausbrach, rieten ihm seine Eltern, sich auf keinen Fall freiwillig zu melden. Das bewahrte ihn nicht vor der Einberufung. Ludwig rief den Grafen Hardenberg an, der ein Grenadierbataillon in Potsdam befehligte und ihn unverzüglich anforderte, ein Schritt, der nicht ohne Folgen blieb. Ebenso wie sein Bruder Kunrat wurde Ludwig sofort an die Front geschickt und früh verwundet; er trug einen bleibenden Hörschaden davon. Überdies holte er sich eine Tuberkulose, während Kunrat an multipler Sklerose litt. Das erwies sich als Glück im Unglück; denn fortan wurden sie beide vom aktiven Dienst befreit.

Es ist schwer zu erklären, warum Kurt von Hammerstein vor dem Überfall auf Polen noch einmal reaktiviert wurde, wenn auch nur für wenige Wochen. Am 31. August 39 schrieb er aus Breslau an seine Frau: »Vorläufig heiße ich: Oberbefehlshaber in Schlesien. Habe aber nichts anderes zu thun, wie ein stellvertretender kommandierender General und mache deshalb von dem großkotzigen Titel keinen Gebrauch.«

Kurz darauf wurde er zum Oberbefehlshaber der Armeegruppe A im Westen ernannt. Er quartierte sich in Köln im Hause des Rüstungsindustriellen Otto Wolff ein, den er gut kannte und der sich, freilich erst sehr spät, zum Hitler-Gegner gemausert hatte. Die Begeisterung des Generals hielt sich auch bei diesem Kommando in Grenzen: »Je länger es hier im Westen langweilig bleibt, desto besser«, schrieb er nach Hause. Nach dem Ende des Polenfeldzuges war er sogar noch einmal als »Oberbefehlshaber Ost« vorgesehen; aber dann wurde er schon am 24. September endgültig in den Ruhestand versetzt. Möglicherweise spielte dabei das Gerücht eine Rolle, er habe geplant, Hitler festzusetzen, falls dieser seinen Armeebereich besuchen sollte.

In der Geschichtsschreibung ist dieses Vorhaben umstritten. Hammerstein selbst hat sich nie dazu geäußert. Es gibt jedoch einen Zeugen, nämlich Fabian von Schlabrendorff, der später ein gescheitertes Bombenattentat auf Hitler unternommen und mit den Männern des 20. Juli eng zusammengearbeitet hat. Er beschreibt Hammersteins Absichten so:

»Ein glücklicher Umstand hatte es gefügt, daß Generaloberst von Hammerstein wieder aus der Versenkung hervortrat und den Oberbefehl über eine Armee am Rhein erhielt. An diese Tatsache wurde ein weitreichender Plan geknüpft. Hitler sollte veranlaßt werden, dieser Armee einen Besuch abzustatten, um gerade während des Feldzugs gegen Polen gegenüber dem zu erwartenden Entlastungsangriff Frankreichs die militärische Stärke des Dritten Reiches auch am Rhein zu demonstrieren. Generaloberst von Hammerstein war entschlossen, Hitler bei diesem Besuch festzunehmen und zu stürzen. Als allen Bemühungen Sir Neville Hendersons zum Trotz zwischen England und dem Dritten Reich am 3. September 1939 um 11.15 die Feindseligkeiten ausgebrochen waren, wurde mir die Aufgabe zuteil, den Engländern von dem bevorstehenden Plan Hammersteins Mitteilung zu machen. Die englische Botschaft in Berlin war schon geräumt. Aber es gelang mir, im Hotel *Adlon* Unter den Linden zwischen 1 und 2 Uhr mittags Sir George Ogilvy Forbes zu erreichen und mich meines Auftrags zu entledigen.

Der Plan Hammersteins kam nicht zur Ausführung. Hitler, der eine beinahe unheimlich anmutende Witterung für persönliche Gefahren hatte, sagte den schon in Aussicht genommenen Besuch bei der Armee Hammersteins wieder ab. Kurz darauf verfügte er einen Wechsel in der Armeeführung. So trat Hammerstein erneut in den Ruhestand.«

Im Abseits (II)

Auch nach seinem endgültigen Abschied hat sich der General nur scheinbar in ein stilles Privatleben zurückgezogen. Daß er bis kurz vor seinem Tod an den Vorbereitungen zum Umsturzversuch von 1944 beteiligt war, geht aus einem Schreiben hervor, das der Chef der Sicherheitspolizei und des SD an den Reichsleiter Martin Bormann richtete:

»*Geheime Reichssache*   Berlin, 29. Juli 1944
Betr.: 20. Juli 1944
                 Hintermänner des Anschlags
Bei den Untersuchungen ergibt sich immer wieder, daß die *geistige Vorbereitung des Anschlages* bereits sehr weit zurückreicht. Werner von Alvensleben erwähnt beispielsweise einen Herrenabend, der im Februar 1942 bei dem inzwischen verstorbenen General von Hammerstein stattfand. Teilnehmer waren Beck, Goerdeler, Gessler und der Redakteur Dr. Pechel (vor einiger Zeit wegen seiner gegnerischen Betätigung verhaftet). Schon damals wurde die Lage des Reiches wegen des zu erwartenden Kriegseintritts der USA als so hoffnungslos besprochen, daß man einen *Friedensschluß für unbedingt notwendig* hielt. Gessler hat (was er bisher bestritten) den Auftrag erhalten, einmal *in der Schweiz nach der Feindseite hin zu sondieren.* Gessler war als alter Bekannter von Admiral Canaris für die Abwehr tätig und hat in deren Auftrag verschiedene Reisen in die Schweiz durchgeführt. Er kam im Sommer/Herbst 1942 mit dem Ergebnis zurück (Aussage von Alvensleben), daß *Churchill mit einer nationalsozialistischen Regierung nicht verhandeln wolle.*«
[Otto Geßler war in der Weimarer Republik von 1920 bis 1928 Wehrminister und mußte wegen der geheimen Aufrüstung

der Reichswehr zurücktreten. Er wurde nach dem 20. Juli verhaftet und bis zum Ende des Krieges im KZ Ravensbrück interniert. Der Publizist Rudolf Pechel wurde ständig von der Gestapo observiert; er unterhielt Kontakte zu Goerdeler und Hammerstein und fungierte als Kurier für den Widerstand. 1942 wurde er verhaftet und nach Sachsenhausen und Ravensbrück gebracht; er kam aber mit dem Leben davon und war nach 1945 einer der Begründer der CDU.]

Die Spätgeborenen werden sich vielleicht fragen, warum der Genozid an den Juden in den Beratungen einer solchen Widerstandsgruppe offenbar keine Rolle gespielt hat. Die berüchtigte Wannseekonferenz, auf der die organisatorische Perfektionierung der »Endlösung« beschlossen wurde, hatte im Januar 1942 stattgefunden. Man muß dabei berücksichtigen, daß diese Pläne strikter Geheimhaltung unterlagen. Die Offiziere waren auf Augenzeugenberichte aus den besetzten Ostgebieten und auf Gerüchte angewiesen. Was Hammerstein betrifft, so hat er jedoch schon im Frühjahr 1942 im Familienkreis von »organisiertem Massenmord« gesprochen. Im darauffolgenden Dezember erfuhr er von der Steinhorster Kusine, die in Lemberg für das Rote Kreuz arbeitete, daß die Juden mit Gas umgebracht wurden. Insgesamt haben solche Informationen sich jedoch erst nach seinem Tod im April 1943 verdichtet.
Bezeichnend ist eine Auseinandersetzung, die sein Sohn Kunrat drei Monate später mit seinem Mentor Carl Goerdeler hatte, der auf ein baldiges Losschlagen der Militärs drängte. Kunrat dachte an die Einwände seines Vaters, der gesagt hatte, eine bewaffnete Aktion gegen Hitler sei im Prinzip selbstverständlich richtig, aber man solle die Schwierigkeiten nicht

264

unterschätzen, wozu die meisten Leute neigten; dann lieber die Finger davon lassen, denn der Schade bei einem Mißlingen sei ungeheuer. Die Nazis würden die Gelegenheit sofort zur Beseitigung ihrer sämtlichen inneren Gegner benutzen und damit jede weitere Möglichkeit zunichte machen. »Wenn es einer wagen sollte, Hitler umzubringen«, schrieb Kunrat in sein Notizbuch, »bevor nicht den letzten Deutschen klar geworden ist, in welchen Abgrund wir durch ihn geraten sind, dann kommt ihm die Dolchstoßlüge nach dem Krieg noch zugute. ›Nur unser toter Wundermann hätte das verhindern können, ein zweiter Dolchstoß in den Rücken!‹ würde eine ganze Anzahl Leute sagen und altes Gift neu verbreiten.«

Zu Goerdeler sagte er: »Warum soll man für diese Volksgenossen noch was riskieren? Solange Hitler für sie siegt, sind ihnen die Juden egal.« Goerdeler widersprach ihm heftig. Kunrat hatte jedoch in einem Punkt recht: Für die Motivation des militärischen Widerstandes hat der Mord an den Juden erst sehr spät Bedeutung erlangt.

Aus dem Führerhauptquartier

Hitler hatte Hammerstein, seinen alten Widersacher, keineswegs vergessen. Mitten im Krieg kommt er in seinen Tischgesprächen auf ihn zurück:

»Wolfsschanze, 21. Mai 1942.

Die Vorbereitungen zur Regierungsbildung (27. 1. 33) seien weiter durch die Kreise um den General Schleicher erschwert worden, die sich in jeder Hinsicht querzulegen versucht hätten. Der engste Mitarbeiter Schleichers und Oberbefehlshaber des Heeres, General von Hammerstein, habe sich nicht einmal entblödet, bei ihm anzurufen und ihm mitzuteilen, daß ›die Reichswehr seine Kanzlerschaft unter keinen Umständen billigen könne‹.

Wenn die Herren um Schleicher sich allerdings eingebildet hätten, durch solche Mätzchen seine Entschlüsse erschüttern zu können, so hätten sie sich schwer getäuscht.

Am späten Nachmittag (des 29. 1.) sei man durch die Nachricht von einem geradezu tollen Vorhaben der Schleicherclique überrascht worden.

Wie man durch den Oberstleutnant [Werner] v. Alvensleben erfahren habe, hatte der General v. Hammerstein die Potsdamer Garnison alarmiert und mit Schießbefehl versehen. Außerdem beabsichtigte man, den Alten Herrn [Hindenburg] nach Ostpreußen abzuschieben.

Als Maßnahme gegen diesen Putschversuch habe er durch den Berliner SA-Führer Graf Helldorf die gesamte Berliner SA alarmieren lassen. Außerdem sei der als vertrauenswürdig bekannte Polizeimajor Wecke verständigt worden, daß er die nötigen Vorbereitungen für eine Besetzung der Wilhelmstraße durch 6 Polizeibataillone treffen möge. Schließlich habe er dem endgültig als Reichswehrminister in Aussicht genommenen General v. Blomberg aufgegeben, sich nach seiner für den 30. Januar gegen 8 Uhr morgens vorgesehenen Ankunft in Berlin sofort zum Alten Herrn zur Vereidigung zu begeben, um als oberster Befehlshaber der Reichswehr eventuelle Putschversuche unterdrücken zu können.«

Diese Erzählung ist unzutreffend. Es handelt sich um eine *idée fixe* Hitlers. Allerdings waren Putschgerüchte am 29. 1. tatsächlich durch die Berliner Korridore geschwirrt. Entstanden waren sie durch die Äußerungen des Schleicher-Vertrauten Werner von Alvensleben, der übrigens später in der konservativen Opposition eine wichtige Rolle spielte. Er wurde am 30. Juni 1934 und ein zweites Mal 1937 festgenommen; auch später noch unterhielt er Kontakte zu seinem Jagdfreund Hammerstein, zu Goerdeler und Beck, wurde erneut verhaftet, angeklagt und verurteilt; im April 1945 haben ihn die Amerikaner aus dem Zuchthaus Magdeburg befreit.

Kurz vor der Machtergreifung hatte sich Hitler in die Vorstellung hineingesteigert, die Potsdamer Garnison harre schon des Einsatzbefehls, um seine Machtergreifung durch einen Militärputsch zu verhindern. Das war ein Irrtum. Dennoch wußte Hitler bis zuletzt, daß er in Hammerstein einen Gegner hatte, mit dem auch nach dessen Abschied zu rechnen war.

Die Beerdigung

Bevor Hitler sich an ihm rächen konnte, ist Kurt von Hammerstein am 24. April 1943 in seinem Haus in Dahlem gestorben. Sein Schreibtisch war leer. Er hatte alle persönlichen Aufzeichnungen vernichtet, damit sie nicht in die Hände der Gestapo fielen.

Sein Sohn Ludwig erinnert sich: »Eine Beisetzung mit den einem Generalobersten zustehenden militärischen Ehren auf dem Invaliden-Friedhof in Berlin wurde von der Familie abgelehnt, da die Voraussetzung hierfür, die Kriegsflagge des Dritten Reiches auf seinem Sarge, eine beleidigende Kränkung gewesen wäre.« Ohne heftige Auseinandersetzungen mit den Militärbehörden ging es dabei nicht ab; Kunrat von Hammerstein geriet beim Generalkommando in einen sonderbaren Disput: »Wenn der Sarg einzuhüllen ist, bitte ich um eine Marine-Kriegsflagge der Kaiserzeit oder um die Reichswehrflagge, denn mit der jetzigen Flagge hatte mein Vater nichts zu tun.‹

›Die kaiserliche Flagge geht unmöglich.‹

›Dann die Reichskriegsflagge.‹

›Das wird auch nicht möglich sein.‹

›Sie wird doch offiziell noch an manchen Tagen eingesetzt.‹

›Das war vielleicht.«‹

Und so weiter. Dem zuständigen General sagte Kunrat: »Herr General werden verstehen, daß ich ihn [seinen Vater] jetzt, wo er wehrlos ist, nicht unter einer Fahne mit dem Hakenkreuz zu Grabe tragen lassen kann.«

Auch die Familie mischte sich ein. »Dann gehe ich nicht in die Kirche«, drohte Kunrats Schwester Marie Luise, und Helga schlug vor, die Beerdigung sollte nicht, wie ursprünglich vorgesehen, auf dem Invaliden-Friedhof stattfinden, wo Horst Wessel und andere Nationalsozialisten begraben waren, sondern auf dem Hammersteinschen Friedhof in Steinhorst. Es ging auch um die Schleife auf dem Kranz, den Hitler geschickt hatte. Sie war, als er niedergelegt werden sollte, plötzlich verschwunden. Die Angehörigen sollen sie in der U-Bahn »vergessen« haben. »So wurde Hammerstein nach einer Trauerfeier in der Dahlemer Dorfkirche doch auf dem Familienfriedhof in Steinhorst beigesetzt. Nur ein Jäger des Fürsten Solms-Baruth blies ihm das Signal ›Jagd vorbei‹.«

Ursula von Kardorff schreibt über den 25. April 1943:

»War auf der Beerdigung von Hammerstein. Eine unsentimentale Feier.

Viele Generäle, ein Riesenkranz von Hitler. Hardenberg und viele andere Bekannte. Mit Hammerstein geht wieder ein Mann dahin, auf den viele ihre Hoffnungen gesetzt haben. Papa [Konrad von Kardorff] hat ein gutes Bild von ihm ge-

268

Kurt von Hammersteins Beerdigung in Steinhorst, 1943,
mit Witwe Maria und Sohn Kunrat

malt, obwohl damals seine Krankheit, eine Geschwulst an der rechten Gesichtsseite, bereits begonnen hatte.

Ich kannte kaum einen Menschen, der so offensichtlich ablehnend gegen das Regime war, ohne jede Vorsicht, ohne jede Furcht. Erstaunlich, daß er nie verhaftet worden ist. Er erzählte jedem, der es hören wollte, daß wir Rußland niemals besiegen könnten, und sagte schon 1939 voraus, daß wir den Krieg verlieren würden. Während der Feier mußte ich daran denken, wie ich ihn in Neuhardenberg erlebt hatte, wie ich mit ihm auf dem Anstand saß, seine Zigarre hielt, während er auf Sauen schoß – und traf. In seinem einfachen Jagdjöppchen wirkte er behäbig und gemütlich, ganz uneitel. Diese äußere Bonhomie stand im Gegensatz zu den geißelnden Verurteilungen, die er aussprach, mit leichtem Berliner Dialekt, langsam, fast nebensächlich, aber zielsicher. Das trug ihm den Ruf ein, verbittert zu sein. Wie leicht werden die schärfer Sehenden mit einem solchen Adjektiv bedacht.

Zu mir war Hammerstein von fast altväterlicher Höflichkeit. ›Kopf freihalten für große Entschlüsse‹, war die Devise dieses herrlich faulen Menschen, der keine Kompromisse kannte.«

Franz von Hammerstein schrieb nach dem Tode des Vaters in sein Tagebuch: »Obwohl er nie davon gesprochen hat, mag es furchtbar für ihn gewesen sein, dabeizustehen und mit offenen Augen zu schauen, wie Deutschland zugrundegerichtet wird, ohne daß er etwas hätte tun können. So wie er hat kaum jemand die Entwicklung vorhergesehen.«

Kurt von Hammerstein, zivil

Sechste Glosse.
Einiges über den Adel

Jeder Blick in ein deutsches Telephonbuch zeigt, daß in diesem Land kein Mangel an Fürsten, Grafen und Freiherren herrscht. Merkwürdig genug, die zähe Vitalität, mit der sich über alle historischen Umbrüche und Katastrophen hinweg ein Milieu behaupten konnte, das im marxistischen Sinn schon lange keine Klasse mehr darstellt, seitdem es seine Existenzgrundlage in der Monarchie eingebüßt hat. Ebenso seltsam ist die Ambivalenz, mit der die Außenwelt ihm begegnet.

Die Medien sehen darin vor allem ein quotenträchtiges Spektakel; in den Augen der Amerikaner handelt es sich um einen pittoresken Anachronismus. Doch fehlt es auch nicht an Vorurteilen und Ressentiments. Nicht nur die verspäteten Jakobiner der Linken sind auf die »Junker« schlecht zu sprechen und sähen solche »Überreste der Vergangenheit« am liebsten beseitigt. Im kollektiven Gedächtnis lebt nämlich auch die Erinnerung an alte Erfahrungen, an Leibeigenschaft, Frondienst und Bauernkriege fort. »Als Adam grub und Eva spann, wo war denn da der Edelmann?« In solchen Sprüchen drückt sich ein Vorbehalt aus, der sich offenbar gut mit der Lust am Boulevard mit seinen Märchen und Skandalen verträgt.

Natürlich sind solche Regungen ihrerseits anachronistisch, schon weil der Blick von außen im Adel eine Homogenität vermutet, von der dieses Milieu weit entfernt ist. Vielmehr wird dort großer Wert auf alle möglichen, subtilen Abstufungen und Unterscheidungen gelegt, gerade weil man genau weiß, mit wem man es zu tun hat, und zwar auch dann, wenn man einander nie begegnet ist. Dafür sorgt schon der Gotha mit seiner genealogischen Akribie und seinen althergebrachten Abteilungen. Ur- und Hoch-, Militär- und Brief-, Hof- und Landadel, das sind verschiedene Lebenswelten. Anciennität gilt mehr als Ränge und Titel, bei denen es darauf ankommt, wann sie verliehen worden sind. Unhöflich ist, besonders seit den Enteignungen der Nachkriegszeit, die Rede vom »Etagenadel«, zu dem gezählt wird, wer kein eigenes »Haus« hat; darunter ist gewöhnlich ein Schloß und der dazugehörige Grundbesitz zu verstehen. Im übrigen ist gerade in den »guten« Familien jeder Anschein von Dünkel verpönt.

Gleichwohl weist dieses buntscheckige Milieu auch eine Reihe von Gemeinsamkeiten auf, und vermutlich sind sie es, die erklären können, warum seine Lebenskräfte auch nach dem Funktionsverlust des Adels nicht erloschen sind. Man wird dabei an allerhand altmodische Motive und Tugenden denken müssen. Dazu gehört in erster Linie ein ausgeprägter, generationenübergreifender Familiensinn. Die ängstliche Geburtenplanung der Mittelklasse ist dem Adel fremd; Kinderreichtum ist nicht die Ausnahme, sondern die Regel. (Kurt und Maria von Hammerstein haben für eine stolze Nachkommenschaft gesorgt: nicht weniger als zwanzig Enkel, zweiundvierzig Urenkel und zwanzig Ururenkel.)

Auch andere Üblichkeiten haben zur Stabilität des Milieus beigetragen: die gegenseitige Hilfe in der Not, die selbstverständliche Gastfreundschaft und die alteuropäische Geringschätzung nationaler Grenzen. Auch wenn Mesalliancen stillschweigend akzeptiert werden, heiratet man in Adelskreisen heute noch mit Vorliebe untereinander, man verbringt, selbst wenn man im Autohandel oder in der Immobilienbranche tätig ist, die Sommerfrische bei seinesgleichen auf dem Land, wo man reitet, Porzellan sammelt, auf die Jagd geht und oft allerhand aus der Mode gekommene Bräuche und Marotten pflegt.

Allerdings hat es auch nie an Ausbruchsversuchen aus der »Kiste« gefehlt. Dafür bietet gerade der Clan der Hammersteins eklatante Beispiele. Doch selbst den Töchtern des Generals, die eine bemerkenswerte Vorliebe für Juden und Kommunisten an den Tag legten, ist es nie gelungen, ihre Herkunft völlig loszuwerden; ja, man kann in diesem Sinn fast von einer Art Stigma sprechen.

Die altertümlichen Tugenden, die in der Parallelgesellschaft des Adels lange überlebt haben, konnten sie aber gegen politische Anfechtungen, wie sie die deutsche Geschichte bereithielt, keineswegs immunisieren. Es ist ja auch nicht einzusehen, warum ihre Angehörigen politisch klüger oder moralisch integerer sein sollten als andere; plausibler ist die Annahme, daß in dieser Hinsicht die Normalverteilung regiert. In einer Diktatur, die alle Traditionen zugleich nutzte und verschliß, ließen sich gerade aristokratisch konnotierte Begriffe wie »Ehre«, »Patriotismus«, »Fahneneid« und »Treue« besonders leicht instrumentalisieren.

Dazu kam, wie in ganz Westeuropa, ein tiefverwurzelter, sozusagen selbstverständlicher Antisemitismus, der zwar gewöhnlich zivile Formen wahrte – man konsultierte gern seinen jüdischen Hausarzt, den Anwalt, den Privatbankier –, aber diese auf Distanz bedachte Haltung immunisierte die Eliten keineswegs gegen den eliminatorischen Judenhaß der Nazis.

Interessanterweise war es, wie neuere Publikationen gezeigt haben, der Hochadel, der sich als besonders anfällig erwies, und zwar, wie das Beispiel der Häuser Hessen und Schaumburg-Lippe bezeugt, nicht in erster Linie aus ideologischen, sondern eher aus opportunistischen Beweggründen. Das gilt

274

auch für große Teile des Militäradels. Die zwölf Jahre von 1933 bis 1945 erwiesen sich als seine politische Nagelprobe. Nicht wenige Generäle der Wehrmacht, die sich im Vernichtungskrieg gegen Rußland schuldig machten, gehörten diesem Milieu an. Eine lange Reihe von adeligen Militärs wurde nach 1945 wegen ihrer Kriegsverbrechen vor Gericht gestellt, unter ihnen der Generalfeldmarschall Erich von Manstein, der zu achtzehn Jahren Gefängnis verurteilt, aber schon 1953 aus der Haft entlassen wurde.

Andererseits wird, wer eine Liste der Beteiligten am Staatsstreich vom 20. Juli 1944 studiert, feststellen, daß dort mehr als siebzig Adelsnamen auftauchen, ein Anteil, der weit über jeder demographischen Proportion liegt. Es war ihr Widerstand, der den Preis für die Verbrechen vieler Standesgenossen zu bezahlen hatte.

Wie sein Sohn Kunrat zu berichten weiß, ist Kurt von Hammerstein aus der Adelsgenossenschaft ausgetreten, als sie sich 1933/34 ihrer letzten nichtarischen Mitglieder entledigte. Auch dem weitverzweigten Familienverband begegnete er mit einer gewissen Reserve; er ließ sich bei den Familientagen, wo sich meist siebzig bis hundert Angehörige einfinden, lieber von seiner Frau vertreten. Und was seine Auszeichnungen angeht – er war Ritter des Hohenzollerschen Hausordens und Ehrenritter der Johanniter –, so betrachtete er sie nicht ohne Ironie und hat sie kaum getragen. Ein Bruch mit seinem Herkunftsmilieu war das alles nicht, eher ein Zeichen für seinen Eigensinn. Wichtiger ist etwas anderes: In seinem Clan hat es keinen einzigen Nationalsozialisten gegeben. Nicht allzu viele deutsche Familien können das von sich sagen.

Ein Zimmer im Bendlerblock

Wer war eigentlich dieser Bendler? Ein Maurer und Polier aus Sachsen, der es Anfang des 20. Jahrhunderts in Berlin zum Bezirksvorsteher und Grundeigentümer gebracht hat. Nach ihm, der sie angelegt hat, wurde diese Straße im Tiergartenviertel benannt.

Der große Gebäudekomplex am Landwehrkanal hat fast ein Jahrhundert lang militärischen Zwecken gedient. Im Hauptgebäude, 1911 als Reichsmarineamt gebaut, wurde die deutsche Flottenpolitik vor dem Ersten Weltkrieg entworfen. Nach 1918 zog der Reichswehrminister, damals der Sozialdemokrat Gustav Noske, in die ehemalige Wohnung des Großadmirals von Tirpitz ein, während dem Chef der Heeresleitung in der Bendlerstraße, die heute den Namen Stauffenbergs trägt, eine große Dienstwohnung zur Verfügung stand. Dort saß Hammerstein vier Jahre lang an seinem Schreibtisch. Im Vorzimmer assistierte ihm Margarethe von Oven, die schon 1925 eine Stelle als Sekretärin im Wehrministerium angetreten hatte. Doch die Tochter einer mittellosen Offizierswitwe war keine bloße Stenotypistin. Sie hatte sich 1928 im Rahmen der geheimen Kooperation zwischen Reichswehr und Roter Armee sechs Monate lang unter falschem Namen in Rußland aufgehalten und war die Vertrauensperson ihres Chefs. Kurz nach Hammersteins Abschied ging sie ins Ausland, arbeitete bei den deutschen Militärattachés in Budapest und in Lissabon, wo sie dem Chef der Abwehr, dem Admiral Canaris, unterstand, dessen Amtssitz im Hauptgebäude des Bendlerblocks angesiedelt war. Viel später, im Zweiten Weltkrieg, war sie die rechte Hand Henning von Tresckows, einer Schlüsselfigur der Verschwörung. Carl-Hans von Hardenberg schildert in seinen

Erinnerungen eine Episode, die wahrscheinlich in das Jahr 1944 fällt: »So gingen Tresckow, Stauffenberg und die tapfere Margarethe von Oven, die Aufrufe an das Volk und Heer mit Handschuhen auf der Schreibmaschine geschrieben hatte, um keine Fingerabdrücke zu hinterlassen, eines Tages in Berlin auf der Straße, die Aufrufe in der Aktentasche bei sich, als ein Überfallkommando heranjagte, dicht vor ihnen heranfuhr und abstoppte. Die Beamten sprangen herunter, als die drei das Haus gerade erreicht hatten, und sperrten das Haus ab, ohne sich um sie zu kümmern. Da hat auch diesen drei tapferen Menschen das Herz stillgestanden.« Die Hammersteins trafen sie in Neuhardenberg wieder; sie hatte nämlich Wilfried, einen Bruder des Grafen, geheiratet.

Der Gebäudekomplex an der Bendlerstraße wurde schon gleich nach dem Beginn der forcierten Aufrüstung des Deutschen Reichs stark erweitert. Während der Mordaktionen des 30. Juni 1934 verschanzte sich Kurt von Hammersteins Nachfolger, der General von Fritsch, in dessen früherer Wohnung hinter schwerbewaffneten Posten, weil er Übergriffe der SS befürchtete; nach seinem Sturz vier Jahre später zog der letzte Oberbefehlshaber des Heeres, der General von Brauchitsch, dort ein.

Der Raum im Ostflügel, in dem Hitler am 3. Februar 1933 seine Rede hielt, diente Hammerstein zwischen 1930 und 1934 als offizieller Speisesaal für repräsentative Einladungen. Seit 1940 nutzte ihn der Generaloberst Friedrich Fromm, der Befehlshaber des Ersatzheeres, als Arbeitszimmer.

Am 20. Juli 1944 wurde ebendieser Raum von Generalfeldmarschall Erwin von Witzleben, Generaloberst Ludwig Beck, General Friedrich Olbricht und Generaloberst Erich Hoepner zur Schaltstelle des Umsturzversuches gemacht. Sie ließen

Bendlerblock, Eingang, 1944

Fromm am Nachmittag dieses Tages verhaften und setzten ihn im dritten Stock, und zwar in der früheren Privatwohnung Hammersteins, fest.

Beck, der nach einem gelungenen Attentat als Staatsoberhaupt vorgesehen war, wurde nach dem Scheitern durch einen Schußwechsel schwer verwundet. Fromm forderte ihn auf, Selbstmord zu begehen. Ein Feldwebel hat ihn, der nach einem Fehlversuch selbst nicht mehr dazu in der Lage war, auf seine Bitte hin erschossen.

Fromm erklärte sich am 20. Juli persönlich zum Standgericht und befahl, Olbricht, Claus Schenk Graf von Stauffenberg, Albrecht Ritter Mertz von Quirnheim und Werner von Haeften im Innenhof hinzurichten.

Bis zuletzt wurde der Krieg vom Bendlerblock aus weitergeführt. Im März und April 1945 hatte der letzte Kampfkommandant von Berlin dort seinen Befehlsstand, bis die sowjetischen Truppen ihn am 2. Mai eroberten. Für den Sieger der Schlacht um Berlin, den Marschall Schukow, muß das eine seltsame Wiederkehr bedeutet haben, denn er kannte den Bendlerblock aus früheren Zeiten, als er dort in Hammersteins Truppenamt in die Techniken des deutschen Generalstabs eingeweiht worden war.

In den beschädigten Gebäuden fanden zunächst zivile Behörden eine Unterkunft. Dann wurde der Komplex wiederaufgebaut. Seit 1993 residiert dort wieder das Verteidigungsministerium. In Hammersteins einstigen Räumen wurde 1968 eine Gedenkstätte für den deutschen Widerstand eingerichtet. Heute trifft man in demselben Zimmer, wo Hitler einst zum ersten Mal mit den Generälen speiste, unter der Woche lärmende Schulklassen an. Dieser Raum ist dem Scheitern des Umsturzes gewidmet.

Marschall Schukow, dritter von rechts,
im Bendlerblock, Mai 1945

»Sie sind jetzt der Vorsitzende des Kuratoriums dieser Gedenkstätte«, befragte 1987 ein Rundfunkreporter Ludwig von
Hammerstein. »Ist das nicht ein merkwürdiges Gefühl, an
einen solchen Ort der Kindheit zurückzukehren? Man kann
sich kaum vorstellen, daß ein Elf- oder Zwölfjähriger in einem militärischen Kommandogebäude spielt.« – »Das konnte
man damals sehr wohl. Wir gingen von dort zur Schule, wir
spielten dort, und wir gingen auch quer durch das Reichswehrministerium, am Abend, weil am andern Ende, am Kaiserin-
Augusta-Ufer, ein Turnsaal war, den wir benutzen konnten.
Ich kannte dadurch das Gebäude ziemlich genau, was mir
dann später am 20. Juli das Leben gerettet hat.«

Eine postume Unterhaltung
mit Ludwig von Hammerstein

E: Herr von Hammerstein, können Sie mir erzählen, wie Sie
eigentlich zu den Verschwörern des 20. Juli gestoßen sind?
L: Das ist eine lange Geschichte.
E: Vielleicht liegt es in der Familie.
L: Sie meinen wohl meinen Vater. Sicher, er wollte nie etwas
mit den Nazis zu tun haben, aber für den Widerstand rekru-
tiert hat er mich nicht. Es war nicht seine Art, seinen Kindern
zu sagen, was sie zu tun hätten.
E: Sie sind gleich zu Anfang des Krieges eingezogen worden.
L: Ja. Ich habe damals, am 6. September, in mein Notizbuch
geschrieben. »Der ganze Krieg ist als ein Verbrechen zu bezeichnen, an dem wir alle untergehen werden.«

Ludwig von Hammerstein, etwa 1940

E: So früh haben Sie das erkannt?

L: Das war nicht mein Urteil. Ich war damals noch nicht einmal zwanzig Jahre alt. Es war das Fazit aus allem, was ich in diesen Tagen gehört habe. Als ich Anfang 1941 auf der Kriegsschule in Potsdam war, sah ich im Elternhaus meinen Vater wieder. Ich war dabei, wie er sich mit Generaloberst Beck unterhalten hat. Sie sagten ganz klipp und klar: »Der nächste Feldzug wird vorbereitet. Diesmal geht es gegen Rußland.«

E: Sie sind dann an der russischen Front schwer verwundet worden.

L: Ja. Ich hatte Glück im Unglück; denn danach war ich nicht mehr frontdienstfähig. Ich konnte sogar in Berlin mein Bergbau-Studium wieder aufnehmen.

E: Damals gehörten Sie noch nicht zum aktiven Widerstand.

L: Nein. Aber ich wurde immer von meinem Ersatzbataillon 9, dem ich seit 1940 angehörte, zu den Potsdamer Casinoabenden eingeladen. Am 25. Februar 1943, zwei Monate bevor mein Vater starb, hat mich dort Fritz-Dietlof Graf von der Schulenburg, den ich nicht näher kannte, beiseite genommen und gefragt: »Hammerstein, sind Sie bereit, sich an einer Aktion gegen Hitler zu beteiligen?« Das war genau der richtige Moment. Es war die Zeit der Katastrophe von Stalingrad. Meine Division saß in dem Kessel. Damals habe ich leichtfertigerweise in meinen Kalender geschrieben: »Volkstrauertag für Stalingrad, man sollte den Kerl lieber erschießen.« Also habe ich natürlich ja gesagt.

E: Und wie ging es weiter?

L: »Wann das stattfindet, wissen wir noch nicht genau«, erklärte mir Fritzi Schulenburg, wie wir ihn damals nannten, »aber

283

sehen Sie zu, daß Sie noch an andere herankommen, denn es fehlt uns an jungen Leuten, die als Ordonnanzoffiziere mithelfen können.« Das sagte ich zu, und ich habe dann versucht, andere anzuwerben. Einer sagte mir: »Die Nazis sollen alleine zugrunde gehen, da sollten wir uns nicht einmischen.« Bei einem anderen habe ich nur mal eben auf den Busch geklopft. Ich hatte noch gar nicht von einem Attentat gesprochen, da guckte er mich groß an und erwiderte: »Weißt du, Ludwig, du bist ja eigentlich ein Vaterlandsverräter; ich müßte dich anzeigen.« Ich sagte nur lakonisch: »Bitte!«; denn ich wußte, daß es unter Offizieren in diesem Regiment nicht üblich war, einander zu denunzieren. Er hat es auch nicht getan.

E: Und was ist danach passiert?

L: Schon im März traf ich Schulenburg wieder. Er sagte mir, es wird vorläufig nichts. Was wir nicht wußten: Fabian von Schlabrendorff und Henning von Tresckow haben damals versucht, Hitler durch eine als Geschenk getarnte Bombe in seinem Flugzeug in die Luft zu sprengen. Das war fehlgeschlagen, weil der Zünder nicht richtig funktionierte. Kurz darauf, am Heldengedenktag, wollte Hitler eine Ausstellung besuchen, und der Oberst von Gersdorff hatte eine Bombe präpariert, um ihn zu töten. Doch Hitler hatte es eilig, ging im Geschwindschritt durch die Räume, ohne sich aufzuhalten. Es dauerte aber zehn Minuten, bis der Zünder scharf gemacht war, und so geschah wieder nichts. Schon zuvor hatten meine Regimentskameraden Ewald Heinrich von Kleist und Axel von dem Bussche ähnliche Pläne gehegt. Einmal sollten Hitler neue Uniformen vorgeführt werden, und Bussche wollte die Gelegenheit zu einem Attentat nutzen; aber die Uniformmuster verbrannten bei einem Luftangriff, und der Besuch wurde abgesagt. Bussche mußte wieder an die

Front, wurde schwer verwundet und konnte sich nicht mehr beteiligen.

Wir warteten also ab, taten unseren Dienst oder gingen, wie ich, unserem Studium nach und beschränkten uns darauf, die Lage zu beobachten. Wir waren ja besser informiert als die meisten andern. Bei mir zu Hause wurden BBC und Radio Beromünster gehört, und wir trafen dort Beck, Goerdeler und manche andre.

E: An eine Aktion haben Sie nicht mehr geglaubt?

L: Kaum. Sie kam aber dann doch.

E: Wann?

L: Anfang Juli kamen die ersten Hinweise: Seid bereit! Wir fingen daraufhin schon an, zu trainieren, um fit zu sein, und unsere Pistolen einzuschießen. Der erste Termin, der festgelegt wurde, war der 11. Juli. Der Zettel, der mich informieren sollte, hat aber nicht mich, sondern meinen Bruder Kunrat erreicht. Der studierte damals in Leipzig und arbeitete für Goerdeler. Er ging zu dem vereinbarten Termin und wartete zwei Stunden in der Nähe der Bendlerstraße. Dann kam die Nachricht, daß Hitler, Göring und Himmler nicht anwesend waren, und die Sache wurde abgeblasen.

Am 15. Juli war es dann wieder soweit. Wir saßen im Hotel *Esplanade* und warteten mehrere Stunden. Es war nervenaufreibend. Aber dann kam unser Verbindungsmann Ewald Heinrich von Kleist und sagte: »Ihr könnt nach Hause gehen, es wird wieder nichts.« Wir gingen, wir schossen weiter Pistole und warteten auf den nächsten Termin. Am 18. war ich in Potsdam zu einem sehr schönen Mittagessen bei einer alten Dame. Am Abend trafen wir, Kleist und ich, den Grafen Schwerin, der uns sagte: »Am 20. Juli ist es soweit.«

Am Mittag dieses Tages saßen wir also wieder im Hotel *Espla-*

nade und warteten dort von 13 bis 16 Uhr auf den Anruf. Er kam etwa Viertel nach vier. Endlich ist der Moment gekommen, dachte ich. Wir gingen sofort die zehn Minuten bis zur Bendlerstraße.

E: Mit wem waren Sie zusammen?

L: Wir waren zu viert: Kleist, Fritsche, Oppen und ich. Wir wurden in einen Raum geführt und trafen dort Schwerin, Jäger, Berthold Stauffenberg, den Bruder von Claus, und Peter Yorck von Wartenburg.

E: Was waren Ihre Aufgaben?

L: Zuerst mußten wir zwei SS-Offiziere entwaffnen. Dann sollte ich im Vorzimmer von General Olbricht auf weitere Weisungen warten. Dort konnte ich die Telephonate mithören, die mit Paris geführt wurden, wo die Bereitschaft mitzumachen besonders groß war: »Hallo, *c'est bon*! Es ist soweit. Sofort handeln!« Ich bekam das ganze Hin und Her mit und sah die Generalstabsoffiziere rein- und rausgehen. Dann holte mich Olbricht in sein Zimmer. Plötzlich riß sein Adjutant die Tür auf und rief: »Der General ist weg!« Er meinte den stellvertretenden kommandierenden General des Wehrkreises III, Kortzfleisch. Der hatte sich geweigert mitzumachen und versucht zu fliehen. Ich habe ihn dann in sein Zimmer zurückgebracht. Er wollte nicht, aber ich habe ihn an der Jacke gefaßt. Er hat mich angebrüllt: »Wem haben Sie denn eigentlich den Fahneneid geschworen?« Dann wurde er still und sagte bloß, er hätte nur noch ein Interesse: nach Hause zu gehen und in seinem Garten Unkraut zu jäten. Ich meldete mich in unserem alten Speisesaal bei Beck, der mir sagte: »Der soll bleiben, wo er ist. Wir wollen nichts mehr mit ihm zu tun haben.«

E: Und dann?

L: Dann kam die Meldung, daß Hitler tatsächlich noch lebte,

286

Peter Graf Yorck von Wartenburg, 1943

General Friedrich Olbricht, 1942

daß das Wachregiment nicht mehr mitmachen wollte und daß überall gut bewaffnete Stabsoffiziere mit Maschinenpistolen und Handgranaten auf den Gängen waren. Plötzlich hörte ich Schüsse. Ich ging hinter einem Schrank in Deckung und griff nach meiner Pistole. Neben mir stand ein Oberstleutnant, der sagte: »Lassen Sie stecken, es hat doch keinen Zweck mehr.« Ich war völlig fremd in dem Stab und konnte nicht erkennen, auf welcher Seite er war. Ich ließ die Pistole stecken, schaute den Gang hinunter und merkte, daß auf Stauffenberg geschossen wurde. Mir wurde maßlos schlecht. Der Oberstleutnant sagte: »Hier ist ein Putsch gegen den Führer im Gange. Sie stehen mir zur Verfügung! Los jetzt, hier absperren, unten und oben die Flure. Sie gehen nach oben!«

Das war mein Glück. Ich überlegte, was ich tun sollte. Hier gab es nur eines, so schnell wie möglich ausreißen. Helfen konnte ich niemandem mehr. Ich kannte ja jeden Flur, jede Treppe des Hauses, weil wir dort als Jungen gewohnt und gespielt hatten. Ich bin dann auf Umwegen durch zerbombte Häuser gerannt. In den Kellern blieb ich beinahe stecken, weil ich den Ausgang nicht mehr fand. Meine Ohren waren durch meine Verwundung lädiert, ich hörte nicht sehr gut. Dann bin ich über die Bendlerbrücke zur nächsten S-Bahn-Station gegangen und in den Zug gestiegen. Dummerweise hatte ich meine Aktentasche mit der zweiten Pistole in Olbrichts Zimmer stehen lassen. Ich sagte mir: »Die wird sicherlich gefunden, und dann wird sofort nach dir gefahndet.«

E: Ein Unglückstag.

L: Ich habe oft in meinem Leben Glück im Unglück gehabt.

E: Wo sind Sie hingegangen?

L: Ich bin nach Hause gefahren, aber meine Mutter war in Breslau bei den Verwandten. Meiner Schwester Hildur, die das Haus hütete, habe ich gesagt: »Der Staatsstreich ist schief-gegangen. Ich muß sofort untertauchen, denn sie haben meinen Namen. Sie werden mich alsbald hier suchen.«

E: Und Ihre Freunde, Ewald von Kleist, Hans Fritsche und Georg Sigismund von Oppen?

L: Die wurden kurz darauf von der Gestapo verhaftet. Aber dann ist etwas Eigentümliches passiert: Der Volksgerichtshof hat das Verfahren gegen sie aus Mangel an Beweisen einge-stellt. Wir haben überlebt. Das kommt mir heute noch wie ein Wunder vor.

Die Flucht

Die Quellen, die eine Biographie zum Leben erwecken, glei-chen einem Entenfluß. Bald sprudeln, bald versiegen sie. Die wenigsten Menschen führen Buch wie Thomas Mann, bei dem jeder, der es wissen will, feststellen kann, was er an bestimmten Tagen gegessen und über wen er sich geärgert hat. Es gibt Liebesgeschichten aus dem frühen 19. Jahrhun-dert, deren Verlauf sich von Tag zu Tag, manchmal sogar von einer Stunde zur andern, rekonstruieren läßt, weil sich damals, in Ermangelung eines Telephons, zwei Menschen durch hitzig geschriebene Briefe verständigt oder zerstritten und diese Zeugnisse, mit rosa Bändchen verschnürt, in ihren Schubladen gehütet haben. In anderen Lebensläufen klaffen jahrelange Lücken, ohne daß sich auch nur die Gründe der Verdunkelung erraten ließen.

Kunrat von Hammerstein hat in den Monaten nach dem 20. Juli dafür gesorgt, daß die Nachwelt sich ein recht genaues Bild davon machen kann, wie es einem von der Gestapo Gejagten im Sommer und im Herbst 1944 ergangen ist. Obwohl er an dem Umsturzversuch gar nicht teilgenommen hat – er hielt sich am 20. Juli in Steinhorst auf –, wurde gegen ihn ermittelt, vermutlich wegen seiner engen Verbindung zu Carl Goerdeler.

Seine codierten Notizbücher aus dieser Zeit, unter hohem Risiko verfaßt und überliefert, hat er später ergänzt und publiziert. Merkwürdige Texte! Seine Familie erzählt, daß ihm literarische Ambitionen nicht fremd waren; und doch wirken seine Schriften oft wirr. Ein Überfluß an Details und Reminiszenzen droht sie zu ersticken. Gerade solche Mängel sprechen jedoch für ihre Authentizität.

Was folgt, sind einige Momentaufnahmen von seiner Flucht. Noch in der Nacht zum 22. Juli fuhr Kunrat nach Berlin und stieg um Mitternacht durch ein offenes Fenster in sein Elternhaus ein. Seine Mutter rief: »Franz, komm herunter!« Der Bruder sagte ihm: »Ludwig war gestern nacht bei seiner Rückkehr ganz durcheinander. Goerdeler war nicht dabei. Du mußt nach Leipzig zurück und tun, als ob du nichts wüßtest. Wenn zwei von uns dabei waren, fallen wir alle rein.« Er fand Ludwig bei einer Bekannten, die ihm Unterschlupf gewährt hatte. Die riet ihm: »Du stellst dich auch dann nicht, wenn die ganze Familie ins Konzentrationslager muß. Aber dich würde es unbedingt das Leben kosten.«

Auch Kunrats Lage war prekär. Zwar hatte ihn die Wehrmacht wegen seiner Verwundung zum Studium an der Universität Bonn beurlaubt. Er verfügte über die entsprechenden Papiere. Auch wurde bisher nicht nach ihm gefahndet. Er mußte aber damit rechnen, daß die Verbindung mit Ludwig die Gestapo über kurz oder lang auf seine Fährte setzen würde. Bereits am 21. Juli 1944 war im Reichssicherheitshauptamt eine Sonderkommission gebildet worden, um die Verschwörer und ihre Helfer aufzuspüren; sie brachte es in kurzer Zeit auf etwa 600 Verhaftungen. Überall, in den Hotels, auf Bahnhöfen, auf der Straße und in der U-Bahn, gab es Kontrollen.

Kunrat Hammerstein trug die schwarze Uniform seiner Einheit, der Panzergrenadierdivision Großdeutschland; der Totenkopf am Kragenspiegel legte die Verwechslung mit der SS nahe, mit der diese Truppe absolut nichts zu tun hatte. In der Manteltasche trug er eine geladene Pistole bei sich; er war bereit, sich im Notfall zu verteidigen.

Nach einigen Tagen in Berlin, von einem Quartier zum andern wechselnd, nach hektischen Telephonaten mit befreundeten Mitwissern, um sich Klarheit über die Lage zu verschaffen, reiste er per Anhalter – meist waren es Militärfahrzeuge – nach Leipzig, wo er in einem möblierten Zimmer unterkam. Er ging sogar in Vorlesungen, »trug Uniform, sprach an Bombenlöchern mit englischen Kriegsgefangenen und grüßte deutsche Uniformierte mit langem Arm, wie es von Himmler befohlen war«. Zugleich suchte er in den Medien und im Bekanntenkreis nach Informationen über das Schicksal der Verschwörer. Am 8. August erfuhr er, daß acht von ihnen zum Tod verurteilt und gehängt worden waren. Zuvor war auch der Name Erwin Plancks wieder aufgetaucht. Dieser Freund der Familie war verhaftet und ins Hauptquartier der Gestapo gebracht worden. Auch Goerdeler, mit dem Kunrat stets Kontakt hatte, wurde fieberhaft gesucht und ein paar Tage später, von einer Denunziantin verraten, gefaßt.

Mit einer Unverfrorenheit, um die er zu beneiden ist, bat Kunrat bei seiner Wehrmachtsdienststelle um Semesterurlaub; er wolle an einem Sommerkurs teilnehmen (den es gar nicht gab), zuvor aber zu seiner Großmutter in die Ferien fahren. Das al-

Kunrat von Hammerstein und
Ewald von Kleist, ca. 1942

les wurde ihm genehmigt. Er hielt sich dann teils in Breslau bei der Familie Lüttwitz, teils bei Verwandten auf dem Lande auf, ständig auf der Hut vor Feldjägern und Spitzeln. Auffällig machte ihn schon, daß er 1,92 m groß war. Er überlegte, ob er nicht versuchen sollte, sich an die Ostfront versetzen zu lassen, um dort sobald wie möglich zu desertieren; das hätte aber einen neuen Papierkrieg bedeutet, und sein Name wäre ihm dabei vermutlich zum Verhängnis geworden.

Ende August mußte er noch einmal eine Reise nach Berlin riskieren, weil sein Urlaub abgelaufen war. Es war ein SS-General, der ihn in seinem Wagen mitnahm, was ein nervenaufreibendes Verhör zur Folge hatte, bei dem seine geschickte Taktik ihn rettete. In der Hauptstadt traf er unter konspirativen Bedingungen seinen Bruder Ludwig wieder und nahm Verbindung mit Wilhelm Scheidt auf, einem alten Freund, der als »Sonderbeauftragter des Führers für die militärische Geschichtsschreibung« fungierte (und übrigens dafür gesorgt hat, daß Felix Hartlaub seine *Aufzeichnungen aus dem Führerhauptquartier* schreiben konnte). Es kam zu einem Gespräch über den Selbstmord: »Wie erschießt man sich am besten?« fragte Kunrat. »Durch den offenen Mund schräg nach oben«, antwortete Scheidt. Er schlafe im Hauptquartier schlecht und nur mit der Pistole unter dem Kopfkissen, um sich jederzeit erschießen zu können. »Und was mache *ich* dann?« fragte seine Frau. »Schieß dich auch tot«, war die beiläufige Antwort, »sonst wird man außerdem geschunden.«

Schließlich fuhr Hammerstein Ende August nach Köln, wo er bis zum Ende des Krieges in der Illegalität überlebte.

Erinnerung an eine Drogistin

Aus solchen Berichten geht hervor, daß innerhalb der »Volksgemeinschaft« des Dritten Reiches eine verschwindend kleine, aber wachsame und ausdauernde Zivilgesellschaft mit eigenen Spielregeln existiert hat. Auf eine schwer faßbare Art erkannte man, wer ihr angehörte und wer nicht. In der Spätphase des Regimes ließ sich dieses Einverständnis jedenfalls nicht mehr anhand der Zugehörigkeit zu einer Klasse, einem politischen Programm oder einer bestimmten Herkunft definieren. Man hielt sich eher an eine Geste, ein Achselzucken, eine Nuance in der Wortwahl. In Kunrats Erzählung, also in einem Zeitraum von sechs Wochen, kommen, neben Offizieren und Gutsbesitzern aus Hammersteins eigenem Milieu, folgende Helfer vor: eine frühere Krankenschwester, ein Oberregierungsrat, ein Schlosser, ein Rechtsanwalt, ein französischer Kutscher, ein Landarzt, ein Bauunternehmer, eine halbjüdische tschechische Stenotypistin, ein Militärrichter, eine frühere Kommunistin, eine Baroneß, ein Gärtner, ein polnisches Dienstmädchen und eine Masseuse. Sogar ein Polizist und ein Gestapomann haben auf seiner Flucht zumindest hinhaltend agiert oder durch Unterlassung geholfen.

Es ging nach dem gescheiterten Umsturz nicht um dramatische Aktionen wie Sabotage oder neue Anschlagspläne, sondern hier um einen Stempel und dort um eine Warnung oder eine Übernachtung. Die Gefährdeten entwickelten einen siebten Sinn für die Leute, mit denen sie es zu tun hatten. Kleine Indizien, Codewörter, Tonfälle dienten ihnen als Erkennungszeichen.

Ludwig von Hammerstein war, wie gesagt, anders als sein Bruder, an den Auseinandersetzungen im Bendlerblock un-

mittelbar beteiligt. Entsprechend stärker war der Fahndungs-
druck auf ihn. Zwei Tage nach dem gescheiterten Attentat
fuhr er mit der letzten Bahn nach Kreuzberg, in die Oranienstraße 33, wo die Frau eines Offiziers wohnte, den er von der
Kriegsschule her kannte. Auf derselben Etage wohnte eine
Drogistin namens Hertha Kerp, deren Mann gefallen war.
Diese Frau hatte in ihrer Drogerie eine jüdische Dame versteckt, als die Deportationen anfingen. Sie war sofort bereit,
auch Hammerstein aufzunehmen, der die erste Nacht über
auf dem Fußboden schlief. Vom Abend des 22. Juli an hat er
sich bis zum Tag der Befreiung, dem 26. April 1945, größten-
teils in ihrer Wohnung aufgehalten; das war sozusagen sein
»Hauptquartier« bis zum Ende. Es gehört nicht viel Phantasie dazu, sich vorzustellen, was das für seine Gastgeberin, die
sich nebenbei auch noch um ihre Drogerie kümmern mußte,
bedeutet hat. Hammerstein schien sich freilich bei ihr und
ihrer Mutter nicht nur sicher, sondern auch wohl zu fühlen.
Er vertiefte sich in Physikbücher, die ihm seine Verwandten
besorgten. Als er jedoch nach Haarwasser verlangte, das Ge-
lieferte aber zurücksandte, weil es nicht das richtige sei, riß
seiner Schwester Helga die Geduld. »Wir würden bald aufge-
schmissen sein, wenn wir so weitermachten«, ließ sie ihm ausrichten.

Es gab dringendere Probleme. Ohne Papiere konnte Hammerstein auf die Dauer nicht überleben. Helga kannte aus
früheren Jahren einen Graphiker und Maler, der für Hitler
nicht in den Krieg ziehen wollte und unter dem Namen Oskar
Huth seit längerer Zeit illegal in Berlin lebte. Dieser Mann
hatte sich auf die Fälschung von Papieren spezialisiert. Als
er zu Besuch kam, brachte er Lebensmittelmarken mit. Hammerstein wollte sie nicht annehmen, weil Huth selber unterge-

tauchte, also nirgends gemeldet war, doch der gab zur Antwort: »Nehmen Sie ruhig, ich habe sie selber gemacht.«

Einer seiner Freunde, der beim Stab einer Flak-Ausbildungsschule in Schulzendorf war, hatte die Gelegenheit, auf der Schreibstube mehrere Blanko-Wehrpässe zu entwenden. Ludwig hatte sich einen Schnurrbart und Koteletten wachsen und in der Uniform eines Freundes photographieren lassen. Huth klebte dieses Photo in den Wehrpaß, versah es mit einem Stempel und füllte die Rubriken mit falschen Angaben aus:

»*Familienname:* Hegemann
Vornamen: Karl, Ludwig
Geburtstag: 25. August 1917
Geburtsort: Casa Santa Teresa (Uruguay)
Staatsangehörigkeit: Deutsches Reich u. Uruguay (Rückwanderer).«

Obwohl das höchst gefährlich war, ging der angebliche Herr Hegemann abends öfters aus, in Zivil, aber stets mit der Pistole in der Tasche. Er verabredete sich mit guten Bekannten, um zu erfahren, wer verhaftet war und wie die Lage beurteilt wurde. Er war sogar tollkühn genug, im November noch einmal nach Hause zu fahren, um seine Schwester Helga zu treffen. Es dauerte geraume Zeit, bis die Gestapo mit ihren Ermittlungen soweit war, daß die beiden Brüder in der *Sonderausgabe zum Deutschen Kriminalpolizeiblatt* vom 22. Dezember 1944 offiziell zur Fahndung ausgeschrieben werden konnten.

I. Angaben zur Person

1	Familien-name	Hegemann
2	Vornamen (Rufname unterstreichen)	Karl, Ludwig
3	Geburtstag, -monat, -jahr	25. August 1917
4	Geburtsort Verwaltungs-bezirk (z. B. Kreis, Reg. Bezirk)	Casa Santa Teresa (Uruguay)
5	Staatsan-gehörigkeit (auch frühere)	Deutsches Reich u. Uruguay (Rückwanderer)
6	Religion	evg.
7	Familien-stand	led.
8	Beruf (nach Berufs-verzeichnis)	erlernter stud. phys. ausgeübter Bergbau-Assistent

9	Eltern	**Vater**	**Mutter**
		Georg Hegemann	Katharina Hegemann
		(Rufname, Familienname)	(Rufname, Familienname)
		Botaniker	Kintzel
		Beruf (nach Berufsverzeichnis)	Mädchenname
		(wenn verstorben: † und Sterbejahr)	(wenn verstorben: † und Sterbejahr)

Wehrpaß Ludwig von Hammersteins 1944,
Personenbeschreibung

Sonderausgabe

zum

Deutschen Kriminalpolizeiblatt

Herausgegeben vom Reichskriminalpolizeiamt in Berlin

Erscheint nach Bedarf	Zu beziehen durch die Geschäftsstelle Potsdam, Kaiserstraße 3

17. Jahrgang	Berlin, den 22. Dezember 1944	Nummer 5067 a

Nur für deutsche Behörden bestimmt!
Die Sonderausgaben sind nach ihrer Auswertung sorgfältig zu sammeln und unter Verschluß zu halten.

Mitteilungen zur Kriegsfahndung

Postausweise keine amtlichen Lichtbildausweise!

Nach dem RdErl. d. RFHuChdDtPol. vom 10. 11. 44 [MBliV. S. 1131] gelten Postausweise fortan nur noch im Verkehr mit den Postanstalten. Sie werden als amtliche Lichtbildausweise im öffentlichen Verkehr, insbesondere bei polizeilichen und militärischen Personenkontrollen, nicht mehr anerkannt.

Alle in der Kriegsfahndung tätigen Kräfte sind hierüber zu unterrichten. Bei Inländern können im Zusammenhang mit anderen Ausweispapieren Postausweise auch weiterhin zur Feststellung der Person herangezogen werden. In Händen von Ausländern sind Postausweise in keinem Falle als Personalpapiere oder als Ersatz von Personalpapieren anzuerkennen.

1012/44 — C 1 b —. 16. 12. 44. Reichskriminalpolizeiamt, Kriegsfahndungszentrale

---

A. Neuausschreibungen

I. Raubmord durch ℋ-Angehörigen in Chynorany (Slowakei)

In der Nacht zum 9. 12. 44 wurde in Chynorany (Slowakei) 76jähr. Landwirtin und deren 40jähr. Tochter in ihrer Wohnung mit Beil ermordet. Hinzukommenden Sohn fesselte unbek. Täter auf Stuhl. Geraubt wurden: 3 Anzüge (schwa., grabla.); slow. Gendarmerie-Reithose; bla. Wintermantel, heligra. Ballonseidenmantel; 2 P. schwa. Damenstiefel; 2 P. schwa. Herrenstiefel; 830 Kronen; Herrenfahrrad „Pelikan", Nr. 424449; Koffer. Als Täter kommt der Schütze der ℋ-Einheit „Dirlewanger" in Frage, der sich bei der Familie 3 Tage lang einquartiert hatte. Er war im Besitze eines Marschbefehls, auf dem der Ort Dvornik verzeichnet war. Offenbar ist richtige Ortsbezeichnung Dvornec bei Banovce (Slow.), da dort bezeichnete Einheit gelegen hat. Beschr.: Etwa 19 Jahre, etwa 1,68 m, ov. voll. Gesicht, brs. gewellte Haare, dalbra. Augen, ausgebogene ti. Nase; Wehrmachtschiffchenmütze mit schwa.-weiß-rot. Kokarde, Tarnjacke mit weiß. Futter, Feldbluse ohne Spiegel, rot. eingefaßte Schulterklappen, lg. gra. Militärhose, schwa. Stiefel. Aermelstreifen der Einheit „Dirlewanger".

Energische Fahndung! Festnahme!

C 2 a Nr. 76/44. 20. 12. 44. Reichskriminalpolizeiamt

II. Fahnenflüchtige Wehrmachtangehörige

Wegen Fahnenflucht sind festzunehmen: Ludwig von Hammerstein, Stud. des Bergbaues, 17. 11. 19 Berlin, zul. Berlin-Zehlendorf, Breisacher Str. 19, bis Anfang September in Berlin illegal aufhältlich gewesen, will ins Ausland. Beschr.: 1,88 m. fast schwa. Haare, schlank; Narbe über r. Auge.

Kunrat von Hammerstein, stud. jur., 14. 5. 18 Berlin, zul. aufhältl. in Leipzig, jetzt möglicherweise im Rheinland (Köln, Bonn, Koblenz). Beschr.: 1,92 m. dkblo. Haare, schlank, kurzsichtig. Es handelt sich um Brüder. Sie sind hierunter abgebildet.

Festnehmen!

IV 1 b (S K IV) 422/44 g. 29. 11. 44. StapoLSt Berlin

Ludwig von Hammerstein

sind festzunehmen.

Kunrat von Hammerstein

Der Zugriff

Das Attentat machte der eigentümlichen Unentschlossenheit ein Ende, die das Regime der Familie Hammerstein gegenüber an den Tag gelegt hatte. Von nun an galt keine Schonfrist mehr.

Schon am 21. Juli hatte eine gewisse Frau Theile, eine Nachbarin in Steinhorst, wo sich Maria von Hammerstein aufhielt, telephonisch Anzeige gegen Kunrat und seine Mutter erstattet. Ein Gestapomann, der daraufhin aus Wolfsburg kam, hielt die Denunziantin vielleicht für hysterisch, oder »er wollte einfach nichts finden«; eine Haussuchung fand nicht statt.

Drei Wochen später durchsuchte die Gestapo das Berliner Haus der Hammersteins in der Breisacher Straße und verhörte die Witwe des Generals im Prinz-Albrecht-Palais, ihrer Leitstelle an der Französischen Straße. Am selben Tag läuteten die Beamten kurz vor Mitternacht an der Tür der Stiefgroßmutter Lüttwitz in Breslau und fragte nach den beiden Brüdern. Obwohl Kunrat kurz zuvor im Haus gewesen war, versuchte das Hausmädchen zu leugnen. Die Haussuchung verlief ergebnislos, und die Brüder blieben verschwunden.

Die Gestapo hielt sich daraufhin an ihre Verwandten, zunächst an Franz von Hammerstein, den jüngsten Bruder, dem die Einberufung erspart geblieben war. »Ich sehe nur mit einem Auge«, sagt er, »auf dem anderen bin ich blind. Deshalb habe ich wahrscheinlich überlebt.« Er hatte eine Ausbildung als Industriekaufmann gemacht und arbeitete bei Krupp. Dort wurde er nun von der Gestapo verhaftet, weil man ihn der Beteiligung am Umsturzversuch verdächtigte und hoffte, daß mit seiner Hilfe die Brüder aufgespürt werden könnten. »Gott sei Dank«, erinnert er sich, »wußten wir bald nicht mehr, wo meine Brüder sich versteckten. Ab August 1944 saß ich da in einer Einzelzelle des Gestapo-Gefängnisses Moabit ohne Bücher, Zeitungen, Radio, mit regelmäßigen Verhören durch die Gestapo, mit Wanzen, befreit von weiterem Schuldigwerden als Soldat oder in der Rüstungsindustrie, befreit von der Mitverantwortung für die schrecklichen Kriegsverbrechen.«

Dann wurde auch Helga festgenommen, die jedoch nach vierzehn Tagen wieder freikam; man hat sie mit hohem Fieber nachts auf die Straße gesetzt und ihrem Schicksal überlassen. Zuletzt kam Maria von Hammerstein mit ihrer jüngsten Tochter Hildur an die Reihe; die beiden wurden am 1. Dezember in das Moabiter Frauengefängnis gebracht. Später saßen sie im Charlottenburger Gefängnis an der Kantstraße drei Monate lang in Untersuchungshaft. Die Gestapo war fest davon überzeugt, daß die Mutter das Versteck ihrer Söhne kannte, und wollte sie nicht freilassen, bevor sie es preisgäbe. Ihr Bruder Smilo schrieb an Feldmarschall Keitel und bat ihn, für die baldige Freilassung seiner Schwester und von deren Kindern zu sorgen. Nach drei Wochen ließ Keitel einen Untergebenen im Personalamt antworten: »Ihr Schreiben an Feldmarschall Keitel ist die erste Beschwerde, die wir in Sachen Sippenhäftlinge erhalten haben. Alle anderen haben uns ihre Dankbarkeit für solche Maßnahmen mitgeteilt. Heil Hitler!«

»Wir haben alle gelogen«, sagt Hildur, und in einem Kassiber, den sie an ihre Schwester Helga schicken konnte, heißt es: »Mutti ist maßlos unvorsichtig und bringt mich in die unmöglichsten Situationen. Sie wird wohl nie den Gefängniston lernen. Bitte, schick doch mal was gegen die Wanzen.«

Sippenhaft

Am 1. März 1945 sah Franz seine Mutter und seine Schwester Hildur überraschend wieder, in einer »Grünen Minna«, die sie zum Anhalter Bahnhof brachte. Mit von der Partie war Reinhard Goerdeler, ein Sohn Carl Goerdelers; der Vater war im Februar in Plötzensee hingerichtet worden. Was die Verhafteten nicht wußten: Ziel des Transports war das Konzentrationslager Buchenwald.

Schon im November 1944 war im Reichssicherheitshauptamt ein eigenes Referat »Sippenhaft« eingerichtet worden. »Unter Sippe«, heißt es in dem entsprechenden Erlaß, »ist zu verstehen: Ehegatte, Kinder, Geschwister, Eltern und sonstige Verwandte, wenn letztere nachteilig bekannt sind.« Die Betroffenen wurden ohne Haftbefehl festgenommen und über den Haftgrund nur mündlich unterrichtet. Rachsucht und Kalkül gingen bei dieser Operation eine undurchsichtige Mischung ein. Ein lang gehegter Plan Himmlers lag ihr zugrunde. Er bemächtigte sich dieser Geiseln, um sie als Faustpfand einzusetzen; er hatte nämlich die aberwitzige Vorstellung, daß er hinter dem Rücken Hitlers mit den Siegermächten noch in letzter Minute verhandeln könnte, um Vorteile für sich herauszuschlagen. Deshalb galt es, die Sippenhäftlinge vor den vorrückenden alliierten Truppen in Sicherheit zu bringen. Dabei spielte die wahnhafte Idee eines Reduits in den Bergen, der sogenannten Alpenfestung, eine Rolle.

Die Verschleppung der prominenten Gefangenen – es waren mehr als 130 – hat Hans-Günter Richardi bis ins Detail erforscht. Unter ihnen befanden sich vor allem Angehörige der Protagonisten des deutschen Widerstandes: neben den

Familien Gisevius, Goerdeler, von Hassell, von Plettenberg, von Stauffenberg und vielen anderen eben auch Maria, Franz und Hildur von Hammerstein. Darüber hinaus hatte Himmler eine Reihe von anderen Geiseln aus siebzehn Nationen, Politiker, hohe Offiziere und Beamte, Industrielle und Geistliche, in seine Gewalt gebracht, die er als Verhandlungsmasse einzusetzen gedachte, unter ihnen der frühere französische Ministerpräsident Léon Blum, der sehr genau verstand, warum die Nazis ihn nach Buchenwald verschleppt hatten: »Weil ich für sie mehr als ein politischer Franzose war, nämlich ein sozialistischer Demokrat und ein Jude. Die gleichen Gründe, die aus mir einen verabscheuungswürdigen Gegner machten, machten mich auch zu einer kostbaren Geisel. Man versucht, einen entsprechenden Gegenwert für sie zu erzielen. Bei einer solchen Verhandlung geht es nicht ohne Drohung und Erpressung ab, wobei das Leben der Geisel aufs Spiel gesetzt wird.«

Einige weitere Namen:
Alexander Schenk Graf von Stauffenberg;
Otto, Marquart und Marquart jr. Schenk Grafen von Stauffenberg;
Alexandra, Elisabeth, Inez, Maria und Marie Gabriele Schenk, Gräfinnen von Stauffenberg;
Franz Halder, Chef des Generalstabs bis 1942;
Alexander von Falkenhausen, Militärbefehlshaber in Belgien und Nordfrankreich bis 1944;
Bogislav von Bonin, Oberst im Oberkommando des Heeres;
Hjalmar Schacht, Reichswirtschaftsminister bis 1937, Reichsbankpräsident bis 1939;
Hermann Pünder, Staatssekretär a. D.;

Martin Niemöller, Bekennende Kirche;

Fritz Thyssen, Großindustrieller, und seine Frau Amélie;

Wilhelm von Flügge, Direktor der IG Farbenindustrie;

Friedrich Leopold Prinz von Preußen;

Philipp Prinz von Hessen, deutscher Botschafter in Italien bis 1943;

Fey von Hassell, Tochter des Botschafters Ulrich von Hassell in Rom;

Isa Vermehren, Kabarettistin aus Werner Fincks *Katakombe* in Berlin;

Kurt von Schuschnigg, österreichischer Bundeskanzler bis 1938 und seine Frau;

Prince Xavier de Bourbon, Bruder der Kaiserin Zita;

Mario Badoglio, Sohn des italienischen Marschalls;

Johannes van Dijk, niederländischer Verteidigungsminister bis 1940;

Hans Lunding, Chef des dänischen Nachrichtendienstes;

Alexander Papagos, Oberbefehlshaber der griechischen Armee;

Iwan Bessonow, General der Roten Armee;

Miklós von Kállay, bis 1944 ungarischer Ministerpräsident;

Miklós von Horthy, Sohn des ungarischen Reichsverwesers;

Sigismund Payne Best, Captain des britischen Geheimdienstes;

Sante Garibaldi, italienischer General.

Die Nekrose der Macht

Im Chaos der letzten Kriegsmonate traten die Häftlinge nun eine abenteuerliche Irrfahrt an, die über die Konzentrationslager Buchenwald und Dachau in die imaginäre Alpenfestung nach Südtirol führte. Die SS-Bewacher hatten den Befehl, sie im Zweifelsfall zu ermorden.

Vom Weimarer Bahnhof aus stand ihnen ein nächtlicher Fußmarsch bevor. »Nach zweieinhalbstündigem Marsch tauchten die ersten rot beleuchteten Barrieren vor uns auf und ein gespenstisch angestrahltes Schild mit dem Totenkopf und den zwei gekreuzten Knochen«, sagt Isa Vermehren, und Franz von Hammerstein berichtet:

»In Buchenwald standen wir am Tor, zitternd, was da kommen würde. Aber wir wurden nicht durch das Tor ins Lager getrieben, sondern landeten außerhalb des Lagers in einer Baracke mit einer Mauer rundherum, so daß wir uns isoliert in einer erstaunlichen Gesellschaft wiederfanden: Amélie und Fritz Thyssen, mit dem ich dann Schach spielte, mehrere Stauffenbergs, älter und jünger, Gertrud Halder, Kaisers, Fey von Hassell, Annelise Gisevius, Familie Goerdeler und weitere Erwachsene und Kinder, jede Familie in einem kleinen Zimmer mit Doppelstockbetten.

Nachher erst wurde mir deutlich, daß da nicht nur Angehörige des 20. Juli waren, sondern auch ›Sippenmitglieder‹ des Nationalkomitees ›Freies Deutschland‹ in der Sowjetunion, Angehörige von Deserteuren und vielfältigem anderen Widerstand. Alle hatten schon Verhaftung, Gefängnis, verschiedene Konzentrationslager wie Stutthof oder Ravensbrück hinter sich.«

Fey von Hassell schreibt: »Für mich gab es eine freudige Begegnung mit Maria Hammerstein, ihrer Tochter Hildur, genannt ›Puppe‹, und einem ihrer vielen Söhne, Franz. Maria war als junges Mädchen eine der besten Freundinnen meiner Mutter gewesen. Gemeinsam waren sie auf Hofbälle gegangen.«

Als von der nahen Front bereits das Feuer der Artillerie zu hören war – die amerikanischen Truppen standen nur noch vierzig Kilometer vor Weimar –, kam am 3. April der Befehl zum Aufbruch. Der Wirrwarr der Kompetenzen, die widersprüchlichen Anweisungen, die gestörten Verkehrs- und Nachrichtenverbindungen führten dazu, daß ein geordneter Rückzug nicht mehr möglich war. Häftlinge aus anderen Lagern schlossen sich dem Konvoi an, andere wurden aus Gründen, die niemand verstand, nicht mitgenommen. Die nächtliche Reise der Verbliebenen führte zunächst nach Flossenbürg, aber der Kommandant des Lagers weigerte sich, die Häftlinge aufzunehmen. Auch in Regensburg wurden sie abgewiesen, ein Indiz dafür, daß die Kommandostrukturen dabei waren, sich aufzulösen. Die Bewacher waren ratlos. Wie Frau von Hassell erzählt, war der Transportführer, ein SS-Untersturmführer, »ganz verzweifelt, und fragte doch wahrhaftig uns, wohin sie uns transportieren sollten. Einfach unglaublich!« Endlich erklärte sich der Kommandant des Konzentrationslagers Dachau bereit, die Geiseln aufzunehmen.

Marie Gabriele von Stauffenberg beschreibt den Anblick, den die deutsche Provinz damals bot: Unterwegs »überall Kolonnen aufgelöster Truppenteile, ein trauriges Bild, Flüchtlinge auf der Straße. Landshut brennt. Andauernd Alarm – viel Stehen und langsames Fahren mit abgeblendetem Licht. Überall der Himmel rot von Bränden«. Frau von Hassell: »Unsere nächtliche Fahrt war begleitet von dauernden Luftangriffen.

306

Verkohlte Fahrzeuge, Pferdeleichen und obdachlose Menschen säumten den Weg. Dann fuhren wir durch München – ich war erschüttert. Von weitem schien alles intakt. Aber je näher wir kamen, desto deutlicher sahen wir: nur noch Mauern und Fassaden, dahinter gähnende Leere, einige Menschen streiften umher. Autos gab es keine mehr. München war zu einer von tiefem Schweigen beherrschten Gespensterstadt geworden.«

Captain Payne Best, ein britischer Sonderhäftling, beschreibt die Ankunft in Dachau: »Es gab nichts, worauf man sitzen konnte, wir waren hungrig und müde, und eine Stunde lang standen wir nur herum, und unsere Stimmung sank dabei von Minute zu Minute. Endlich erschien ein beleibter SS-Oberst und stellte sich mit ausgesuchter Höflichkeit als Obersturmbannführer Weiter, Kommandant von Dachau, vor. In sehr entgegenkommender Weise hieß er uns mit einer regelrechten Ansprache willkommen, versuchte sogar galant, wenn auch erfolglos, Frau Schuschniggs Hand zu küssen. Er bedauerte sehr, daß man uns so lange habe warten lassen, aber Dachau sei sehr überfüllt, und es sei wirklich außerordentlich schwierig gewesen, eine passende Unterkunft für solche vornehmen Gäste zu finden. Er habe getan, was er könne, aber dennoch sei ihm klar, daß die Unterkünfte, zu denen er uns nun führen werde, weit entfernt von dem seien, was wir erwartet und verdient hätten, daß sie aber das Beste seien, das er uns zur Verfügung stellen könne, und er hoffte, daß wir ihm deren Unzulänglichkeiten nachsehen würde.«

Die verblüfften Zuhörer konnten aus dieser Begrüßung schließen, daß unter den Bewachern bereits große Nervosität herrschte. Es gab dauernde Bombenangriffe, und auch in Dachau war das Artilleriefeuer der vorrückenden amerikanischen Armee schon in der Ferne zu hören. »Unsere SS-Wachen«, sagt Isa Vermehren, »wurden alt und grau in diesen Tagen, sie erschienen zu ihrem Dienst nur noch sporadisch und waren so tief in ihre eigenen Sorgen verstrickt, daß es sich kaum lohnte, sie mit irgendeiner Frage zu belästigen. Das gehetzte Herumjagen aller SS-Leute erinnerte an die verzweifelten Fluchtversuche eines gefangenen Tieres.«

Die Haft in Dachau dauerte keine drei Wochen. Schon am 17. April brachen die ersten schwerbewachten Geiseln mit Autobussen und Lastwagen nach Innsbruck auf. Franz von Hammerstein wurde von seiner Mutter und seiner Schwester Hildur getrennt und blieb zurück, weil für ihn und vier andere Sippenhäftlinge angeblich kein Platz mehr in den Fahrzeugen war; sie wurden zu Fuß auf den Weg in den Süden geschickt. Am 27. April verließ ein Konvoi von 139 Häftlingen Innsbruck in Richtung Südtirol. In diesem Transport waren die prominentesten Geiseln zusammengefaßt, die Himmler in seine Gewalt gebracht hatte. Keiner wußte, wo die Reise enden sollte. Erst im letzten Moment erfuhren die Gefangenen, daß das Ziel ein abgelegenes Grand Hotel in den Dolomiten in der Nähe von Niederdorf war. Dort stellte sich heraus, daß drei Wehrmachtsgeneräle sich mit ihren Stäben im Hotel *Pragser Wildsee* eingenistet hatten, das als Unterkunft für die Geiseln vorgesehen war, die nun mit Notquartieren im Dorf vorliebnehmen mußten. Die Bevölkerung staunte nach den Worten von Hermann Pünder »nicht wenig, als sie unseren zusammengewürfelten Haufen sah: hagere Herren in Generalshosen mit Zivilrock und Schlapphut, Damen in hohen Soldatenstiefeln, frierende Gestalten mit einem wärmenden Halstuch, alte Herrschaften mit einem schäbigen Rucksack auf dem Buckel«.

Hotel Pragser Wildsee (Lago di Braies),
dreißiger Jahre. Postkarte

Einzug der amerikanischen Truppen in Niederdorf,
Südtirol, 2. Mai 1945

Hafterleichterungen wechseln in dieser Situation mit Drohungen ab. Die 86 Mann starken Begleitkommandos der SS und des SD sind demoralisiert. Oberst Bogislav von Bonin beschließt zu handeln. Es gelingt ihm, heimlich ein Blitzgespräch mit dem Oberkommando der Heeresgruppe Italien zu führen. Er fordert Hilfe wegen der drohenden Liquidierung der Geiseln durch die SS an. Endlich, am 30. April, kurz vor der Kapitulation der deutschen Truppen in Italien, trifft eine Kompanie der Wehrmacht unter dem Hauptmann Wichard von Alvensleben in Niederdorf ein. Er stellt die Geiseln unter seinen Schutz und zwingt die SS zum kampflosen Abzug. Noch am selben Abend quartiert er die Häftlinge im Hotel *Pragser Wildsee* ein. Die Gefangenschaft ist zu Ende. Am Morgen des 4. Mai trifft ein Vorauskommando der amerikanischen Armee ein. Bald folgt ein riesiger Troß von Jeeps, LKWs, Funkwagen und Feldküchen, und sogleich sind auch die ersten Reporter und Kameraleute zur Stelle.

Nun waren es die deutschen Soldaten, die den Marsch in ein Gefangenenlager antraten. Aus dem Hauptquartier der US Army erschien ein Brigadegeneral und ordnete die Abreise der prominenten Gäste an. Er hatte die Anweisung, sie über Verona nach Neapel und von dort aus auf die Insel Capri zu bringen. Erst nach wochenlangem Warten konnten Maria und Hildur von Hammerstein Ende Juni aus ihrem goldenen Käfig in das verwüstete Deutschland zurückkehren und nach dem Verbleib ihrer Verwandten forschen.

Berlin, am Ende

Während seine Mutter mit ihrer jüngsten Tochter auf ihrer Irrfahrt durch die Alpen war, erlebte Ludwig von Hammerstein das Ende des Krieges im Haus der Kreuzberger Drogistin. Er notierte:

»Am 21. April fielen die ersten russischen Granaten auf unsere Stadt. Strom gab es nicht mehr. Infolgedessen keine Radionachrichten aus London, Beromünster und Moskau. Dafür um so mehr Gerüchte aller Art. Am 23. April wurden die Lagerhäuser am Osthafen zur ›Plünderung‹ freigegeben. Die Leute schleppten Butterfässer und halbe Ochsen nach Hause. Es kam zu wüsten Szenen. Die Warschauer Brücke war schon gesperrt und wurde zur Sprengung vorbereitet. Nur Soldaten kamen zurück und völlig erschöpfte Jungens der ›Kinderflak‹. In den Straßen lagen einzelne Tote mit einem Pappschild ›Noch haben wir die Macht‹. Terror bis zur letzten Minute.

Am 25. April versuchte ich, Freunde in Zehlendorf anzurufen. Es meldete sich aber schon eine russische Stimme. Am 26. April kochte Mutter Kerp ein prächtiges Mittagessen. Dazu eine Flasche Rotwein. Alle waren wieder voller Hoffnung nach den Bomben und Granaten. Gegen fünfzehn Uhr erschienen dann in der Oranienstraße die ersten russischen Infanteristen. In den Toreingängen standen die Einwohner und freuten sich, daß die Schweinerei endlich ein Ende hatte. Ich habe niemanden Widerstand leisten sehen. Die letzten eigenen Soldaten waren schon am Vormittag über unseren Hof geschlichen.

Die Russen hielten uns ihre Waffen vor die Nase und kassierten Uhren und Schmuck. Dann verteilten sie Tabak und Zigarren aus dem Laden von der Ecke und durchsuchten die

Häuser nach versteckten deutschen Soldaten. Einer fiel in der dunklen Drogerie die Ladentreppe hinunter, tat sich glücklicherweise nichts, geriet aber in Wut und wollte mich, der ich ihn begleiten mußte, erschießen. Ich machte ›Hände hoch‹ und lächelte ihn an – was blieb mir anderes übrig –, er beruhigte sich und gab mir nur einen Kinnhaken. Auf die Frage, ob ich Soldat sei, antwortete ich, nix Soldat, nix Faschist. Vorher hatte ich gerade noch rechtzeitig meine Pistole, die mich vor der Gestapo schützen sollte, in einer Mülltonne versteckt.

Solange es Tag war, benahmen sich die Russen einigermaßen. Bei Nacht war es damit vorbei. Einzelne Trupps drangen in die Keller und Wohnungen ein. Sie holten sich mit vorgehaltener Pistole Frauen und Mädchen heraus. Nur alte und resolute Frauen – wie Mutter Kerp – bildeten einen gewissen Schutz. Vor ihnen hatten die Soldaten meist Respekt. Ein Teil der Offiziere versuchte sogar, die Ausschreitungen zu verhindern. Aber sie konnten nicht überall sein.

In der Drogerie hatte sich inzwischen ein Oberst einquartiert, und wir pennten alle im Laden wie die Heringe. Am 3. April wurde ich als mutmaßlicher Soldat verhaftet und unter Bewachung auf den Hof gestellt. Else Kerp redete jedoch so lange auf den Obersten ein, bis er mich zum Ortskommandanten schickte, um meine Personalien zu überprüfen. Dort mußte ich nun Farbe bekennen, wer ich wirklich war, einschließlich des ›Oberleutnants‹. Es ging gut. Der Kommandant sprach deutsch und hatte wohl etwas vom 20. Juli gehört. Er schrieb einen russischen Vermerk in meinen Führerschein. Es war der einzige echte Ausweis, den ich besaß.

Den Vermerk konnte ich nicht lesen, aber er wurde überall respektiert. Ich gelangte unbehelligt nach Zehlendorf. Am achten Mai konnte ich unser Haus wieder betreten, aber von

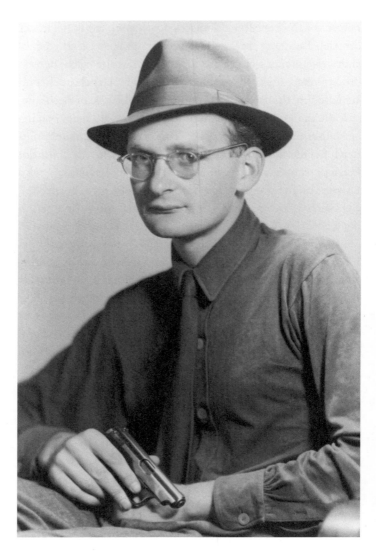

Ludwig von Hammerstein, 1944

der Kapitulation des Deutschen Reiches sprach niemand. Radionachrichten und Zeitungen gab es nicht. Wir wußten nur: Der Krieg in Berlin ist vorbei. Die Russen schossen am Abend öfter kräftig gen Himmel. Sie wußten mehr. Mich interessierte erst einmal, wer überlebt hatte. In Berlin waren es alle, die mir geholfen hatten, der Gestapo zu entkommen, und dabei Kopf und Kragen riskierten. Von meiner Mutter, meiner jüngsten Schwester und meinem Bruder, die die Gestapo verhaftet hatte, sowie von meinem in Köln untergetauchten älteren Bruder erhielten wir erst im Juli die gute Nachricht.«

Die Wiederkehr

Maria von Hammerstein traf mit Hildur am 16. Juni 1945 in Frankfurt am Main ein. Sie wußte nichts vom Schicksal der übrigen Familie und machte sich zunächst auf die mühsame Reise nach München, um Butzi zu treffen, die in Prien wohnte.

Marie Luise hatte das Münchhausensche Gut, das auch polnische und ukrainische Zwangsarbeiter beschäftigte, schon im Krieg verlassen; sie hatte kein Interesse an der Landwirtschaft, und die Rolle einer Gutsherrin behagte ihr nicht. Auch fing die Gestapo, die sich ihre Akten aus Berlin beschafft hatte, von neuem an, das Haus zu durchsuchen und sie stundenlang zu verhören. Ohnehin hatte sich das Ehepaar auseinandergelebt, und als Münchhausen 1942 auf Fronturlaub nach Herrengossersstedt kam, mußte er feststellen, daß seine Frau mit ihren Kindern abgereist war.

»Ich verließ gegen den Willen meines Mannes dessen Wohnsitz«, schreibt Marie Luise, »und zog mit meinen drei Kindern

nach Prien in Oberbayern, wo mich eine ehemalige Schulfreundin aufnahm, obwohl ich von der Polizei überwacht
wurde.« Auch dort war Marie Luise nicht vor den Nachstel-
lungen der Gestapo sicher. (Die Freundin, eine geborene Irmgard Wegener aus Kassel, hat schon in den zwanziger Jahren
eine Rolle bei der Politisierung der Hammerstein-Schwestern
gespielt, wie Maria Therese berichtet; sie sagt nämlich, Irmgard sei Marie Luises »schlechter Dämon« gewesen, und damit auch Helgas und der ihrige; damit meint sie zweifellos
Irmgard Wegeners politische Einflußnahme auf die Schwestern. Unterdessen hatte diese Freundin Franz Josef Schöningh geheiratet, der später Mitherausgeber der *Süddeutschen
Zeitung* wurde, und war an den Chiemsee gezogen.)
In den letzten Wochen des Krieges wurde die Truppe des
Hauptmanns von Münchhausen aus Italien nach Böhmen
verlegt. Auf dem Weg dorthin konnte er seine Frau in Bayern besuchen. Sie riet ihm: »Bleib hier, ich verstecke dich.« Er
wollte jedoch, wie er sagte, seine Leute nicht im Stich lassen,
und geriet mit seiner Kompanie in russische Gefangenschaft.
Sein Gut Herrengosserstedt wurde gleich nach dem Krieg
enteignet.
Die beiden Freundinnen versuchten, kaum daß der Krieg zu
Ende war, im idyllischen Prien eine kommunistische Zelle
aufzubauen, und setzten sich im ersten bayerischen Landtags-
wahlkampf nach dem Krieg für die KPD ein. Daß ihrem Engagement kein überwältigender Erfolg beschieden war, kann
niemanden verwundern, der den Chiemgau kennt.
Erst im Herbst 1945 konnte sich die Familie Hammerstein in
Steinhorst bei Celle sammeln, wo Maria mit ihren Kindern
schon nach dem Ersten Weltkrieg Zuflucht gefunden hatte.
Ihre Tochter Maria Therese lud sie in einem ihrer ersten Brie-

fe zur Rückkehr nach Deutschland ein. In Steinhorst könnte sich ihre Familie erst einmal erholen: »Die Wohnungsschwierigkeiten sind natürlich groß. Es sollen schnellstens Unterkunftsmöglichkeiten geschaffen werden, Baracken und bessere Sachen. In anständig gebauten Baracken läßt sich ganz gut leben. Wir haben dies festgestellt in Buchenwald und Dachau, wo wir uns während der Gefangenschaft aufhielten. In Berlin sind natürlich alle wertvollen Sachen abhanden gekommen. Aber man kann auch einfach leben – sogar besser für die Arbeit.« Aber ihre Tochter wollte nicht, arm wie eine Kirchenmaus, in den Schoß der Familie zurückkehren.

»Im Februar 1946 fuhr die Mutter nach Berlin, wo das Haus in der Breisacher Straße Gestapo, Bomben, Eroberung und Plünderung einigermaßen überstanden hatte. Die Reise dauerte vier Tage, weil sie ein Flüchtlingslager an der Zonengrenze passieren mußte. Erst 1949 zog sie wieder ganz nach Berlin.« (Ludwig)

»Ende der vierziger Jahre im übervölkerten Haus in Dahlem, Breisacher Straße 19. Franz wohnte in der Garderobe, Hildur hinter einem Schrank im Flur; Ama fütterte in der Küche ›Hüthchen‹ ab, den Meister gefälschter Papiere [der in der Nazizeit viele Menschen mit Hilfe seiner Erzeugnisse gerettet hatte]; Kunrat lag flach, weil schwach auf der Brust; Ludwig arbeitete tagsüber bei der *Welt*; einzig Helga im oberen Stock mit Mann und Adoptivsöhnchen Horst hatte vornehm eine Haushälterin, geerbt von ihren ausgewanderten jüdischen Freunden Magnus. Aus diesem übervölkerten Haus zog erst Ludwig aus, nach Bonn zu Minister Kaiser. Als nächste verließ Hildur das Haus, als Stipendiatin nach Zürich, dann Franz und Hildur, beide in die USA.« (Verena v. H.)

Die Mutter

»Maria bezog ab 1952 ihre Witwenpension, über 1000 Mark, und war von da an die Reichste in der Familie und freute sich, schenken zu können. Sie bestellte einen alten ungarischen Schneider, der sie mit Exzellenz anredete und an Franz, dem frischgebackenen Pastor, der damals nur 250 Mark verdiente, Maß nahm für einen schwarzen Anzug. Für sich behielt sie ihren improvisierten Lebensstil bei und machte nur die nötigsten Anschaffungen – außer einem eleganten Hut für eine hochadelige Hochzeit, den sie auf der Heimreise verlor. In den sechziger Jahren holte sie sich einige der Enkel ins Haus zum Übernachten, und sie lernten, daß die Schule nicht so ernst genommen werden muß. Sie durften oft morgens bei ihr bleiben, und sie schrieb eine Entschuldigung, die die Lehrer gleich als von der Großmutter kommend erkannten.« (Verena v. H.)

»Sie war nicht groß von Gestalt, aber imponierend in ihrer Haltung. Sie hatte immer eine scharfe Zunge, ganz gleich, ob sie deutsch oder englisch sprach. In ihrem Garten hatte sie einen Kirschbaum. Unter ihren wachsamen Augen durften die Kinder davon pflücken. Ich war immer ein wenig von ihr eingeschüchtert.« (Carol Levine Paasche, Schwiegertochter von Maria Therese)

»Sie hatte die Angewohnheit, früh morgens in den Dahlemer Parks barfuß auf den Rasenflächen spazierenzugehen. Ein Parkwächter machte sie darauf aufmerksam, daß dies nicht gestattet war. Sie sah ihn entgeistert an und antwortete: ›Mein Gott, junger Mann, was sind Sie spießig.‹ Damit Herr Huth Geld bekam, holte sie ihn öfters zum Restaurieren ihrer Möbel; sie entlohnte ihn dafür immer fürstlich. Eines Tages war

Maria von Hammerstein, etwa 1968

ihr Sekretär dran, in dem sie wohl Teile ihres Schmucks aufbewahrte. Sie erzählte meiner Mutter, daß danach ihre wertvollen Ohrringe fehlten. Ihr Kommentar dazu war: ›Die hat sicher der Huth genommen; der braucht sie auch dringender. Was muß ich alte Ziege mir noch so lange Klunker ranhängen!‹« (Verena v. H.)

»Auf ihre gute Gesundheit angesprochen, meinte sie: ›Wenn Sie wie ich in Ungarn [gemeint ist: Schlesien] im Straßengraben geboren wären und so viel Knoblauch fräßen, ginge es Ihnen auch besser.‹« (Christian Graf zu Lynar)

»Sie trank oft ein Fläschchen Sekt. In der Mittagspause legte sie sich nicht aufs Bett, sondern ruhte sich unbekleidet auf einem Besenstiel aus. Am Sonntag ging sie morgens um sieben Uhr in die katholische Messe und um zehn in die Christengemeinschaft oder in die protestantische Kirche.« (Joan Paasche, Tochter von Maria Therese)

»Sie lebte zuletzt allein in einer Etage an der Breisacherstraße 7, die ihr Helga eingerichtet hatte. Das Alleinsein bekam ihr nicht. Bislang war es ihr immer gelungen, junge Leute an sich zu ziehen. Doch auf die Dauer versorgte sie sich nicht mehr richtig. Eine Hilfe, eine Gesellschafterin wollte sie nicht, auch nicht Pari [das alte Kinderfräulein Caspari aus der Bendlerstraße]; sogar ihre geliebte Enkelin Bettina hat sie nicht lange ertragen. Helga, die in der gleichen Straße wohnte, hatte ein Auge auf sie. Aber die Lösung waren diese Schulkinder, die bei ihr abwechselnd übernachteten, die sie nicht als Aufsicht empfand, die aber doch melden würden, wenn etwas nicht in Ordnung war. Sie fuhr ja immer noch auf dem Fahrrad herum, mit über achtzig. Man nahm es ihr weg. Sie bestach einen Enkel, der es ihr wiederbrachte.

In den letzten Jahren war sie von einer großen Unruhe. Sie

brach immer noch zu einer Besuchsrunde auf, nach München, Bonn oder Hamburg. Einmal legte sie sich in Tempelhof vor dem Abflug auf eine Bank, weil sie kaum weiterkonnte. Sonst hat man ihr wenig angemerkt. Sie schrieb unendlich viele Postkarten, und es ist kein Zufall, daß sie vor einem Briefkasten zusammenbrach, 1970 in Mutlangen, als sie Kur machte im Paracelsus-Sanatorium. Ihre beste Freundin im Alter, die Witwe des Grafen zu Lynar, leistete ihr Gesellschaft. Sie kam dort in ein katholisches Krankenhaus, wo sie noch drei Wochen lang lag und von Nonnen gepflegt wurde. Alle Kinder besuchten sie. Es wurde gelacht am Krankenbett. Ama verwechselte ihre Kinder mit ihren Geschwistern und machte ihre trockenen Sprüche. Als sie merkte, daß sie halbseitig gelähmt war, verweigerte sie das Essen, und die Nonnen ließen sie. Versehen mit den Sterbesakramenten schlief sie friedlich ein, am 9. März 1970, zwei Tage vor ihrem 83. Geburtstag. Begraben wurde sie auf dem Steinhorster Familienfriedhof, neben ihrem Mann.« (Verena v. H.)

Vier lange Rückwege in die Normalität

Franz von Hammerstein war 1945 in Dachau von seinen Verwandten getrennt worden und mußte den Weg nach Süden zu Fuß antreten. »Wir hatten einen Pferdewagen für unser Gepäck und übernachteten bei Bauern oder in Scheunen. Am 30. April wurden wir auf einem einsamen Bauerngehöft in den Keller gesperrt. Als wir am 1. Mai nach oben kamen, war die SS verschwunden, die Bauern gaben uns Frühstück, draußen fuhren die Amis und nahmen uns nach München mit.« Auf dem Weg nach Hause, unweit von Steinhorst, erzählt er, »kam mir ein Landstreicher entgegen, und mich befiel sofort die Angst, daß er versuchen würde, mir mein Fahrrad, meinen letzten Besitz, zu stehlen. Doch als er näher kam, erkannte ich in ihm meinen längst verloren geglaubten Bruder Kunrat. Er begegnete mir hier, hunderte Kilometer von Berlin entfernt, zufällig auf der Straße wieder.«

»Franz hängte seinen Kaufmann an den Nagel«, berichtet seine Mutter, »nach den schweren Erlebnissen.« Gemeint sind seine Erfahrungen aus der Haftzeit und auf der Flucht. Vielleicht spielte auch der Einfluß der Dahlemer Bekenntnis-Gemeinde eine Rolle bei seinem Entschluß, Theologie zu studieren, zuerst in Bethel und dann in Göttingen. Dieses Studium setzte er 1948 in Chicago fort. Dort lernte Franz die jüdische Kultur kennen. »Ich hatte in der Schule noch jüdische Mitschüler, in der Familie verkehrten Juden, meine älteren Schwestern haben Juden zur Flucht verholfen, aber von Judentum, von jüdischer Geschichte, vom Leben in der Synagoge hatte ich keine Ahnung.« Dem halfen deutsch-jüdische Emigranten wie Bergsträsser, Rothfels und Schuber ab, die in Washington und Chicago lehrten.

Dann ging Hammerstein an die schwarze Howard University nach Washington, D. C., wo er mit dem Rassenproblem konfrontiert wurde; die Kirchengemeinde mißbilligte seinen Umgang mit den Schwarzen. 1950 kehrte er nach Berlin zurück, wo ihn Bischof Dibelius ordinierte. Er heiratete 1952 bei Zürich eine Schweizerin, Verena Rordorf. Leo Baeck und Martin Buber, von dem seine Dissertation handelt [*Das Messiasproblem bei Martin Buber*. Stuttgart: Kohlhammer 1958], ist er erst später in Jerusalem begegnet. Nach einem zweiten Amerika-Aufenthalt übernahm er das neueingerichtete Sozial-Pfarramt in

Franz von Hammerstein, ca. 2000

Berlin und wurde zu einem Mitbegründer der Aktion Sühnezeichen. Seitdem hat sich Franz von Hammerstein besonders für die Versöhnung mit den Polen, den Tschechen und den Russen engagiert. Auch für den Weltkirchenrat war er tätig. 1973 kam er ziemlich erschöpft aus Moskau zurück, wo er den Weltfriedenskongreß besuchte. In den Jahren 1978-1986 hat er bis zu seiner Pensionierung die Evangelische Akademie in Berlin geleitet.

Der Vernünftigste unter den Geschwistern war vielleicht Ludwig von Hammerstein. Seine kurze Biographie des Vaters zeichnet sich durch Zurückhaltung und Klarheit aus. Am Aufbau der Bundesrepublik hat er sich ohne Zögern beteiligt. Unmittelbar nach Kriegsende trat er 1946 in die Redaktion der *Welt* ein; von 1950 an arbeitete er ein Jahrzehnt lang als Pressereferent im Ministerium für gesamtdeutsche Fragen. In dieser Eigenschaft wurde er von der Staatssicherheit der DDR ausgespäht, doch das Ergebnis dieser Recherchen war mager: »Eng mit Minister Kaiser und dessen Gattin befreundet, macht viele Dienstreisen, raucht selten, trinkt gerne, privates Leben nicht bekannt, ca. 1,80 groß, schlank, schmaler Kopf, trägt Brille, schwarzes leicht gewelltes Haar, immer nach englischer Art gekleidet.«

1961 wurde er stellvertretender Intendant des Norddeutschen Rundfunks und 1974 Intendant des RIAS Berlin. Nach seiner Pensionierung wirkte er an der Gründung des Deutschlandradios mit. Auch die Stiftung 20. Juli verdankt ihm viel. Er hat getan, was er konnte, um den Hinterbliebenen zu helfen, und wesentlich dazu beigetragen, daß ihre Diffamierung aufhörte. Im Jahre 1950 heiratete er Dorothee Claessen. Er starb 1996 in Berlin. Seine Tochter Juliane Kutter lebt in Hamburg.

Auch Hildurs Leben zeichnet sich nicht durch Extravaganzen

aus. Nach ihrem Studium in München heiratete sie 1952 Ralph Zorn, einen amerikanischen Pfarrer, den sie im folgenden Jahr in die USA begleitet hat; er stand zunächst einer lutherischen Gemeinde in Yonkers im Staate New York vor und ging dann in die Südstaaten. 1962 kehrten die Zorns mit fünf Kindern nach Berlin zurück. Sie hatten sich mit ihrer sehr engherzigen lutherischen Kirche in Missouri überworfen, weil in der dortigen Gemeinde Schwarze unwillkommen waren. Damit wollten die Zorns sich nicht abfinden. Hildurs Mutter wandte sich an Bischof Dibelius, den sie gut kannte, und bat ihn, Ralph als Pfarrer nach Berlin zu berufen.

Ein Anfang in der Neuen Welt

Maria Therese verließ 1948 Japan und wanderte mit ihrem Mann Joachim (John) Paasche und ihren vier Kindern nach San Francisco aus. Jacob Wuest und andere Freunde, die den Hammersteins stets die Treue gehalten haben, besorgten ihnen die Einwanderungspapiere, das sogenannte Affidavit, und bürgten für sie. Ihr Sohn Gottfried sagt: »Quasi als Deutscher und Japaner zugleich in den USA, das war zu Zeiten des Kalten Krieges die Hölle.« Von einer Heimkehr in eine vertraute Zivilisation konnte keine Rede sein. »Die Amerikaner waren uns fast so fremd wie die Japaner«, sagte Maria Therese. »Ihr höfliches Lächeln dient nur dazu, einen Abgrund zu verdekken.«

In Deutschland beschattet, in Japan beargwöhnt, wurden die beiden nun vom FBI verdächtigt. Joachim Paasche sprach, ebenso wie seine Frau, Russisch und studierte Slawistik; au-

Maria Therese mit den drei Töchtern Joan,
Michaela und Vergilia. Kalifornien 1949

John Paasche, 1950

ßerdem kannte er den berüchtigten Dr. Sorge, und die Schwestern seiner Frau hatten für die Kommunisten gearbeitet. Das
genügte.

Joachim Paasche fand als Privatgelehrter in Amerika keine
Anstellung und mußte sich als einfacher Arbeiter durchschla-
gen. Unter diesen schwierigen Bedingungen nahm er auch
noch ein Chinesisch-Studium auf. Seine Frau verdiente den
Lebensunterhalt als Köchin und Putzfrau. Paasches Schwager Franz von Hammerstein schrieb damals: »Es ist nicht so
einfach für ihn, weil er einerseits noch kein Bürger der USA
ist und andererseits keine abgeschlossene akademische Ausbildung hat. Außerdem ist er zart und liebt es nicht, bei einer
Arbeit zeitlich gedrängt zu werden, was in Amerika leider Sitte
ist.« Auch die Ehe litt unter diesem Zustand. »Mein Vater war
ein integrer Mensch, aber unpraktisch und verletzlich«, sagt
Gottfried Paasche, »und meine Mutter liebte starke Charaktere.«

Maria Thereses Mutter brachte es fertig, ihre Verwandten
schon im Jahre 1954 in Amerika zu besuchen: Hildur, die in
New Jersey lebte, ihren Enkel Gottfried in Vermont und die
Paasches in Kalifornien. Sie blieb fast ein halbes Jahr in den
USA und erneuerte auch ihre alte Berliner Freundschaft mit
Jacob Wuest.

Erst 1957 bekam Paasche eine Anstellung in der China-Abtei-
lung der Library of Congress. 1994 ist er gestorben.

Maria Therese sprach mit ihren Kindern kaum über ihre Erfahrungen im Widerstand. Sie starb mit neunzig Jahren in einem jüdischen Altersheim. Ihre Asche wurde im Steinhorster
Familiengrab beigesetzt.

Das Erwachen der Schläferin

Marie Luise lebte seit 1947 in Dahlem; das Haus hatte den Krieg überstanden. Bald zeigte sich, daß ihre kommunistischen Überzeugungen, ungeachtet ihrer beiden Ehen mit Adligen, im Dritten Reich beharrlich überwintert hatten. Weil sie dem neuen westdeutschen Staat »wegen der vielen braunen Flecken« zutiefst mißtraute, verkaufte sie ihr Haus im Westen und zog 1949, nach der Gründung der DDR, mit ihren drei Kindern in den »demokratischen Sektor Berlins«, wie sie es nannte.

Ihre Mutter war zutiefst bekümmert, als Friedemann von Münchhausen aus fünfjähriger Kriegsgefangenschaft in Rußland zurückkehrte und Butzi von ihm erwartete, daß er mit ihr in Ostberlin leben sollte. Er lehnte das ab. Später wurde er Staatssekretär in Düsseldorf.

Marie Luise wandte sich mit beachtlicher Radikalität dem neuen ostdeutschen Staat zu. An ihrer Verwandtschaft ließ sie offiziell kein gutes Haar. Nach ihr befragt, antwortete sie 1951 auf ihrem Personalbogen wie folgt: »Sechs Geschwister, sämtlich in Westberlin und Westdeutschland, außer einer Schwester in USA. Tätigkeit und Arbeitsstellen unbekannt, da jede Verbindung zu ihnen abgebrochen seit längerer Zeit.« Was ihren Ehemann anging, fügte sie hinzu: »Es ist damit zu rechnen, daß die Scheidung unter meiner Alleinschuld erfolgt, da ich aus politischen Gründen die Fortsetzung der Ehe verweigere.« Und um gänzlich reinen Tisch zu machen, verzichtete sie auf ihr Namensprädikat: »Das *von* vor meinem Namen habe ich, seit ich in den demokratischen Sektor gezogen bin, weggelassen und meinen Personalausweis entsprechend ausstellen lassen« – eine Entscheidung, die sie nie revidiert hat.

Gleich nach ihrem Umzug wurde sie Mitglied der SED, nahm ihr Jurastudium wieder auf, machte ihr zweites Referendarexamen, wohnte in Wilhelmsruh und arbeitete als Rechtsanwältin in einer Pankower Gemeinschaftskanzlei. Bis Ende der fünfziger Jahre war sie auch mit Strafrechtssachen befaßt; sie hat »Republikflüchtlinge« verteidigt und für sie in manchen Fällen Strafmilderungen erreicht.

Nicht nur in politischer Hinsicht nahm sie die Fäden wieder auf, die 1934 zerrissen waren. Auch ihr Interesse am Judentum hatte sie nicht verloren. Sie unterhielt rege Kontakte mit der kleinen Gemeinde in Ost-Berlin. Vor allem kümmerte sie sich um die jüdischen Kommunisten ihrer Generation, die nach dem Kriege aus der Sowjetunion zurückgekehrt waren. Mit Ernst Scholem, einem Neffen Werners, der als Stalinist gestorben ist, verband sie eine enge Freundschaft. Oft traf man sich auf dem jüdischen Friedhof in Weißensee. Die Schriften Gershom Scholems, den sie bewunderte, bedeuteten ihr viel. Auch soll sie jüdische Mandanten gegen den Vorwurf des Zionismus, den die Partei nur allzugern gegen sie erhob, in Schutz genommen haben.

Nach dem Mauerbau gab sie ihre Tätigkeit als Verteidigerin in Strafsachen auf und beschränkte sich auf das Familien-, Erb- und Urheberrecht, wohl aus Angst vor möglichen Repressalien und um ihre Kinder nicht zu gefährden. Immerhin hat sie 1976, als der Verteidiger Robert Havemanns aus dem Rechtsanwaltskollegium ausgeschlossen werden sollte, in der Parteiversammlung des Gremiums als einzige gegen den Beschluß gestimmt.

Obwohl an ihrer Gesinnungstreue kein Zweifel sein konnte und obwohl sie als Verfolgte des Naziregimes einen gewissen Schutz genoß, wurde sie von den zuständigen Organen fortwährend überwacht. In deren Akten gibt es ein Dokument, aus dem hervorzugehen scheint, daß sie nach dem Krieg auch für den KGB gearbeitet hat:

»Hauptabteilung XX   Berlin, den 04. 12. 1976
                                                       BStU 000100/101
                        Auskunftsbericht

von Münchhausen, Marie-Luise, geb. von Hammerstein
geb. am: 24. 09. 1908 in Berlin
wohnhaft: Berlin-Wilhelmsruh, Lessingstraße 5
Rechtsanwältin, Mitglied des Kollegiums der Rechtsanwälte
von Groß-Berlin
Mitglied der SED, des FDGB u. des Kulturbundes

Die Münchhausen entstammt einer alten, adligen Offiziers-familie. Der Vater, Generaloberst von Hammerstein, war Chef der Heeresleitung der Reichswehr von 1930-1936 [*recte* 1934].
Sie selbst trat bereits während ihres Jurastudiums 1928 der KPD bei. Mit ihrer Hilfe sollen nach einem vorliegenden Hinweis Unterlagen über den Panzerkreuzerbau der KPD zur Kenntnis gelangt sein.
In der BRD lebende Brüder der Münchhausen waren in die Ereignisse vom 20. Juli 1944 verwickelt, konnten sich den an-schließenden Verfolgungen jedoch entziehen, während ande-re Familienmitglieder inhaftiert wurden.
Von 1950-1960 war die M. inoffiziell für die sowjetischen Si-cherheitsorgane tätig.
Die M. ist geschieden. Ihr ehemaliger Mann, als Jurist in der BRD tätig, besuchte sie regelmäßig.

Ein Sohn wurde 1958 [*recte* 1956] republikflüchtig und lebt in der BRD.

Eine Tochter, Lehrerin, wurde 1960 [*recte* 1969] mit Ehemann aus der DDR ausgeschleust. Wieweit Verbindungen der M. zu diesen Kindern bestehen, ist nicht bekannt.

Die M. wurde in den 60er Jahren inoffiziell als eine energievolle, mit der DDR verbundene Person eingeschätzt, die aufgrund ihrer Herkunft, der bürgerlichen Ausbildung und vieler Westverbindungen nicht frei von Vorurteilen und kleinbürgerlichen Denkweisen ist.

Als Rechtsanwältin war die M. ausschließlich in Zivilrechtsfällen tätig.

Aus den vorhandenen Unterlagen ist ersichtlich, daß sie 1959 beim Ministerium für Kultur in einer Gesetzgebungskommission für Urheberrecht mitarbeitete. Außerdem betreute sie den Verband Bildender Künstler juristisch.

Die Abteilung XX des damaligen VfS für Groß-Berlin teilte 1969 mit, daß die M. Verbindung zu Personenkreisen um Havemann und Biermann unterhielt.

Die M. fiel 1970 bei der Abt. II der BV Potsdam an, weil sie zu einem wegen staatsfeindlicher Hetze verurteilten USA-Bürger persönliche Verbindung unterhielt. [Das trifft nicht zu; es war ihre Tochter Cecil, die mit einem Amerikaner befreundet war.] Bei der operativen Kontrolle durch die HA II wurden keine Hinweise für eine feindliche Tätigkeit erarbeitet.«

Daß Marie Luise für den sowjetischen Geheimdienst gearbeitet haben soll, wird von ihren Töchtern Bettina und Cecil vehement bestritten. Fest steht in solchen Fällen nur, daß den Dossiers der Staatssicherheit nie so ohne weiteres über den Weg zu trauen ist.

332

Grenzfragen

»Amas letzte zwei Jahrzehnte [1950-1970] verliefen im Takt ihrer wöchentlichen Reisen nach Wilhelmsruh, der Mantel innen behangen mit Plastiksäckchen voll frischgepreßtem Orangensaft, in den Taschen versteckt Geldscheine, verbotene Drucksachen. Ludwig mußte sie am 17. Juni 1953, als in der Innenstadt geschossen wurde, mit Gewalt von ihrem gewohnten Gang zurückhalten. Sie war bei den Volkspolizisten schließlich gut bekannt.« (Verena v. H.)

»Operatives Feststellungsergebnis über die Person:
von Hammerstein, geb. Freiin von Lüttwitz, Vorname Marie-Luise, geb. am 11. 3. 86 in Schweidnitz, wohnh. Steinhorst bei Celle N. 1, Rentnerin.
Sachverhalt:
Die H. erschien am 5. 7. 67 gegen 11.00 Uhr zur Einreise in die Hauptstadt der DDR. In ihrer Begleitung befand sich der WD-Bürger Franz v. Hammerstein. – Bei der Zollkontrolle wurden 20.- DM/DBB festgestellt, welche sie nicht vorgewiesen hatte. Bei der weiteren Zollkontrolle wurden in der Manteltasche der H. 50.- MDN [Ostmark] festgestellt – da sie angeblich in ›Ostberlin‹ etwas billiger einkaufen wolle. Zu erwähnen ist noch, daß sie versuchte, während der Zollkontrolle die MDN *aufzuessen*, woran sie vom Zoll gehindert wurde. Genannte Zahlungsmittel wurden vom Zoll eingezogen und die H. mit 50.- DM-West bestraft. Sie äußerte noch, daß sie es nicht verstehen könne, als Frau laufend streng kontrolliert zu werden. Sie habe doch bereits vor 1945 im KZ gesessen.
gez. Kunze, Hauptmann   Hänsel, Oberfeldwebel«

»Ab und zu bat sie junge Grenzpolizisten, ihr als alter Frau die schwere Tasche zu tragen und bekam sie so unangefochten durch die Kontrolle. Noch nach Jahren erkundigten sich Grenzpolizisten, wenn sie den Namen Hammerstein im Paß lasen, nach der alten Dame, die die Bornholmer Brücke so oft passiert hatte.« (Ludwig)

»Marie Luise lebte in einer anderen Welt, das wußten wir«, sagte ihre Mutter. Das geht auch aus einem schroffen Brief hervor, den sie 1954 an ihren Bruder Kunrat gerichtet hat. Ganz im Sinne der SED sieht sie in Westdeutschland einen Polizeistaat, der sie an die dreißiger Jahre erinnert:

»Ich bin vor 33 nie, wohl aber 1934, 42/43 und 44 von der ›Geheimen Staatspolizei‹ wegen meiner Mitgliedschaft in der Kommunistischen Partei vernommen worden. Das würde mir dort [im Westen] vielleicht demnächst wieder so gehen. Außerdem sind die ganze Zeit mein Umgang und meine Post überwacht worden. Ich habe deshalb nur Liebesbriefe geschrieben. Ich vergaß den 1. Mai 1929 [zu erwähnen], an dem neben mir Demonstranten erschossen wurden, und ich verhaftet war. Das könnte auch wieder heute sein. Also macht keine Witze, jedenfalls ohne mich.«

Marie Luises Schwägerin Verena bemerkt dazu, die Treue und Wärme der Mutter habe die ideologische Verhärtung der Tochter, die sich oft verletzend bemerkbar gemacht hatte, nach und nach aufgeweicht. Außerdem habe Butzi mit den Jahren ja auch ihre Erfahrungen machen müssen mit der Partei ihres Vertrauens.

In späteren Jahren soll sie mehr und mehr auf Distanz zum Staatsapparat gegangen sein und ihre Kinder zur Vorsicht angehalten haben; sie hat sogar Vergleiche der Staatssicherheit mit der Gestapo angestellt. Es fiel ihr immer schwerer, diese

Ängste mit ihrem Eigensinn, ihrer Treue und ihrem Trotz zu vereinbaren. Die Verbindung zu ihrer Familie, auch zu ihrem geschiedenen Ehemann, der sie nie im Stich ließ, ist zu keiner Zeit ganz abgerissen. 1954 kam es sogar zu einem Familientreffen in der West-Berliner *Paris Bar*, wo Marie Luises Geburtstag gefeiert wurde.

Ihr Lieblingskind Kai gedieh nicht im Osten; er geriet schon als Student der Landwirtschaft in Schwierigkeiten. »Du sägst den Ast ab, auf dem du sitzt«, sagte seine Mutter. »Geh zu deinem Vater und mach im Westen weiter!« 1956 folgte er ihrem Rat und ging, obwohl er Kommunist war und blieb, in den Westen. Nach dem Bau der Mauer folgte ihm Marie Luises Tochter Bettina. Ihr Mann traf im Frühjahr 1968 einen tschechischen Diplomaten, der dem Ehepaar seine Hilfe zur Republikflucht anbot. Im Abstand von zwölf Stunden brachte er sie ein Jahr später im Kofferraum seines Wagens über die innerdeutsche Grenze. »Das war für alle Beteiligten atemberaubend, für die im Osten Gebliebenen schlimm«, sagt Bettina von Münchhausen. »Uns beiden stand die Welt offen, und die letzten zwanzig Jahre DDR blieben uns erspart.« Sie und ihr Mann, ein Experte für tropische Landwirtschaft, haben dann als Entwicklungshelfer in der ganzen Welt gearbeitet. Heute leben sie im Ruhestand in Essen.

Marie Luises jüngste Tochter Cecil blieb im Osten. Sie hat ihre Mutter, die ihr Gedächtnis verloren hatte und nicht mehr sprach, bis zu ihrem Tod im Spätherbst 1999 zu Hause gepflegt.

Eine postume Unterhaltung
mit Marie Luise von Münchhausen

E: Ich habe mit Ihren Geschwistern gesprochen, Frau von Münchhausen, und ich habe mir sagen lassen, daß Sie ungern über Ihre Erfahrungen sprechen. Aber es gibt Dinge, über die nur Sie selber Auskunft geben können.

M: Ich weiß, was Sie mich fragen wollen.

E: Was denn?

M: Immer dasselbe. Erst meine Eltern, dann mein Mann, die Geschwister, und schließlich die Kinder.

E: Vermutlich mißtrauen Sie mir.

M: Oh, ich weiß ziemlich genau, wer Sie sind. Ich habe damals im Berliner Ensemble Ihr Stück über Cuba gesehen. Das muß Anfang der Siebziger gewesen sein.

E: Stück ist vielleicht zuviel gesagt. Es war eher eine Dokumentation.

M: Ihre Vergangenheit.

E: Ja. Aber mich interessiert eher die Ihrige.

M: Grob gesagt: Sie schnüffeln mir nach.

E: So kann man es nennen. Die Familie erzählt nicht alles. Ich gehe in die Archive. Werner Scholems Nachlaß, Kaderakten aus Moskau und Berlin.

M: Glauben Sie denn, was in diesen Papieren steht?

E: Nicht unbedingt.

M: Und was sagen meine Verwandten dazu? Nichts Gutes, nehme ich an.

E: Von Ihren Brüdern Ludwig und Kunrat sollen Sie sich abgewandt haben; obwohl sie im Widerstand waren, seien sie Ihnen als Offiziere ideologisch verdächtig gewesen; Franz war offenbar der einzige, der Gnade vor Ihren Augen fand, weil er im Krieg keinerlei militärischen Ehrgeiz an den Tag legte und später der Gesellschaft für deutsch-sowjetische Freundschaft beigetreten war.

M: Kein Wunder, daß ich in der Familie als Exotin gelte. Sie glauben wahrscheinlich, daß das Sein das Bewußtsein bestimmt?

E: Keine besonders neue Einsicht. Doch auf Sie bezogen leuchtet dieser Satz wahrhaftig nicht ein. Sie sind ja schon sehr früh ausgebrochen. Nathan Steinberger sagt, Sie seien als erste in die Illegalität gegangen, noch vor Ihrer Schwester Helga.

M: Das ist lange her.

E: Ich frage mich nur, wie Sie in den zwölf Jahren der Nazi-Zeit überwintert haben. Zwei standesgemäße Heiraten und eine Existenz als Gutsbesitzerin…

M: Es ging. Mehr ist dazu nicht zu sagen.

E: An Ihren politischen Überzeugungen scheint das nichts geändert zu haben. Sonst hätten Sie sich kaum für die SED entschieden.

M: Das war nicht die bequemste Option.

E: Ihr Engagement muß damals sehr weit gegangen sein. Sie haben nicht nur für die SED gearbeitet, sondern auch für die Sowjets, genauer gesagt für den KGB.

M: Wer hat Ihnen denn das erzählt?

E: Die Hauptabteilung XX des Ministeriums für Staatssicherheit.

M: Das glaube ich kaum.

E: Inzwischen kann fast jeder, der Lust dazu hat, diese Akten einsehen. Die Bürokratie vergißt nichts.

M: Haben Sie nicht Besseres zu tun?

E: Nein. Ihr Beharrungsvermögen in Ehren. Zwanzig, dreißig, vierzig Jahre lang einer verlorenen Sache die Treue halten, das ist ja keine Kleinigkeit. Nur – mußte es gleich der KGB sein?

M: Das behaupten Sie.

E: Das behauptet die Staatssicherheit.

M: Der Sie offenbar Ihr Vertrauen schenken.

E: Eben nicht. Deshalb frage ich Sie ja.

M: Sie möchten mich verhören, aber ich habe schon genug Verhöre erlebt. Ich werde Ihnen eine Falle stellen. Was würden Sie dazu sagen, wenn ich mir damals gedacht hätte: Wenn schon, denn schon. Warum zur Filiale gehen, die ohnehin kaum etwas zu sagen hat? Warum nicht gleich zur Zentrale? Oder, wenn Sie das lieber hören: Vielleicht habe ich zu einer Schutzbehauptung gegriffen, um zu vermeiden, daß die Staatssicherheit der DDR mich zur Informantin machte? Sie sehen, es gibt mehr mögliche Gründe für einen solchen Aktenvermerk, als Sie sich träumen lassen. Aber woher sollten Sie das wissen? Sie leben ja in normalen Zeiten.

E: Normale Zeiten gibt es nicht. Wissen Sie, was die Italiener sagen? *Nel peggio non c'è fine;* im Schlimmeren gibt's kein Ende.

M: Damit kann sich nicht jeder abfinden. Ich habe getan, was ich konnte.

E: Wie Ihr Vater.

M: Auf seine Weise. Wir waren nie miteinander einverstanden. Am Ende haben wir beide verloren. Aber manchmal denke ich, daß er recht behalten hat. Damit habe ich Ihnen, einem Fremden, schon zu viel verraten. Schreiben Sie, was Sie wollen, aber lassen Sie mich allein, und kommen Sie nicht wieder.

338

Helgas letzte Jahre

Ende der vierziger Jahre lebte Helga mit ihrem Mann bei ihrer Mutter in Berlin. Sie wünschte sich sehnlich ein Kind, doch ihre Ehe blieb kinderlos. Sie adoptierte einen fünfjährigen Jungen, der in einem Kinderheim eine Typhus-Erkrankung überlebt hatte.

Noch einmal meldete sich ein alter Freund aus den frühen dreißiger Jahren. Hubert von Ranke schreibt: »Ich bin mit ihr in steter, nur durch die Kriegsläufte unterbrochener freundschaftlichen Verbindung geblieben. Sie hatte selbst ihr schweres Pack zu tragen. Als wir uns nach dem Krieg wiedersahen, war es beglückend zu fühlen, daß jeder von uns, auf seine Weise, die gleiche Entwicklung durchgemacht hat. Im vergangenen Sommer habe ich sie besucht. Es ist, als hätten wir unser Gespräch erst gestern abgebrochen; wir sprechen immer noch die gleiche Sprache.«

Walter Rossow, ihr Mann, blieb kein schlichter Gärtner. Er wurde Experte auf dem Gebiet der Landschaftsgestaltung. An der Wiederherstellung des Berliner Tiergartens hat er entscheidend mitgewirkt. Dennoch bekam er in der Stadt keine Professur, weil er kein Abitur hatte. Deshalb zog die Familie nach Stuttgart, wo Rossow das Institut für Landschaftsplanung an der TH gründete; er wurde Vorsitzender des Deutschen Werkbundes und Mitglied des Ordens Pour le mérite. Kitsch und Sentimentalität waren ihm verhaßt. Seine Ästhetik soll geradezu tyrannische Züge angenommen haben. Für ihn galten unerbittliche Gesetze, was Form, Farbe und Gestaltung betraf.

Helga hatte sich um drei Haushalte zu kümmern: das frühere Haus ihrer Mutter in Berlin, in dem das Planungsbüro ihres

Mannes untergebracht war, ihre Wohnung in Stuttgart und einen Bauernhof bei Ravensburg, den ihr Mann erworben hatte und der nach anthroposophischen Gesichtspunkten bewirtschaftet wurde.

Später häuften sich ihre gesundheitlichen Probleme. Sie litt an Diabetes und kam mit ihrer Medikation nicht mehr allein zurecht. Als ihr Mann Anfang 1992 ganz plötzlich starb, lag sie in einem Krankenhaus, das den ominösen Namen *Waldfrieden* trug. Helga blieb allein in Berlin und verfiel in eine tiefe Depression. Sie zog in ein Altersheim in Eßlingen. Später mußte sie bis zu ihrem Tod im Jahr 2005, zunehmend verwirrt, in St. Vincent, einem gerontopsychiatrischen Pflegeheim in Plattenhardt, versorgt werden.

Sie phantasierte viel. Einmal erzählte sie, sie sei mit der Transsibirischen Eisenbahn über Moskau (!) zu ihrer Schwester Maria Therese nach Japan gefahren. 2004, in ihrem letzten Lebensjahr, hat ihr Neffe Gottfried Paasche sie besucht. Sie konnte sich nicht mehr bewegen und sprach kaum mehr. Sie saß im Rollstuhl und hat ihn, als er von ihrem Freund Leo Roth sprach, einen Augenblick lang angestarrt; dann hat sie gesagt, Leo Roth, ein guter Mensch, sei der wichtigste Mann in ihrem Leben gewesen.

Siebente Glosse.
Das Schweigen der Hammersteins

Es ist nicht so, als verschlössen sich die Überlebenden der Familie den Fragen eines Nachgeborenen. Sie haben ihn mit ausgesuchter Höflichkeit und Geduld empfangen, vielleicht auch, wie Hildur Zorn, die jüngste Tochter des Generals, eine vierundachtzig Jahre alte Dame, mit einem Anflug von Ironie. Sie bezweifelt nämlich, daß sich die Geschichte überhaupt und die ihrer Familie im besonderen von einem Außenstehenden darstellen läßt. Nicht nur, weil das Gedächtnis trügt, weil jeder Zeuge sich auf seine Weise erinnert und weil es von Versionen und Widersprüchen in jeder Überlieferung wimmelt. Ihre Skepsis ist nicht allein erkenntnistheoretisch begründet. Und es geht auch nicht nur um jene Diskretion, die in einer preußischen Familie zum Komment gehört. Man hat nicht den Eindruck, daß sie darauf bedacht wäre, unliebsame Ereignisse zu verschweigen. Die Tatsachen, soweit sie klar sind, werden mit nüchternen Worten mitgeteilt.

Aber es bleibt der Zweifel, ob die Nachgeborenen über genügend Vorstellungskraft verfügen, um dem, was vor vielen Jahrzehnten geschah, gerecht zu werden. »Das können die Heutigen sowieso nicht mehr verstehen, weil sie glauben, sie wüßten, wo es langgeht«, sagt Hildur Zorn in ihrer trockenen Art.

Wie dem auch sei, jedenfalls herrscht bei den Hammersteins ein Schweigen besonderer Art. Wer in Zeiten der Diktatur lernen mußte, daß es gefährlich sein kann, alles zu äußern, was einem durch den Kopf geht, dem mag ein solches Training zur zweiten Natur werden, und er wird nicht leicht davon ablassen. Dafür spricht übrigens auch das Verhalten vieler Überlebender des Völkermordes, die über ihre Erfahrungen oft jahrzehntelang geschwiegen haben.

Doch im Fall der Hammersteins spielen wohl noch andere Momente eine Rolle. Schon vom Vater wissen die Geschwister übereinstimmend zu berichten, daß er bei Tisch kaum ein Wort sprach, und es steht fest, daß er die riskanten Eskapaden seiner Töchter mit Stillschweigen überging. »Er hat überhaupt nicht viel gesagt, und so mußten wir alles erraten, was uns im Grunde auch lieber war.« Das ist Maria Thereses Kommentar, die es übrigens zeit ihres Lebens abgelehnt hat, von ihren Rettungsaktionen für die Verfolgten zu erzählen; und was Helga und Marie Luise angeht, so haben sie über ihre militante Vergangenheit nie gesprochen; mehr noch, sie sind Jahre vor ihrem Ableben völlig verstummt. Auch von Kunrat heißt es, er habe sich von der Außenwelt völlig zurückgezogen.

Über ihr Engagement im Widerstand haben sich die Hammerstein-Brüder, wenn überhaupt, nur sehr wortkarg geäußert. Auf die Frage, ob die Verschwörer des 20. Juli mit ihm rechnen könnten, hat Ludwig nur geantwortet: »Ja, natürlich«, ohne weitere Begründung.

»Keiner von denen wollte ein Held sein«, sagt Hildur. »Es ging nur nicht anders. Sie haben einfach getan, was getan werden mußte.«

Überhaupt herrscht bei den Hammersteins eine tiefverwurzelte Abneigung dagegen, sich über die Prüfungen, denen sie ausgesetzt waren, zu beklagen, geschweige denn, ihre eigenen Verdienste und Konflikte auszustellen. »Wir wollten nicht, daß das breitgetreten wird«, sagt Hildur, und ihre Mutter stellt in einem Brief schon 1946 fest: »Unser Itineraire gehört der Vergangenheit an und braucht nicht mehr erwähnt zu werden.«

Die Entscheidungen jedes einzelnen wurden nicht in Frage gestellt, sondern akzeptiert, auch dann, wenn sie, wie im Falle Helgas und Marie Luises, schwer verständlich waren oder politische Gefahren mit sich brachten. Begründungen wurden nicht verlangt und nicht gegeben. Hildur Zorn sagt: »Warum sollten sie ihr Leben erklären?« Man kann in dieser Haltung wohl etwas von der Großzügigkeit des Generals wiederfinden. Jedenfalls beruht das Schweigen der Hammersteins auf einem Einverständnis, das keinem Außenstehenden offensteht. Es bleibt ein ungesagter Rest, den keine Biographie auflösen kann; und vielleicht ist es dieser Rest, auf den es ankommt.

Warum dieses Buch kein Roman ist.
Ein Postskriptum

I

Was kümmert es das Publikum, wie ein Autor zu seinen Themen kommt! Höchstens, daß jemand, der eine Magisterarbeit schreiben muß, sich die Mühe macht, darüber Erkundigungen einzuziehen. Ansonsten spricht viel dafür, den Leser mit solchen Auskünften zu verschonen. Ich habe Lust, gegen diese ungeschriebene Regel zu verstoßen; doch geht es dabei nicht um meine, sondern um die Geschichte ganz anderer Personen, die es, wie ich glaube, verdienen, daß man sich ihrer erinnert.

Von einem General namens Hammerstein habe ich vor mehr als einem halben Jahrhundert zum ersten Mal gehört, und zwar im alten Stuttgarter Funkhaus an der Neckarstraße. Alfred Andersch, ein Mann, dem ich vieles verdanke, hat mich 1955 in seine Redaktion Radio-Essay beim Süddeutschen Rundfunk geholt, ein erster und sehr interessanter Job; denn damals war das Radio ein Leitmedium mit Freiheitsgraden, die heute undenkbar geworden sind. Der Intendant ließ uns in Ruhe. Er hieß Fritz Eberhard und war ein Mann des Widerstandes, der 1937 nach England fliehen mußte und nach dem Krieg wesentlich am Aufbau demokratischer Strukturen beteiligt war. Bei Andersch gaben sich Autoren wie Wolfgang Koeppen, Arno Schmidt und Theodor W. Adorno die Klinke in die Hand. Darüber hinaus gehörte er zu den ganz wenigen, die sich für die Schriftsteller des Exils einsetzten, von denen der Kulturbetrieb damals nichts wissen wollte und die, meist in miserablen Verhältnissen, irgendwo im Ausland überlebt hatten.

Eines Tages erschien, auf seine Einladung hin, in der Stuttgarter Redaktion ein älterer, gesundheitlich angeschlagener Mann aus San Francisco, klein von Gestalt und schäbig gekleidet, aber von kämpferischem Temperament. Franz Jung gehörte damals zu den Vergessenen seiner Generation. Ein paar rasch hergezählte Daten können von seinem Lebensweg nur eine schwache Vorstellung geben:

Vor dem Ersten Weltkrieg Freundschaft mit Erich Mühsam und Oskar Maria Graf. Mitarbeiter der expressionistischen Zeitschriften *Der Sturm* und *Die Aktion.* 1914 Desertion aus dem Heer, Festungshaft, Einlieferung in die Psychiatrie. Doppelleben: Lebensunterhalt durch Wirtschaftsjournalismus und Börsenberichterstattung, politische Aktivität im Untergrund. Mitherausgeber des *Club Dada,* enge Beziehungen zu George Grosz, Richard Huelsenbeck und John Heartfield. Nach dem Krieg Teilnehmer an den Spartakus-Kämpfen im Berliner Zeitungsviertel. Verhaftung und Flucht. Mitgliedschaft in der KPD, 1920 ausgeschlossen. Reise nach Moskau auf einem gekaperten Fischdampfer, wieder Gefängnis wegen »Schiffsraubs auf hoher See«. 1921 nach dem März-Aufstand in Mitteldeutschland in die Sowjetunion ausgewiesen. Aufbau einer Zündholzfabrik bei Nowgorod. 1923 Rückkehr nach Deutschland unter dem falschen Namen Franz Larsz. Erneute Tätigkeit als Wirtschaftsjournalist und Unternehmer. Undurchsichtige Devisengeschäfte. Daneben Dramatiker, Mitarbeiter von Piscator. Nach 1933 Herausgeber einer Pressekorrespondenz für Wirtschaftsfragen, zugleich tätig in einer Untergrundgruppe »Rote Kämpfer«. Neuerliche Verhaftung, Flucht nach Prag, Wien und Genf. Wegen Wirtschaftsspiona-

Franz Jung, etwa 1950

ge ausgewiesen. 1939 Versicherungsagent in Budapest, 1944 wieder verhaftet, Flucht nach Italien, Internierung im Konzentrationslager Bozen. 1948 Auswanderung in die USA.

Ein solcher Lebenslauf beeindruckte Andersch derart, daß er dazu beitragen wollte, Jung, soweit das möglich war, in seiner sehr prekären Lage zu helfen. Er vereinbarte mit ihm einige Rundfunksendungen. Der Besucher machte Vorschläge, und ich weiß noch, daß dabei auch von Hammerstein und seinen Töchtern die Rede war. Ich war fasziniert von dem, was Jung uns erzählte, und witterte darin einen exemplarischen Stoff. Dabei nahm ich in meiner Naivetät alles, was ich hörte, für bare Münze und übersah die kolportagehaften Elemente von Jungs Andeutungen. Wie aus seinen zahlreichen anderen Projekten ist aus der geplanten Sendung nie etwas geworden.

Franz Jung ist 1963 völlig verarmt in Stuttgart gestorben. Seine Wiederentdeckung kam für ihn zu spät. Daran hat auch die Publikation seiner mächtigen, gnadenlos aufrichtigen Autobiographie *Der Weg nach unten* (1961) nichts geändert. Erst als sie elf Jahre später unter dem Titel *Der Torpedokäfer* von neuem aufgelegt wurde, erwachte das Interesse an diesem Autor. Seitdem sind zwei umfangreiche Ausgaben seiner Werke erschienen, und es gibt sogar eine Edition seiner Briefe.

Der Torpedokäfer, den er erfunden hat, Jungs Totemtier, kann als Emblem für die vielen gebrochenen Lebensläufe aus dem »kurzen Zwanzigsten Jahrhundert« gelten:

»Der Käfer kommt in Fahrt, schnellt nach vorwärts, ständig akzelerierend dem Ziel entgegen… Ablauf der Zeit in einer panikgeladenen Spannung, die Augen geschlossen. Stoß gegen den Widerstand – und dann der Sturz… Es ist die biologische Eigenschaft des Torpedokäfers, daß er das Ziel anfliegt und stürzt… Einmal am Boden, ist dann alle Kraft gewichen. Für den Beobachter steht es bereits fest: der Käfer wird es nicht schaffen. Aber er schafft es. Wieder zurück zu dem Punkt, von wo aus er startete... Ich habe den Flug unzählige Male in mir selbst erlebt, bei Tag und bei Nacht. Das Ende ist immer das gleiche gewesen: Anprall, Sturz, Kriechen am Boden, sich zurückzubewegen zum Ausgangspunkt, zum Startplatz – mit Mühe und jedesmal unter größeren Anstrengungen... Die Wand, gegen die der Käfer anfliegt, ist solide gebaut. Generationen von Menschheit stehen dahinter. Möglicherweise ist die schmale Öffnung, die angepeilt wird und die noch von Zeit zu Zeit aufleuchtet, vorher wie nachher, nur ein Trugbild und sie besteht in Wirklichkeit nicht.«

II

Ende der fünfziger Jahre habe ich Walter Maria Guggenheimer kennengelernt. Er war Mitarbeiter der *Frankfurter Hefte* und Lektor bei Suhrkamp; einer der wenigen, an die man sich damals halten konnte. Guggenheimer war ein jüdischer Gentleman, der ein abenteuerliches Leben in der Emigration hinter sich hatte. Während des sogenannten Dritten Reiches ging er nach Teheran. 1941 schloß er sich de Gaulles *Forces Françaises Libres* an, für die er im Nahen Osten, in Nordafrika, Italien und Frankreich Geheimdienstaufgaben übernahm. Davon war ihm, abgesehen von seinem politischen Scharfblick, wenig anzumerken. Er beschränkte sich auf seine Arbeit als Kritiker, Übersetzer und Kommentator. Aber er verfügte über einen Horizont, der in jenen trüben Jahren selten war. Er hat mich auf Hannah Arendt und Czesław Miłoszs *Verführtes Denken* aufmerksam gemacht, und eines Tages drückte er mir Ruth Fischers Buch *Stalin und der deutsche Kommunismus* in die Hand, das bereits 1949 erschienen, aber kaum rezipiert worden war.

Diese intelligente, ehrgeizige, streitbare Frau gehört zu den Schlüsselfiguren der deutschen Linken in den zwanziger Jahren. Sie trug mindestens acht verschiedene Namen, aber eigentlich hieß sie Elfriede Eisler und gehörte einem österreichischen Clan an, aus dem auch der Komponist Hanns Eisler und der spätere SED-Funktionär Gerhart Eisler, ihre Brüder, hervorgegangen sind. Ruth Fischer war einer ihrer zahlreichen Kampf- und Decknamen. Im November 1918 hat sie in Wien die erste Kommunistische Partei in Westeuropa gegründet und trug die Mitgliedsnummer 1 der KPÖ. Ein Jahr später ging sie nach Berlin. 1924 wurde sie in die Führung der deutschen Partei gewählt und bestimmte deren politischen Kurs. Kurz darauf mußte sie sich wegen ihrer ultralinken Positionen in Moskau rechtfertigen.

Schon lange zuvor hatte sie in Berlin Arkadi Maslow kennengelernt, mit dem sie bis zuletzt zusammenlebte. Ursprünglich hieß dieser Mann Isaak Tschemerinski. Geboren war er als Sohn eines mittellosen Gelehrten in einer südukrainischen Kleinstadt. Er emigrierte mit seiner Mutter nach Deutschland. Schon bei dem Zwanzigjährigen zeigte sich seine musikalische Begabung; er machte Konzertreisen als Pianist. Dann studierte er Mathematik in Berlin bei Planck und Einstein. 1918 trat er dem Spartakusbund bei. Ruth Fischer lernte er 1919 kennen. »Glücklich waren wir 1919 und 20«, schrieb er später, »als wir jung und dumm waren und den Schein für die Sache nahmen.« Fortan war er Berufsrevolutionär und stieg, genau wie sie, in die Führung der KPD auf.

Während er in Leipzig wegen Hochverrats vor dem Reichsgericht stand, wurde Ruth Fischer in Moskau zu Stalin ge-

Ruth Fischer, etwa 1920

rufen, mit dem sie eine kontroverse Diskussion führte. Untergebracht wurde sie natürlich im Hotel *Lux*. Das war eine Art Hausarrest. Stalin äußerte vor dem Plenum der Komintern: »Von allen unerwünschten und negativen Gruppen der Kommunistischen Partei ist die Gruppe Ruth Fischer die unerwünschteste und negativste.« Erst 1926 konnte sie nach Deutschland zurückkehren. Im selben Jahr wurde sie, gemeinsam mit Maslow, wegen »fortgesetzter fraktioneller Tätigkeit« aus der Partei ausgeschlossen.

1933 mußten die beiden aus Deutschland fliehen. Sie gingen nach Paris und arbeiteten, als »Abtrünnige wider Willen«, bis 1936 mit Trotzki zusammen. Bei einem Moskauer Geheimprozeß wurden beide, wegen angeblicher Verschwörung zur Ermordung Stalins, in Abwesenheit zum Tode verurteilt. Durch eine Scheinehe war Ruth Fischer französische Staatsbürgerin geworden und nannte sich nun Maria Elfriede Pleuchot. Von Nazis und Kommunisten gleichermaßen verfolgt, gelang es dem Paar, vor der deutschen Okkupation über Spanien nach Lissabon zu entkommen. Sie lebten dort von Geldern, die ihnen Franz Jung überwies. Während Ruth Fischer mit einem dänischen Paß 1941 New York erreichte, blieb Maslow, weil ihm das amerikanische Visum verweigert wurde, in Habana stecken. Nach wenigen Monaten wurde er dort bewußtlos auf der Straße gefunden und starb aus ungeklärten Gründen am 21. November im Krankenhaus. Ruth Fischer war zeit ihres Lebens davon überzeugt, daß bei seinem Tod der sowjetische Geheimdienst die Hand im Spiel hatte. Sie verdächtigte deshalb auch ihren Bruder Gerhart. Charlie Chaplin soll gesagt haben: »In der Familie Eisler herrschen ähnliche verwandtschaftliche Beziehungen wie in den Shakespeareschen Königsdramen.«

In Amerika entwickelte Ruth Fischer eine rege publizistische Tätigkeit mit dem Ziel, den Stalinismus zu bekämpfen. Sie fand eine gutbezahlte Stellung als Kommunismus-Expertin an der Harvard University und erwarb die amerikanische Staatsbürgerschaft. Gegen ihre Brüder Gerhart und Hanns sagte sie 1947 vor einem Untersuchungsausschuß aus, der die beiden »unamerikanischer Umtriebe« beschuldigte. »Ich betrachte ihn als einen äußerst gefährlichen Terroristen«, sagte sie damals über ihren Bruder Gerhart. Ihre Gegner behaupteten, sie stehe mit den amerikanischen Geheimdiensten in Verbindung; sie war aber lediglich eine Zeitlang als Beraterin für das State Department und als Dozentin in Harvard tätig. 1955 ist sie nach Paris zurückgekehrt. In ihren letzten Jahren näherte sie sich wieder den militanten Positionen ihrer ultralinken Phase und begeisterte sich für Mao Tse-tung; dabei setzte sie sogar die Entschädigungszahlungen aufs Spiel, die ihr von deutscher Seite zustanden.

Kurz vor ihrem Tod – sie starb im März 1961 – habe ich sie in Paris besucht. Sie lebte in der Rue Montalivet, in einem eleganten, großzügigen Pavillon, der in einem kleinen Garten abseits der Straße lag. Sie hütete dort eine große Bibliothek und ein umfangreiches Privatarchiv. Zwei Dinge hat sie mir an jenem Nachmittag erzählt. Zum einen, daß ihr Lebensgefährte Arkadi Maslow 1938 einen Roman über den »Fall Hammerstein« geschrieben hat, der nie veröffentlicht worden ist. Das Manuskript trägt den Titel *Die Tochter des Generals* und liegt in der Houghton Library der Universität Harvard, die Ruth Fischers Nachlaß verwahrt.

Maslow hat diesen Text offenbar aus Geldnot verfaßt; er hoffte auf eine Verfilmung des sensationell aufbereiteten Stoffes. Mit seiner literarischen Begabung war es allerdings nicht weit her, und noch weniger hatte er mit den Tatsachen im Sinn. Hindenburg, Schleicher, Ribbentrop und Göring tauchen als Karikaturen am Rande auf. Kurt von Hammerstein erscheint unter dem Namen Franz von Bimmelburg als das Klischee eines bornierten, kastenhaft fixierten Reaktionärs, seine Frau als zickige Gemahlin, Gerhard Scholem, mit dem Maslow übrigens einst befreundet war, als Schürzenjäger, Marie Luise als naive, fadblonde, niedliche Blondine, die am Ende grausam unter dem Fallbeil stirbt... Die politische Analyse ist fadenscheinig, und der Plot ist zu großen Teilen aus der Luft gegriffen.

III

Damit könnte ich es bewenden lassen, hätte Ruth Fischer mir nicht von ihrer langjährigen Freundschaft mit Franz Jung erzählt. Die beiden kannten sich schon seit den Novembertagen 1919 und blieben auch in der Zeit des Exils miteinander in Kontakt. Es war Ruth Fischer, die ihm 1941 ein Einreisevisum in die USA verschafft hat. 1960 besuchte er sie in Paris, und ungeachtet aller politischen Differenzen hielt ihre Freundschaft. Von ihrer neuerlichen Annäherung an die Kommunisten wollte er nichts wissen. »Die gleichen Personen sind wieder die Heroen«, schrieb er an eine Freundin in Italien, »ein vollständiges Unterwerfen, selbst bis auf den Spitzbart in der Zone. Das kann ich nicht verstehen.« Gewiß, das sei eine Art zweiter Jugend für sie, das alles sehe er ein, aber er möchte nicht mehr mit dabei sein.
Dennoch schlug er ihr eine neue Zusammenarbeit vor. Sie hatte ihm Maslows Roman zugänglich gemacht, und er entwickelte daraus ein ausführliches Exposé. Es trägt den Titel:

»Betr. *Die Hammersteins*. Der Kampf um die Eroberung der Befehlsgewalt im deutschen Heer 1932-1937« und sollte als Grundlage für ein Buch und für einen Fernsehfilm dienen. Dieser Text gibt sich stilistisch als Tatsachenbericht. Maslows fiktive Personen tragen nun ihre historischen Namen. Die politische Analyse Jungs ist weit weniger dilettantisch als die Maslows, sicherlich auch, weil dieser 1938 nicht über hinreichende Informationen verfügte. Die Elemente des Trivialromans hat Jung zu großen Teilen eliminiert. Dennoch übernimmt sein Plot zahlreiche frei erfundene Geschichten aus der Vorlage. So wird über Helga von Hammerstein behauptet, sie sei auf der Rückreise von Paris an der Grenze verhaftet worden und seitdem »verschwunden«. Gegen Marie Luise sei ein Spionageprozeß geführt worden, der mit einem Todesurteil endete. Zugleich wird dieses melodramatische Ende mit einer ganz anderen Affäre kontaminiert, nämlich dem Fall der Renate von Natzmer, die 1935 wegen Spionage für Polen in Plötzensee hingerichtet wurde – von den vielen anderen Irrtümern und Fiktionen Franz Jungs ganz zu schweigen.

Ein dritter Autor, der sich mit Hammerstein und seinen Töchtern beschäftigt hat, ist Alexander Kluge. Auch er geht, wie in all seinen anderen Büchern, in seinen Geschichten von der *Lücke, die der Teufel läßt*, souverän, um nicht zu sagen skrupellos mit den Tatsachen um; aber hier geht es nicht, wie bei Maslow, um Propaganda oder Trivialisierung, sondern um die phantastische Rekonstruktion historischer Augenblicke. Kluges Quelle ist ein fiktiver chinesischer Biograph an der Universität Peking, der zu sehr intelligenten Schlüssen kommt. Was Hammerstein und seine Töchter erfahren haben, sagt er, sei »immer ein Abgrund neben dem Leben, sozusagen ein zweites Leben und daneben wieder ein Abgrund. Das Jahr 1931 ist

354

das Jahr der multiplen Leben«. Auch wer hart an den Tatsachen vorbeischrammt, kann, wie das Beispiel zeigt, durchaus zu richtigen Einsichten kommen. Die Faktographie ist also nicht das einzig sinnvolle Verfahren.

IV

Trotzdem habe ich, wenn auch erst sehr spät, vielleicht zu spät, weil viele Zeugen nicht mehr am Leben sind, beschlossen, der Sache auf den Grund zu gehen. Das scheint mir schon deshalb notwendig, weil sich an Hand der Geschichte der Familie Hammerstein auf kleinstem Raum alle entscheidenden Motive und Widersprüche des deutschen Ernstfalls wiederfinden und darstellen lassen: von Hitlers Griff nach der totalen Macht bis zum deutschen Taumel zwischen Ost und West, vom Untergang der Weimarer Republik bis zum Scheitern des Widerstandes, und von der Anziehungskraft der kommunistischen Utopie bis zum Ende des Kalten Krieges. Nicht zuletzt handelt diese exemplarische deutsche Geschichte von den letzten Lebenszeichen der deutsch-jüdischen Symbiose und davon, daß es lange vor den feministischen Bewegungen der letzten Jahrzehnte die Stärke der Frauen war, von der das Überleben der Überlebenden abhing.

Eine solche Arbeit wirft natürlich eine ganze Reihe von Problemen erkenntnistheoretischer und literarischer Art auf.

John Lothrop Motley, ein amerikanischer Historiker aus dem neunzehnten Jahrhundert, hat sich darüber sehr radikale Gedanken gemacht: »Eine Geschichte der Menschheit gibt es nicht«, schreibt er. »Das ist die tiefe, traurige Wahrheit. Ihre Annalen sind nie geschrieben worden und werden nie geschrieben werden; und selbst, wenn es sie gäbe, wären wir außerstande, sie zu lesen. Was wir haben, ist das eine oder andere Blatt aus dem großen Buch des Schicksals, das von den Stürmen, die über die Erde hinwegziehen, hergeweht wird. Wir entziffern das, so gut wir können, mit unseren kurzsichtigen Augen; aber alles, was dabei herauskommt, ist ein konfuses Gemurmel. Wir haben es mit Hieroglyphen zu tun, zu denen uns der Schlüssel fehlt.«

So weit möchte ich nicht gehen; Motleys Skepsis leidet an einem Übermaß romantischer Poesie. Doch Skrupel und Vorbehalte sind in einem Fall wie dem, um den es hier geht, unbedingt angebracht. Wie jeder Kriminalist aus bitterer Erfahrung weiß, sind die Aussagen von Augenzeugen nicht immer für bare Münze zu nehmen. Selbst gutwillige Berichte fallen nicht selten lückenhaft oder widersprüchlich aus. Geltungssucht und Schönfärberei können ebenso Verwirrung stiften wie ein schwaches Gedächtnis oder blanke Lügen. Mit den schriftlichen Quellen sieht es nicht besser aus. Das Wort *Dokument* suggeriert eine Glaubwürdigkeit, mit der es oft nicht weit her ist. Memoiren aus großem zeitlichem Abstand leiden unter den Schleifspuren der Vergeßlichkeit. Noch das geringste Problem ist die glatte Fälschung; man kann sie entlarven. Schon eher stört die spezifische Mischung aus Pedanterie und Schlamperei, die in entwickelten Bürokratien üblich ist. Noch gefährlicher wirken sich politisch motivierte Verzerrungen aus. Ganz besondere Vorsicht ist angebracht, wo es, wie an vielen Stellen dieser Erzählung, um Quellen aus der Sphäre der Geheimdienste geht. Hier spielen nicht nur Intrigen und Profilierungszwänge eine Rolle, sondern auch die milieubedingte Paranoia. Vollends fragwürdig sind die oft unter der Folter erpreßten Aussagen der Angeklagten in den politischen Prozessen der dreißiger und vierziger Jahre.

Ungeachtet dieser Schwierigkeiten habe ich versucht, zwischen Tatsachen und freien Erfindungen zu unterscheiden. Vieles war nicht restlos aufklärbar. Nicht selten liegen mehrere verschiedene Versionen von ein und demselben Ereignis vor. Eine gründliche Quellenkritik muß ich den Experten überlassen.

Gleichwohl ist dieses Buch kein Roman. Um einen gewagten Vergleich zu ziehen: es verfährt eher analog zur Photographie als zur Malerei. Das, was ich durch schriftliche und mündliche Quellen belegen konnte, wollte ich von meinen subjektiven Urteilen trennen, die hier in Gestalt von Glossen erscheinen. Ergänzend habe ich mich der ehrwürdigen literarischen Form des Totengesprächs bedient. Solche postumen Unterhaltungen ermöglichen den Dialog zwischen den Heutigen und denen, die ihnen vorangegangen sind – eine Auseinandersetzung, die bekanntlich mit mannigfachen Verständnisschwierigkeiten rechnen muß, weil die Davongekommenen häufig glauben, sie wüßten es besser als jene, die in einem permanenten Ausnahmezustand lebten und dabei ihre Haut riskiert haben.

Die Absage an den Roman bedeutet nicht, daß diese Arbeit wissenschaftliche Ansprüche erhebt. Schon aus diesem Grund wird hier auf Fußnoten, Seitenzahlen und Auslassungszeichen verzichtet. Wer es genauer wissen will, mag sich an das Literaturverzeichnis halten. Darüber hinaus konnte ich auf einen Fundus von unveröffentlichten Materialien zurückgreifen: umfangreiche Dokumente aus den genannten Archiven, Interviews mit den überlebenden Familienangehörigen und handschriftliche Briefe und Aufzeichnungen, die sie mir zur

Verfügung gestellt haben. Allen meinen Gesprächspartnern bin ich zu großem Dank verpflichtet. Ohne die Hilfe der Historiker und der Archivare wäre ich über die ersten Schritte nicht hinausgekommen; doch war es nie meine Absicht, auf ihrem Territorium zu wildern. Jeder, auch ein Schriftsteller, treibe es, so gut er kann.

Quellen

Archive:

Berlin. Behörde der Bundesbeauftragten für die Unterlagen des Staatssicherheitsdienstes der ehemaligen Deutschen Demokratischen Republik.

Berlin. Gedenkstätte Deutscher Widerstand.

Berlin. Familienarchiv Franz von Hammerstein.

Berlin. Stiftung Archiv der Parteien und Massenorganisationen der DDR im Bundesarchiv (SAPMO-DDR).

Cambridge, Mass. Houghton Library, Harvard University, Ruth Fischer Files; dort Arkadij Maslow, *Die Tochter des Generals.* Exposé. Roman-Ms. 249 S. Doc. 2775-2777.

Hamburg. Familienarchiv Juliane Kutter.

Hamburg. Hamburger Institut für Sozialforschung. Kopien der Dokumente aus Berliner und Moskauer Archiven.

Hannover. Archiv des Instituts für Politikwissenschaft, Universität Hannover.

Koblenz. Bundesarchiv. Signatur ED 902.

Moskau. Russisches Staatsarchiv für sozialpolitische Geschichte (RGASPI).

Moskau. Zentrales Staatsarchiv der Sowjetarmee (ZGASA).

München. Institut für Zeitgeschichte.

Washington. National Archives.

Publikationen:

Karl Dietrich Bracher, Wolfgang Sauer, Gerhard Schulz, *Die nationalsozialistische Machtergreifung. Studien zur Errichtung der totalitären Herrschaft in Deutschland.* Köln: Westdeutscher Verlag ²1962.

Heinrich Brüning, *Memoiren 1918-1934.* Stuttgart: DVA 1970.

Michael Buckmiller und Pascal Nafe, »Die Naherwartung des Kom-

munismus – Werner Scholem«. In: *Judentum und politische Existenz.*
Siebzehn Porträts deutsch-jüdischer Intellektueller. Herausgegeben von
Michael Buckmiller, Dietrich Heimann und Joachim Perels. Han-
nover: Offizin 2000.

Michael Buckmiller und Klaus Meschkat (Hg.), *Biographisches Handbuch zur Geschichte der Kommunistischen Internationale.* Berlin: Akademie Verlag 2007.

Francis L. Carsten, *Reichswehr und Politik 1918-1933.* Köln: Kiepenheuer & Witsch 1964.

Francis L. Carsten, »Die Reichswehr und die Diktatur«. In: *Von Weimar zu Hitler 1930-1933.* Herausgegeben von Gotthard Jasper. Köln
und Berlin: Kiepenheuer & Witsch 1968.

Franz Feuchtwanger, »Der militärpolitische Apparat der KPD in
den Jahren 1928-1935. Erinnerungen.« In: *Internationale wissenschaftliche Korrespondenz zur Geschichte der deutschen Arbeiterbewegung.*
Heft 4. 1981.

Ruth Fischer, *Stalin und der deutsche Kommunismus. Der Übergang zur
Konterrevolution.* Aus dem Englischen von H. Langerhans. Frankfurt am Main: Verlag der Frankfurter Hefte o. J. [1949].

Ruth Fischer und Arkadij Maslow, *Abtrünnig wider Willen. Aus Briefen
und Manuskripten des Exils.* Herausgegeben von Peter Lübbe. Mit einem Vorwort von Hermann Weber. München: Oldenbourg 1990.

Walter Flexius, *Das Blutbad im Dritten Reich. Authentische Darstellungen
nach den Mitteilungen geflüchteter SA-Führer.* Flugschrift des Heimat-
bundes Saarland. Saarbrücken o. J. [1934].

Hermann Foertsch, *Schuld und Verhängnis. Die Fritsch-Krise im Frühjahr 1938 als Wendepunkt in der Geschichte der nationalsozialistischen Zeit.*
Stuttgart: DVA 1951.

Olaf Groehler, *Selbstmörderische Allianz. Deutsch-russische Militärbezie-
hungen 1920-1941.* Berlin: Vision Verlag 1992.

Kunrat von Hammerstein, »Schleicher, Hammerstein und die
Machtübernahme 1933«. In: *Frankfurter Hefte.* Heft 11. 1956.

Kunrat von Hammerstein, *Spähtrupp.* Stuttgart: Goverts 1963.

Kunrat von Hammerstein, *Flucht. Aufzeichnungen nach dem 20. Juli.* Olten und Freiburg im Breisgau: Walter 1966.

Ludwig von Hammerstein, »Kurt Freiherr von Hammerstein-Equord 1878-1943«. In: *Familienblatt des Familienverbandes der Freiherrn von Hammerstein.* Nr. 19. Dezember 1961.

Ludwig von Hammerstein, »Notizen«. In: Johannes Steinhoff, Peter Pechel und Dennis Showalter (Hg.), *Deutsche im Zweiten Weltkrieg. Zeitzeugen sprechen.* München: Schneekluth 1989.

Ludwig von Hammerstein, *Der 20. Juli 1944. Erinnerungen eines Beteiligten.* Saarbrücken: Europa-Institut 1994.

Reinhild Gräfin von Hardenberg, *Auf immer neuen Wegen. Erinnerungen an Neuhardenberg und den Widerstand gegen den Nationalsozialismus.* Berlin: Lukas 2003.

Fey von Hassell, *Niemals sich beugen. Erinnerungen einer Sondergefangenen der SS.* München: Piper 1990.

Ulrich von Hassell, *Die Hassell-Tagebücher 1938-1944. Aufzeichnungen vom Anderen Deutschland.* Nach der Handschrift revidierte und erweiterte Ausgabe. Herausgegeben von Friedrich Hiller von Gaertingen. Berlin: Siedler 1988.

Wladislaw Hedeler, *Chronik der Moskauer Schauprozesse 1936, 1937 und 1938. Planung, Inszenierung und Wirkung.* Mit einem Essay von Steffen Dietzsch. Berlin: Akademie Verlag 2003.

Sabine Hering und Kurt Schilde, *Kampfname Ruth Fischer. Wandlungen einer deutschen Kommunistin.* Frankfurt am Main: dpa-Verlag 1995.

Franz Jung, *Briefe.* Herausgegeben von Klaus Behnken. Salzhausen: Petra Nettelbeck 1981.

Franz Jung, *Briefe und Prospekte. Dokumente eines Lebenskonzeptes.* Zusammengestellt und kommentiert von Sieglinde und Fritz Mierau. Hamburg: Nautilus 1988.

Friedrich P. Kahlenberg, Rudolf G. Pichoja, Ljudmila V. Dvojnych, *Reichswehr und Rote Armee. Dokumente aus den Militärarchiven Deutschlands und Rußlands 1925-1931.* Koblenz: Bundesarchiv 1995.

Ursula von Kardorff, *Berliner Aufzeichnungen.* Unter Verwendung der

Original-Tagebücher neu herausgegeben und kommentiert von Peter Hartl. München: Beck 1992.

Bernd Kaufmann u. a., *Der Nachrichtendienst der KPD 1919-1937*. Berlin: Dietz 1993.

Gerd Kobe, *Pflicht und Gewissen. Smilo Freiherr v. Lüttwitz. Lebensbild eines Soldaten*. Mainz: v. Hase & Koehler 1988.

Alexander Kluge, *Die Lücke, die der Teufel läßt. Im Umfeld des neuen Jahrhunderts*. Frankfurt am Main: Suhrkamp 2003.

Gerd Koenen, »Hitlers Rußland. Ambivalenzen im deutschen ›Drang nach Osten‹«. In: *Kommune*. Heft 1. 2003.

Gerd Koenen, *Der Rußland-Komplex. Die Deutschen und der Osten 1900-1945*. München: Beck 2005.

Arthur Koestler, *Sonnenfinsternis*. London: Hamish Hamilton 1946.

Ludwig Schwerin von Krosigk, *Es geschah in Deutschland. Menschenbilder unseres Jahrhunderts*. Tübingen: Wunderlich 1951.

Georg Lukács, Johannes R. Becher, Friedrich Wolf u. a., *Die Säuberung. Moskau 1936: Stenogramm einer geschlossenen Parteiversammlung*. Herausgegeben von Reinhard Müller. Reinbek: Rowohlt 1991.

Erwin von Manstein, *Aus einem Soldatenleben 1887-1939*. Bonn: Athenäum 1958.

Ruth von Mayenburg, *Blaues Blut und rote Fahnen. Ein Leben unter vielen Namen*. Wien und München: Molden 1969.

Ruth von Mayenburg, *Hotel Lux. Mit Dimitrow, Ernst Fischer, Ho Tschi Minh, Pieck, Rakosi, Slansky, Dr. Sorge, Tito, Togliatti, Tschou En-Lai, Ulbricht und Wehner im Moskauer Quartier der Kommunistischen Internationale*. München: Bertelsmann 1978.

Hans Otto Meissner und Harry Wilde, *Die Machtergreifung. Ein Bericht über die Technik des nationalsozialistischen Staatsstreichs*. Stuttgart: Cotta 1958.

Klaus-Jürgen Müller, *Das Heer und Hitler. Armee und nationalsozialistisches Regime 1933-1940*. Stuttgart: DVA 1969.

Reinhard Müller, *Die Akte Wehner. Moskau 1937 bis 1941*. Berlin: Rowohlt 1993.

Reinhard Müller, »Hitlers Rede vor der Reichswehr- und Reichs-marineführung am 3. Februar 1933. Eine neue Moskauer Über-lieferung«. In: *Mittelweg*. Heft 4. 2000.

Reinhard Müller, *Menschenfalle Moskau. Exil und stalinistische Verfolgung*. Hamburg: Hamburger Edition 2001.

Reinhard Müller, *Herbert Wehner. Moskau 1937*. Hamburg: Hamburger Edition 2004.

Eugen Ott, »Ein Bild des Generals Kurt von Schleicher, aus den Erfahrungen seiner Mitarbeiter dargestellt.« In: *Politische Studien*. Band 10. 1959.

Maria Therese Paasche, *Our Thanks to the Fuji-san*. Interview by Sandra Marshall Finley. San Francisco: Privatdruck 1984.

Maria Therese und John Paasche, *Diverse Antecedents*. Edited by Sandra Marshall Finley. San Francisco: Privatdruck 1986.

Franz von Papen. *Vom Scheitern einer Demokratie 1930-1933*. Mainz: v. Hase & Koehler 1968.

Henry Picker, *Hitlers Tischgespräche im Führerhauptquartier 1941-1942*. Neu herausgegeben von Percy Ernst Schramm in Zusammenarbeit mit Andreas Hillgruber und Martin Vogt. Stuttgart: Seewald 1963.

Astrid von Pufendorf, *Die Plancks. Eine Familie zwischen Patriotismus und Widerstand*. Berlin: Propyläen 2006.

Hans-Günter Richardi, *SS-Geiseln in der Alpenfestung. Die Verschleppung prominenter KZ-Häftlinge aus Deutschland nach Südtirol*. Bozen: Edition Raetia ²2006.

Hans-Rainer Sandvoß, *Widerstand in Mitte und Tiergarten*. Berlin: Gedenkstätte Deutscher Widerstand 1994.

Hans-Rainer Sandvoß, *Die »andere« Reichshauptstadt. Widerstand aus der Arbeiterbewegung in Berlin von 1933 bis 1945*. Berlin: Lukas 2007.

Kirstin A. Schäfer, *Werner von Blomberg, Hitlers erster Feldmarschall*. Paderborn: Schöningh 2005.

Fabian von Schlabrendorff, *Offiziere gegen Hitler*. Bearbeitet und her-

ausgegeben von Gero Schulze-Gaevernitz. Zürich: Europa 1946.
Neu bearbeitet 1951.

Karl Schlögel, *Berlin – Ostbahnhof Europas. Russen und Deutsche in ih-rem Jahrhundert.* Berlin: Siedler 1998.

Karl Schlögel, »Moskau 1937. Eine Stadt in den Zeiten des Großen Terrors«. In: *Jahrbuch des Historischen Kollegs.* Band 12. 2006.

Helm Speidel, »Reichswehr und Rote Armee«. In: *Vierteljahreshefte für Zeitgeschichte.* Band 1. 1953.

Nathan Steinberger und Barbara Broggini, *Berlin-Moskau-Kolyma und zurück. Ein biographisches Gespräch über Stalinismus und Antisemitismus.* Berlin und Amsterdam: ID-Archiv 1996.

Irene Strenge, *Kurt von Schleicher. Politik im Reichswehrministerium am Ende der Weimarer Republik.* Berlin: Duncker & Humblot 2006.

Isa Vermehren, *Reise durch den letzten Akt. Ravensbrück, Buchenwald, Dachau: eine Frau berichtet.* Hamburg: Wegner 1946; Reinbek: Ro-wohlt 1979.

Thilo Vogelsang, »Neue Dokumente zur Geschichte der Reichswehr 1930-1933«. In: *Vierteljahresheft für Zeitgeschichte.* Heft 2. 1956.

Thilo Vogelsang, *Reichswehr, Staat und NSDAP. Beiträge zur deutschen Geschichte 1930-1933.* Stuttgart: DVA 1962.

Hermann Weber und Andreas Herbst, *Deutsche Kommunisten. Biogra-phisches Handbuch 1918 bis 1945.* Berlin: Dietz 2004.

Herbert Wehner, *Zeugnis.* Herausgegeben von Gerhard Jahn. Köln: Kiepenheuer & Witsch 1982.

Rainer Wohlfeil und Hans Dollinger, *Die deutsche Reichswehr. Bilder, Dokumente, Texte zur Geschichte des Hunderttausend-Mann-Heeres 1919-1933.* Frankfurt am Main: Bernhard & Graefe 1972.

Manfred Zeidler, *Reichswehr und Rote Armee 1920-1933. Wege und Sta-tionen einer ungewöhnlichen Zusammenarbeit.* München: Oldenbourg 1993.

Danksagung

In erster Linie sind es die Angehörigen aus der Familie Hammer-
stein, die mir ihre privaten Archive geöffnet und mir nicht nur ihre
Photographien, sondern auch ihre Erinnerungen anvertraut haben:
Franz und Verena von Hammerstein, Berlin
Hildur Zorn, Berlin
Gottfried Paasche, Toronto
Cecil von Münchhausen, Berlin, und
Juliane Kutter, Hamburg.

Nicht weniger unentbehrlich war die großzügige Hilfe, die mir Reinhard Müller gewährt hat, ein Kenner der Geschichte des deutschen
Kommunismus, dem so leicht keine entlegene Quelle und kein ver-
steckter Archivbestand entgeht. Ohne seine Moskauer und Berliner
Recherchen wäre vieles, was sich im sogenannten Apparat abge-
spielt hat, im dunkeln geblieben. Ebenso unverzichtbar wird seine
Mitwirkung an einer Verfilmung der Hammerstein-Geschichte sein,
sofern es dazu kommen sollte.

Zu danken habe ich schließlich:
Michael Buckmiller, Hannover
Renée Goddard, London
Christine Haselmayr von Ranke, München
Andreas Herbst, Berlin
Olga Mannheimer, München
Hartmut Mehringer, München
Hans-Rainer Sandvoß, Berlin, und
Johannes Tuchel, Berlin.

Zu den Abbildungen

Soweit nicht anders angegeben, stammen die Photographien aus den Familienarchiven der Familien von Hammerstein, Paasche, Kutter und Höslmayr.

S. 33, 70, 95, 128, 177, 178, 186, 197, 210, 218, 226, 244, 257: Hamburger Institut für Sozialforschung;

S. 38, 42, 45, 132, 158, 248, 278, 280, 287, 288, 298, 299: Gedenkstätte Deutscher Widerstand;

S. 96, 173: Aus Ruth von Mayenburg, *Blaues Blut und rote Fahnen*;

S. 350: Aus Sabine Hering und Kurt Schilde, *Kampfname Ruth Fischer*;

S. 309, 310: Aus Hans Günter Richardi, *SS-Geiseln in der Alpenfestung*;

S. 92: Familienarchiv Höslmayr, München;

S. 346: Deutsches Literaturarchiv Marbach.

Nicht ermittelte Rechte-Inhaber werden gebeten, sich beim Verlag zu melden.

Personenregister

Adam, Wilhelm 84, 259 f.
»Adam« → Kippenberger, Hans
Adenauer, Konrad 73, 75, 166
Adorno, Theodor W. 344
»Albert« → Roth, Leo
»Alex« → Kippenberger, Hans
Alvensleben, Ludolf v. 108
Alvensleben, Werner v. 108,
  170, 263, 266 f.
Alvensleben, Wichard v. 311
»Ama« → Hammerstein-
  Equord, Maria v.
Andersch, Alfred 344, 347
Arendt, Hannah 93, 217, 348
Asseburg-Neindorf, Alexander
  v. 98
Asseburg-Neindorf, Maximilian
  v. 97, 100

Badoglio, Mario 304
Baeck, Leo 322
Bauer, Gustav 29
Bechstein, Edwin 9, 62, 105
Bechstein, Helene 9
Beck, Ludwig 108, 114, 115,
  163, 247, 250, 259 f., 263, 267,
  277-279, 283, 285, 286
Beckmann, Max 35
Bendler, Johann Christoph 276
Beneš, Edvard 237
Benjamin, Walter 139

Benn, Gottfried 44, 108
Bergsträsser, Arnold 322
»Berndt« → Roth, Leo
Bessonow, Iwan 304
Best, Sigismund Payne 304, 307
Biermann, Wolf 332
Bismarck, Otto v. 228
Bjørnsen, Bergljot 94
Blomberg, Werner v. 39, 75, 84,
  107, 113, 115, 117, 124, 134,
  168, 170, 199, 266
Blücher, Heinrich 93
Blum, Léon 303
Bonin, Bogislav v. 303, 311
Bormann, Martin 263
Bourbon, Xavier Prince de 304
Boveri, Margret 146
Brauchitsch, Walther v. 84, 277
Brecht, Bertolt 35, 69
Bredow, Ferdinand v. 39, 79,
  104, 155, 166, 169 f., 219, 221,
  223, 224, 225
Breloer, Heinrich 256
Brückner, Wilhelm 115
Brühl [»Brühls«] 57
Brüning, Heinrich 27 f., 40, 41-
  43, 44, 48, 49
Brunner, Christina → Kerff,
  Anna
Buber, Martin 322
»Burg« → König, Gustav

367

Münzenberg, Willi 126, 127, 169, 194
Mussolini, Benito 259, 260

»Naphta« → Noble, Werner
Napoleon I. 227
»Nati« → Steinberger, Nathan
Natzmer, Renate v. 354
Neurath, Konstantin v. 113, 115, 168
Niekisch, Ernst 230
Niemöller, Martin 163, 181, 304
Noble, Werner [»Naphta«] 154
Noske, Gustav 27, 28, 276
Nuding, Hermann 201

Obyoni, Olga v. → Ranke, Olga v.
Olbricht, Friedrich 277-279, 286-289
Oppen, Georg Sigismund v. 286, 290
Ott, Eugen 39, 104, 115, 158-162, 166, 192
Ott, Helma 162
Oven, Margarethe v. 24 f., 58, 276 f.

Paasche, Carol 318
Paasche, Gottfried 157, 325, 328, 340, 365
Paasche, Hans 156
Paasche, Joachim [John] 24, 154-162, 325-328

Paasche, Joan 160, 320, 326
Paasche, Maria Therese → Hammerstein-Equord, Maria Therese v.
Paasche, Michaela 326
Paasche, Vergilia 326
Pabst, Waldemar 204
Papagos, Alexander 304
Papen, Franz v. 42, 43, 44 f., 46, 49, 57, 102, 104, 134, 166, 168, 193, 204
»Papus« → Hammerstein-Equord, Kurt v.
»Pari« → Caspari, Else
Paulus, Friedrich 84
Pechel, Rudolf 263 f.
Pelgert, Grete → Hammerstein-Equord, Helga v.
Pieck, Wilhelm 180, 195, 208, 216, 217
Piscator, Erwin 345
Planck, Erwin 38, 39, 44, 104, 108, 166, 168, 170, 292
Planck, Max 349
Plettenberg, Kurt v. 250, 303
Preußen, Friedrich Leopold Prinz v. 304
Preußen, Louis Ferdinand Prinz v. 57
Pünder, Hermann 304, 308
»Puppe« → Hammerstein-Equord, Hildur v.

373

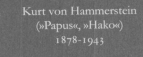

Kurt von Hammerstein
(»Papus«, »Hako«)
1878-1943

⚭
1907-1⁹

Marie Luise
(»Butzi«)
1908-1999

Maria Therese
(»Esi«)
1909-2000

Helga

1913-2001

○
1928-1930

⚭
1933-1936

⚭
1937-1951

⚭
1934-1994

○
1928-1936

⚭
1939-1⁹

Werner
Scholem
1895-1940

Mogens
von Harbou
1905-1946

Friedemann
von
Münchhausen
1906-2002

Joachim
Paasche
1911-1994

Leo Roth
(»Viktor«,
»Ernst Hess«)
1911-1937

Walte
Rosso
1910-1⁹

Christiane
*1934

Kai
*1936

Bettina
*1940

Cecil
*1942

Joan
*1936

Gottfried
*1937

Michaela
*1941

Vergilia
*1945

Hors
*193⁰
(adopti